社会和谐视角下
地方政府社会管理职能研究

SHEHUI HEXIE SHIJIAOXIA
DIFANG ZHENGFU SHEHUI GUANLI ZHINENG YANJIU

侯保疆　杜钢建　◎著

暨南大學出版社
JINAN UNIVERSITY PRESS

中国·广州

图书在版编目（CIP）数据

社会和谐视角下地方政府社会管理职能研究/侯保疆，杜钢建著．—广州：暨南大学出版社，2011.12

ISBN 978-7-5668-0027-5

Ⅰ.①社… Ⅱ.①侯…②杜… Ⅲ.①地方政府—社会管理：职能管理—研究—中国 Ⅳ.①D625

中国版本图书馆CIP数据核字（2011）第223782号

出版发行：暨南大学出版社

地　址：中国广州暨南大学
电　话：总编室（8620）85221601
营销部（8620）85225284　85228291　85228292（邮购）
传　真：（8620）85221583（办公室）　85223774（营销部）
邮　编：510630
网　址：http://www.jnupress.com　http://press.jnu.edu.cn

排　版：广州市天河星辰文化发展部照排中心
印　刷：佛山市浩文彩色印刷有限公司

开　本：787mm×960mm　1/16
印　张：13.5
字　数：241千
版　次：2011年12月第1版
印　次：2011年12月第1次
印　数：1—1500册

定　价：28.00元

前言

自2004年9月党的十六届四中全会提出构建社会主义和谐社会以来，社会和谐或和谐社会成为学界讨论和研究的一大热点。社会是一个复杂的系统，它是由相互联系、相互制约的各个要素所构成的有机体，社会和谐就意味着组成该系统的各个要素之间要协调、统一、有序、适中。现代社会是由政府、市场、公民等基本要素构成的，社会和谐离不开这些要素间的协调配合与努力。其中，政府是公权力组织，它在实现和维护社会和谐方面起着关键作用。政府的这种作用主要通过行使其社会管理职能体现出来。

社会管理职能是政府职能的一个重要方面。完善社会管理既是社会和谐的内在要求，也是构建和谐社会的有效途径。和谐社会是一个民主法治、公平正义、诚信友爱、充满活力、安定有序、人与自然和谐相处的社会。这种和谐状态的形成和维护需要通过有效的社会管理才能实现。因此，党的“十七大”报告提出：“必须在经济发展的基础上，更加注重社会建设，着力保障和改善民生，推进社会体制改革，扩大公共服务，完善社会管理，促进社会公平正义。”

在构建和谐社会的进程中，地方政府社会管理职能的发挥至关重要。地方政府是国家设置在中央政府之下的，行使部分国家权力并管理国家和地方社会公共事务的地区政府。目前，全国共有地方政府3.8万多个。地方政府的社会管理职能的发挥将直接影响和制约和谐社会的构建进程。依照地方政府在行政层级中所处的位置，可将其分为最高层级地方政府、基层地方政府和中间层级地方政府。最高层级地方政府主要包括省、自治区、直辖市政府等，即省级政府。最高层级地方政府一般辖区规模大，地方层次多，其所承担的职能，除外交、国防和少数几项十分重要的职能外，与中央政府基本相同，行政部门设置与中央政府也大致相似。基层地方政府主要包括乡、镇政府等，即乡镇政府，全国目前有3.5万多个。相比而言，基层地方政府一般辖区规模较小，直接面向居民，其下不存在下级政府。基层政府所承担的职能，从数量上看相对要少；从内容上看，主要是承担辖区内的地方政府管理和公共服务职能，行政部门设置较少，且较多设置综合性部门。中间层级地方政府主要包括地级政府（如地级市、自治州政府等）和县级政府（如县级市、县、自治县政府等），目前有3 000多个，其介于基层与最高层级地方政府之间。中间层级地方政府因介于基层与最高层级地方政府之间，其管辖范围、职能权限、机构设置等具有介乎两者之间的性质和特点。

《中共中央关于构建社会主义和谐社会若干重大问题的决定》指出，“构建社会主义和谐社会，重心在基层”。因此，强化基层地方政府即乡镇政府的社会管理职能，提高其社会管理能力甚为关键。因为在乡镇政府之下没有再设其他行政机关，村（居）民委员会是基层群众性自治组织，它们不具有行政机关的性质和地位。上级政府制定的有关社会和谐的战略规划，以及为促进社会和谐而制定的有关社会管理政策措施要在基层得到有效推行和贯彻，需要通过乡镇政府实施才能顺利实现。

本研究主要采用理论研究与实证研究相结合的方法，基本循着理论考察—实践研究—对策构想的研究思路展开。研究资料主要来源于文献数据库、网络电子文库、各种官方的纸质媒介和本课题组在粤东和珠三角城乡的实地调查。

本研究主要以社会和谐构建为目标，对社会和谐的基本理念、地方政府在构建和谐社会中的社会管理职能进行理论研究，对社会和谐的指标体系进行探讨，并设计出地区和谐社会指标体系的基本框架，以此为依据，对实践中的地方政府社会管理职能运行状况进行考察分析。在此基础上，本研究成果对社会管理领域的某一具体问题和一级政府的社会管理职能现状进行专题研究和个案研究，最后提出强化社会和谐构建中地方政府社会管理职能的对策建议。

因此，本书的内容主要由以下九章构成：第一章对社会和谐与地方政府社会管理职能进行理论考察和规范研究；第二章对社会和谐构建中的地方政府社会管理职能现状进行总体考察分析；第三章、第四章、第五章、第六章和第七章为专题研究和个案研究，分别对东莞市石龙镇政府社会管理职能履行现状、广东乡村生态环境污染问题、粤东地方治安管理现状、镇街信访机制和食品安全监管等内容进行深入剖析；第八章对美国地方政府中的特别区治理模式进行考察分析，从中获取有益的社会治理启示；第九章对强化地方政府社会管理职能、促进社会和谐进行对策思考，探寻强化地方政府社会管理职能的现实路径。

本书是广东省普通高校人文社会科学研究基地创新团队项目“社会和谐

视角下地方政府的社会管理职能研究”（项目批准号：07JDTDXM63001）资助的最终成果，是本课题组成员集体智慧的结晶。全书由侯保疆负责框架设计、统稿及修改定稿。各章撰写人具体如下：第一章，侯保疆、魏红英；第二章，侯保疆、魏红英；第三章，侯保疆、刘晓宁；第四章，侯保疆、梁昊；第五章，闫志刚、张钦彬；第六章，侯保疆、刘晓宁；第七章，杜钢建、孙娟娟；第八章，谭康林；第九章，侯保疆。本书受到汕头大学学术出版资助，得到汕头大学法学院地方政府发展研究所的支持，暨南大学出版社的领导和编辑同志对本书的出版给予了大力帮助，在此一并致谢。

本研究尚存在诸多不足，恳请读者批评指正。

汕头大学法学院

汕头大学地方政府发展研究所　侯保疆

2011 年 9 月

目　录

第一章

社会和谐与地方政府社会管理职能

一、问题的提出

自 2004 年 9 月党的十六届四中全会提出构建社会主义和谐社会以来，社会和谐或和谐社会成为学界讨论和研究的一大热点。目前，我国社会总体上是和谐的，但是也存在不少影响社会和谐的矛盾和问题，例如，城乡之间、区域之间的经济与社会发展差距扩大，生态环境恶化，社会保障、公共教育、社会治安等方面的问题突出，社会矛盾、纠纷化解机制不健全，民主法制尚待完善，社会诚信缺失，社会道德失范，等等。和谐社会由社会和谐发展而来，要促进社会和谐，就必须正视矛盾，并不断化解矛盾。本章主要对社会和谐的基本思想、地方政府在构建和谐社会中的社会管理职能及地区和谐社会指标体系进行研究。

二、社会和谐的基本思想

社会和谐是人类的共同理想和追求。社会和谐的思想在古代中国诸子百家中就有过论述，如道家强调人与自然的和谐，儒家则强调人际关系的和谐。不但在中国古代，在西方古希腊时期关于社会和谐的思想也很丰富，这些思想主要体现在西方早期的哲学、政治学研究中。近现代系统地思考社会和谐问题是在批判资本主义社会不和谐现象的过程中开始的，其主要代表是空想社会主义者们，如傅立叶把他的理想社会制度叫做“和谐制度”，欧文把他在美国的共产主义实验称作“新和谐公社”，魏特林写下了《和谐与自由的保证》这一著作。概括地说，他们认为社会和谐的思想包含了三方面的内容：一是对当时腐朽的社会制度的批判，并通过这种批判提出和谐社会的问题；

二是对和谐社会基本特征进行描述；三是对怎样构建和谐社会提出他们的设想。马克思、恩格斯批判地吸收了空想社会主义者关于社会和谐的思想中的有益成分，提出“自由人联合体”的未来社会构想。这些思想为今天建设社会主义和谐社会提供了可供借鉴的思想资源。围绕“社会和谐”、“和谐社会”这一主题，中外学者从不同角度展开了研究。

（一）国外的研究

西方学者对社会和谐问题的讨论立场、讨论方法、解决问题的方案，以及一些看法和结论不尽一致。比较有影响的思想理论主要有结构功能主义、社会冲突理论和罗马俱乐部的研究报告。

（1）结构功能主义。结构功能主义研究的重点是社会整体的一致性，强调的是社会系统的均衡与和谐。结构功能主义的重要代表人物默顿在其功能分析中，把社会功能的统一性定义为一种使社会的各个部分能充分和谐或互相一致地运行，不至于产生持久性的既不能解决也不能调节的冲突的条件。①

（2）社会冲突理论。社会冲突理论研究的重点是社会生活中的矛盾和对抗，强调冲突是社会的常态，它在一定条件下具有维护社会有机体或社会子系统的重要功能，“社会冲突可以在群体和其他人际关系中承担起一些决定性的功能”②。该理论以一种新的切入点或视角来认识和研究和谐问题，是现阶段西方社会和谐问题研究的一个显著路向和特点。

（3）罗马俱乐部的研究报告。面对人口爆炸、环境恶化、资源枯竭等全球性问题，罗马俱乐部发布了一系列研究报告，认为社会的增长应该是在均衡状态中的增长，并且要从增长过渡到全球均衡。其有影响的主张有：①发展循环经济。发展循环经济不仅能缓解资源和环境压力，还能为生态脆弱地区解决就业问题。②开发新能源。以核能、太阳能、风能、沼气为代表的新能源技术已在发达国家大量开发，世界新能源年增长速度已超过30%。③生态移民。重要生态功能区、生态脆弱区与最贫困区往往重合为同一区域。要逐步将此类区域中的居民搬出来向城市发展。发达地区应划出一定区域建成西部生态移民经济开发区。国家生态补偿资金要重点用在这方面。当地政府应进行开发区的基础设施建设与移民技能培训，并要考虑环境容量，发展绿色工业。

---

① 本书编写组．构建社会主义和谐社会实用手册［M］．北京：中国方正出版社，2005. 97 ~99.

② ［美］L. 科塞．社会冲突的功能［M］．孙立平等译．北京：华夏出版社，1989.

（二）国内的研究

从党的十六届四中全会提出构建社会主义和谐社会以来，社会和谐或和谐社会成为国内学界讨论研究的一大热点。国内学者对社会和谐的研究视阈集中在三方面：

（1）关于社会和谐的内涵。有学者从系统论角度界定，认为社会是一个复杂的系统，社会和谐意味着社会各组成部分的协调发展。[①] 有学者从社会运行的角度解释，认为社会和谐就是社会的良性运行与和谐发展。[②] 有学者从过程角度理解，认为社会和谐从动态上看是一个公共过程，即是超越私人部门、社会部门、政府部门的全社会各个系统参与的综合过程。[③] 有学者从多维角度阐释，认为社会和谐至少应包括四方面的内涵：各类社会资源兼容共生；社会结构合理；社会行为规范；社会运筹得当。[④]

（2）关于社会和谐的特征。主要有如下看法：一是许多学者把民主法治、公平正义、诚信友爱、充满活力、安定有序、人与自然和谐相处看作是和谐社会的基本特征；二是认为社会主义和谐社会的主要特点包括以人为本、应对挑战、化解矛盾、综合平衡、科学发展、动态演进六个方面[⑤]；三是认为和谐社会是动态的过程与良性的发展、系统的思维与整体的观点、治理的途径与善治的取向、整合的视角与耦合的功能。[⑥]

（3）关于社会和谐的价值理念。目前有如下三种观点：一是“双赢互利”说，认为双赢互利是和谐社会的要旨[⑦]；二是“公平正义”说，认为公平正义是和谐社会的核心价值理念[⑧]；三是“有机结合”说，认为和谐与民主、富强、公正、自由有机结合是和谐社会的基本价值观，和谐是首要的价值理念[⑨]。

综合国内外学者的观点，我们认为社会和谐的基本思想主要包括：社会民主法治，即人民当家做主和依法治国有机统一；社会公平正义，即社会的

---

① 肖文涛．建设更加和谐的社会主义社会［J］．中共福建省委党校学报，2004（10）：8.
② 郑杭生，李路路．社会结构与社会和谐［J］．中国人民大学学报，2005（2）：2.
③ 赵凌云．服务型政府的构建与社会和谐［J］．中南财经政法大学学报，2007（2）：36.
④ 邓伟志．“和谐社会”浅说［J］．上海大学学报（社会科学版），2005（2）：6.
⑤ 王同起．论和谐社会模式与社会主义和谐社会的特征［J］．学习论坛，2007（3）．
⑥ 柴大鹏，杜磊．和谐社会的特征解读［J］．四川行政学院学报，2005（4）：50.
⑦ 郑杭生，李路路．社会结构与社会和谐［J］．中国人民大学学报，2005（2）：2.
⑧ 刘琼华．公平正义：和谐社会的核心价值理念［J］．山东社会科学，2007（8）：100.
⑨ 侯才．论“和谐社会”的价值理念［J］．天津社会科学，2007（4）：22.

政治利益、经济利益和其他利益在全体社会成员之间合理分配；社会诚信友爱，即全体社会成员诚实守信、平等友爱、融洽相处；社会安定有序，即社会安定团结，社会运行机制健全，人民安居乐业；社会充满活力，即各种利益关系得到协调，各种矛盾得到处理，人民群众能充分发挥积极性、主动性和创造性；社会协调发展，即城乡、区域、经济社会、人与自然等全面协调可持续发展。

三、地方政府的社会管理职能

（一）地方政府的内涵

何谓地方政府？要弄清楚这一概念，从逻辑关系看，首先必须弄清楚什么是政府。政府是一个人们所熟知的概念，也是一个很难定义的概念。目前学界对政府的界定并没有形成一致的看法。有学者将已有的对政府概念的界定进行归纳，将其划分为五个层次：第一层次是最广义的政府，是指制定规则、为居民提供服务的机构，可将其简化为：政府 = 国家 + 社团 + 民间组织；第二层次是次最广义的政府，是指治理国家或社区的政治机构，可将其简化为：政府 = 国家 + 社区政治机构；第三层次是广义的政府，泛指一切国家政权机关，包括国家的立法机关、行政机关、司法机关和其他一切公共机关，可将其简化为：政府 = 国家立法机关 + 行政机关 + 司法机关（包括中央的和地方的）；第四层次是狭义的政府，是指一个国家的中央和地方的行政机关，可将其简化为：政府 = 国家行政机关（最高国家行政机关 + 地方各级国家行政机关）；第五层次是最狭义的政府，是指中央行政机关的核心部分（即内阁），可将其简化为：政府 = 中央行政机关（最高国家行政机关或其核心部分）。① 从中可以看出，政府是由公共组织机构组合而成的有机整体。综合学界的观点，本书对政府的界定是：政府是指以社会公共利益为目的，以管理社会公共事务、提供公共产品和公共服务为职能，依照宪法和法律的规定行使公共权力，并按照一定的结构形式而形成的组织体系。政府在行政学领域一般有广义和狭义两种解释：广义的政府是指包括中央和地方的立法机关、行政机关和司法机关在内的承担公共管理职能、行使公共权力的组织系统。狭义的政府是指根据宪法和法律组建的，行使行政权力、管理社会公共事务

---

① 乔耀章．政府理论［M］．苏州：苏州大学出版社，2000. 4 ~ 5.

的组织系统，是国家权力机关的执行机关，即国家行政机关。

如同政府概念一样，地方政府亦有多样化的解释。地方政府这一概念由"地方"和"政府"组成。在《现代汉语词典》里，"地方"被解释为"与中央相对"；"本地；当地"；"某一区域；空间的一部分"；"部分"。[①] 依照前面我们对政府所作的界定，结合地方的基本含义，本书将地方政府定义如下：它是中央政府的对称，是指以社会公共利益为目的，以管理部分区域的社会公共事务、为当地居民提供公共产品和公共服务为职能，依照宪法和法律的规定行使公共权力，并按照一定的结构形式而形成的组织体系。可从四个角度来理解地方政府。

（1）从静态的角度看，地方政府是依法组建的、管理一定区域内的社会公共事务、在其管辖地域范围内提供公共产品和公共服务的实体机构，它是由各个职位、各类部门、各个层级所共同构建的一个完整体系。

（2）从动态的角度看，地方政府是一个履行社会公共事务管理职能、为社会提供公共产品和公共服务的活动过程，即通过决策、执行、监督等一系列活动来发挥组织的功能和作用。

（3）从生态的角度看，地方政府是一个开放的社会子系统，它必须与所处的社会环境不断地进行物质、能量和信息的交换，必须随社会环境的变化和时代的发展而不断地调整组织的职能作用，并创新组织的体制、机制，以有效地适应和能动地改造外部环境。

（4）从心态的角度看，地方政府是一个群体的心理系统，受公职人员的责任心、工作态度、组织意识、合作观念及服务精神的影响和制约。

从地方政府所包括的实体机构范围来看，有广义地方政府和狭义地方政府之分。广义的地方政府包括地方立法机关、行政机关和司法机关，狭义的地方政府即指地方国家行政机关。本书所使用的地方政府概念是狭义上的。地方政府除具有一般组织、公共组织和政府的特征之外，还具有自己的一些特征。地方政府的自有特征是由其内涵决定的，具体特征表现为：

（1）角色双重性。地方政府担当的角色具有双重性：一方面它是上级国家行政机关的决定和命令的执行者，要对上级政府负责；另一方面它是所辖行政区域内的社会公共事务的管理者，要对本地居民负责。在单一制国家，如中国，《中华人民共和国地方各级人民代表大会和地方各级人民政府组织法》（2004 年修正）第五十九、六十一条规定，县级以上的地方各级人民政

---

① 现代汉语词典（第 2 版）［M］. 北京：商务印书馆，1983. 236.

府执行上级国家行政机关的决定和命令，办理上级国家行政机关交办的其他事项；管理本行政区域内的经济、教育、科学、文化、卫生、体育事业、环境和资源保护、城乡建设事业和财政、民政、公安、民族事务、司法行政、监察、计划生育等行政工作。在联邦制国家，如美国，县级政府承担着双重角色[①]：一方面，县是州政府的行政管理分支，负责诸如出生、死亡、结婚的登记，以及负责与州范围相一致的活动，如选举的组织和实施、法律执行、公共保健的基本实施；另一方面，县又是独立的地方政府单位，要响应它们自己公民的需求，要经营垃圾处理场、管理图书馆、经营飞机场和提供消防服务等。

（2）权限局域性。[②] 地方政府的管辖权限具有局域性，主要表现在：①其权限所及的地域范围是局部的。地方政府是治理国家部分地域的政府，因而其治理权力仅限于它们所管辖的地域范围及其居民。享有地方立法权的地方政府，可以制定地方行政法规，但该法规对国家的其他地区不产生效力，因为地方政府治理权限的行使有地域范围的限制。②其权限所属事务是局部的。地方政府所管辖的事务只是本行政区域以内的社会事务，不是全国范围和跨行政区域的社会事务。地方政府所管辖的事务仅是国家全部事务中的一部分，即便在高度自治的情况下，中央政府也仍然保留着某些事务而不交给地方政府管辖，如国防、外交等。在地方政府所辖的地域范围内，还存在本地域某些社会事务的其他政府（中央的或上级的）机构，即本地域某些社会事务不属该层级地方政府管辖，由另一层级地方政府管辖。

（3）关系从属性。地方政府是国家设置在中央政府之下的地域管理单位，在单一制国家，地方政府从属于中央政府。如在我国，《宪法》第八十九、一百一十条规定，国务院统一领导全国地方各级国家行政机关的工作，规定中央和省、自治区、直辖市的国家行政机关的职权的具体划分；改变或者撤销地方各级国家行政机关的不适当的决定和命令；全国地方各级人民政府都是国务院统一领导下的国家行政机关，都服从国务院。这表明，地方政府所拥有的行政管理权会受到中央政府的调控和干预。在联邦制国家，地方政府从属于联邦成员政府。如在美国，地方政府与州的关系，就具有单一制国家结构形式的特点。[③] 根据1868年艾奥瓦州最高法院法官狄龙的一项判决中所确

---

① ［美］文森特·奥斯特罗姆等．美国地方政府［M］．井敏等译．北京：北京大学出版社，2004. 4.

② 徐勇，高秉雄．地方政府学［M］．北京：高等教育出版社，2005. 9～10.

③ 刁田丁，刘德厚．地方政府教程［M］．北京：高等教育出版社，1994. 62.

立的"狄龙规则"，地方政府的权力和权利完全来自州立法机关，州立法机关可创设亦可撤销地方政府，地方政府只能行使州法律明确授予的权力以及由此产生的必不可少的默示权力，州立法机关可扩大、限制、取消地方政府的权力。"狄龙规则"经联邦最高法院在1903年的一个判例中确认。

（二）地方政府的社会管理职能界定

社会管理即对社会公共事务的管理，是任何时代任何国家的任何政府都必须履行的基本职能。

国外学者从不同的学科视野出发，对政府在社会事务领域管什么、发挥什么作用的问题提出了各自的看法，有些甚至是截然相反的理论观点和政策主张。将其归类，大体形成四类有代表性的理论观点：①以科斯和布坎南为代表的公共选择理论，主张政府职能不能无限扩大，政府应有选择地干预"市场的失败"；②世界银行提出政府使命的核心是几项关键任务：建立法律基础，维持有效的宏观经济政策环境，投资于基本社会服务和基础设施建设，建立社会保障体系，保护环境；③以奥斯本、盖布勒为代表的企业家政府理论主张政府的职能主要在于"掌舵"（即作决策），而非"划桨"（即做具体的服务性工作）；④以罗伯特·B. 登哈特夫妇为代表的新公共服务理论认为，政府的职能是服务，而不是"掌舵"，其作用主要在于实现社会公共利益的最大化。

国外学者还就政府如何实施社会管理提出了如下观点和主张：①新公共管理主张将企业管理的理论、方法、技术及模式应用于政府社会公共事务管理中；②新公共服务理论主张用一种基于公民权、民主和为公共利益服务的新公共服务模式来替代当前的那些基于经济理论和自我利益的主导行政模式；③治理理论主张建立政府与社会组织、公民合作的公共管理模式，强调各种公共的和私人的机构或部门共同管理社会公共事务。

在我国，"'社会管理'作为一个相对独立的概念以及其所涵盖的知识体系，形成于20世纪80年代初期，它首先是随着改革开放的深入从国外引进的"①。2004年，十六届四中全会首次提出"社会建设"与"社会管理"的概念。随后，2006年的"十一五"规划纲要第四十二章中提出要"完善社会管理体制"；"十七大"报告中，再次强调"社会建设"，提出了"必须在经济发展的基础上，更加注重社会建设，着力保障和改善民生，推进社会体制

① 刘瑞，武少俊等．社会发展中的宏观管理［M］．北京：中国人民大学出版社，2005. 69.

改革，扩大公共服务，完善社会管理，促进社会公平正义”。

近几年来，国内学界关于政府社会管理职能方面的研究成果不断涌现。国内学界对政府社会管理职能的研究主要基于两个视角：①对政府社会管理概念的解析。有相当多的学者对政府社会管理的概念进行了界定。陈振明等人的观点具有代表性，他们在《政府社会管理职能的概念辨析》中将政府社会管理界定为“政府通过制定专门的、系统的、规范的社会政策和法规，管理和规范社会组织，培育合理的现代社会结构，调整社会利益关系，回应社会诉求，化解社会矛盾，维护社会公正、社会秩序和社会稳定，孕育理性、宽容、和谐、文明的社会氛围，建设经济、社会和自然协调发展的社会环境”①。②对政府社会管理的范围内容界定。许多学者从广义和狭义角度进行区分，认为广义的社会管理包括政治管理、经济管理、社会文化生活管理等，狭义的社会管理主要包括社会治安、人口、环境、社会保险、福利以及社会服务等方面的管理。有的学者从解决社会矛盾的角度，认为政府社会管理包括如下内容：化解社会矛盾，调节收入分配，维护社会公正、社会秩序和社会稳定；社会治安综合治理，特别是安全管理；完善社会管理体制，建立健全社会矛盾调处机制等。

国内学界关于社会建设和社会管理的研究已取得较有价值的成果，并对政府社会管理实践起到积极的指导作用。但现有的研究还未对和谐社会建设中地方政府社会管理职能的特殊性、地方性予以深入关注。

在和谐社会构建中，地方政府的社会管理职能究竟有哪些？如何把握其边界范围？要弄清这两个问题，从逻辑关系看，首先必须弄清政府社会管理职能的理论内涵。

1. 政府社会管理职能的基本含义

政府社会管理职能是指政府行政机关在管理社会公共事务中的基本职责和功能作用，它是政府行政职责和行政功能的有机统一体，反映着政府行政机关的基本任务和活动方向。笔者认为，要准确把握政府社会管理职能的基本含义，就必须弄清行政职责与行政功能这两个范畴的具体内涵。为此，必须把握两点：一是行政职责和行政功能之间的联系与区别，二是政府社会管理的范围领域。

行政职责和行政功能之间的区别在于，行政职责是指政府社会管理活动的内容，而行政功能则是指政府社会管理活动的作用或影响，即前者反映政

① 陈振明，李德国，蔡晶晶．政府社会管理职能的概念辨析［J］．东南学术，2005（4）．

府社会管理活动本身，后者反映政府社会管理活动结果。行政职责和行政功能之间的联系在于，行政功能的实现需要有一套健全的行政职责来保证，行政功能是行使行政职责所起的作用，行政职责是手段，行政功能是目的，行政职责是行政功能的表现形式，是行政功能的具体承载者。

无论是行政职责还是行政功能，它们都存在于政府社会管理的范围领域之中，即不能脱离社会公共事务这一特定的范围领域。社会公共事务是指与社会公众整体利益、共同利益相关联的各种活动，它具有社会性、公共性、共享性和非营利性等特点。社会公共事务属于社会事务的范畴。社会事务是人们所从事的各种社会活动，如政治、经济、科学、文化及其他各项社会活动。在众多的社会活动中，哪些属于社会公共事务？哪些属于非社会公共事务？我们可依据如下四个标准来界定。

（1）依据市场化资源配置的有效程度界定。无法通过市场化资源配置方式得到有效解决的社会事务属于社会公共事务，如提供纯公共物品和服务（如国防、外交和公共安全）、稳定宏观经济、维护市场公平竞争等；完全可以通过市场化资源配置方式得到有效解决的社会事务，属于私人事务；可以部分或局部通过市场化资源配置的方式得到有效解决的社会事务，属于中间事务。①

（2）依据非竞争性和非排他性界定。这是借用经济学家所讲的公共物品（或公共产品）的两个重要特征，即非竞争性和非排他性，来界定社会公共事务的范围。如果所提供的物品同时具有非竞争性和非排他性特征，属于社会公共事务；如果所提供的物品既不具有非竞争性特政，又不具有非排他性特征，属于私人事务；如果所提供的物品只具备其中一个特征，属于混合事务。

（3）依据公共权力界定。公共权力是社会公共事务活动运作过程中不可或缺的要素。那些必须依靠和运用公共权力去推行的社会事务，属于社会公共事务；无须依靠公共权力就能做好的社会事务，属于非社会公共事务；部分或局部需要依靠公共权力去推行的社会事务，则属于交叉性事务。

（4）依据社会公共需要界定。社会公共需要是界定社会公共事务范围的根本依据。作为与社会公众整体利益、共同利益相关联的各种活动，社会公共事务主要是为了满足社会成员的公共需要。因此，在一定的社会生活条件下，凡是具有满足社会公共需要性质的社会事务，属于社会公共事务；凡是不具有满足社会公共需要性质的社会事务，则属于非社会公共事务。

---

① 刘旭涛．公共事务：政府职能界定的重新思考［J］．中国行政管理，1998（5）．

2. 政府社会管理职能的内部结构

政府社会管理职能是一个由相互关联的各个方面的职能要素所构成的有机整体或职能体系，这已成为学界的共识。然而，在具体认识和解析政府社会管理职能这一职能体系的内部结构时，学者们观点各异。这些观点大体可归为两类：一是认为社会管理是对除政治统治之外的全部政府职能的概括，包括经济调节、市场监管和公共服务在内；二是把社会管理看成是政府职能中的一个，认为它是与政府职能中的经济调节、市场监管和公共服务三大职能相并列的一个职能，其依据就是目前我国官方文件中普遍使用的经济调节、市场监管、社会管理和公共服务四项政府职能的提法。我们认为，不管对政府社会管理职能作广义还是狭义理解，都不能脱离社会公共事务这一特定的范围领域。只不过广义的政府社会管理是对社会所有公共事务的管理，而狭义的政府社会管理只是对社会公共事务中的部分事务所实施的管理而已。因此，对社会公共事务这一特定的范围领域进行划分就成为界定政府行政职责和行政功能的前提与基本依据。

(1) 社会公共事务的“板块”划分。

在中国行政学教科书中，一般按“板块”方式把社会公共事务分为政治事务、经济事务、文化事务和其他社会事务。广义的政府社会管理就是对政治事务、经济事务、文化事务和其他社会事务所进行的管理。其内部结构可作如下分解：

在政治事务中的行政职责主要包括军事职责、保卫职责和民主职责。这三个方面的职责所起的作用就是维护国家利益，巩固国家政权，维护政治统治和政治秩序，维护社会稳定和秩序。

在经济事务中的行政职责主要有统筹规划职责、掌握政策职责、信息引导职责、组织协调职责、提供服务职责和检查监督职责。这六个方面的职责所起的作用就是保持宏观经济平稳运行，推动产业结构优化升级，提高资源利用效率，实现经济的可持续发展。

在文化事务中的行政职责主要有四个方面：一是制定并负责实施文化事业和文化产业的发展战略和规划；二是指导、监督、协调各地区各部门对于文化事业和文化产业的发展；三是推进文化体制改革，建立健全文化法律法规和政策体系；四是建设公益性文化设施，健全社会公共文化服务体系。这四个方面的职责所起的作用就是发展社会文化事业和文化产业，满足人民群众的精神文化需求。

在其他社会事务中的行政职责主要是：建立健全社会保障制度；完善收

入分配制度，规范收入分配秩序；落实科教兴国战略和人才强国战略；做好人口和计生工作；保护和治理生态环境；提供公共医疗卫生服务。这六个方面的职责所起的作用就是发展社会事业，保障社会公平，促进社会和谐。

狭义的政府社会管理则是对除政治、经济、文化事务之外的其他社会事务所进行的管理，其内部结构可分解为：建立健全社会保障制度；完善收入分配制度，规范收入分配秩序；落实科教兴国战略和人才强国战略；做好人口和计生工作；保护和治理生态环境；提供公共医疗卫生服务。

（2）社会公共事务的外部效应边界划分。

依据公共事务的外部效应边界，社会公共事务可分为全球性公共事务（这类公共事务的影响范围遍及全球）、跨国或跨地区性公共事务（这类公共事务的外部效应溢出国界，其影响波及多个地区）、全国性公共事务（这类公共事务的影响范围面向全国）、国内跨地区性公共事务（这类公共事务的外部效应超出某一地区的范围，可将其细分为省际区域内跨地区公共事务、省区域内跨地区公共事务）及国内地区性公共事务（这类公共事务的外部效应主要局限于某一地区，即一定范围的地域空间，如特区、开发区等）。按此划分，广义的政府社会管理职能的内部结构可作如下分解：

在全球性公共事务中的基本职责包括参与保护和治理全球生态环境、维护世界和平与发展、参与建设和发展世界市场、合作开发利用太空资源、打击国际犯罪集团和国际恐怖组织等。这些职责所起的作用就是促进世界和平与可持续发展，为世界各国的发展营造良性循环的全球环境。

在跨国或跨地区性公共事务中的基本职责包括维护国家或地区间的和平与安全、参与区际江河流域的治理、开展区际经济文化的协调与合作、合作开发利用与保护区际自然资源、调适区际法律冲突等。[①] 这些职责所起的作用就是促进不同国家或地区间的和平与合作，营造可持续发展的区际环境。

在全国性公共事务中，政府的行政职责主要是保障和维持国家安全与稳定，搞好宏观经济调节，提供国内政治、经济、文化制度安排，协调地区间的发展，负责全国性公共基础设施建设，等等。这些职责所起的作用就是促进整个国家和社会的安定和谐，保持整个国家和社会的协调运转，促使整个社会规范有序地发展。

在国内跨地区性公共事务中，政府的行政职责具体是开展跨地区经济合作、对跨地区江河流域进行治理、协商跨地区交通设施建设、组织安排跨地

---

① 陈瑞莲．论区域公共管理研究的缘起与发展［J］．政治学研究，2003（4）．

区人口迁徙、合作整治跨地区环境污染等。这些职责所起的作用就是加强国内地区之间的联系与互动，促进国内地区间在经济、文化等领域开展合作，实现互惠和共赢。

在国内地区性公共事务中，政府的行政职责主要是制定并落实本地区经济和社会发展规划、加强市场监管、开展本地区公共基础设施建设、搞好治安保卫等。这些职责所起的作用就是引导本地区经济和社会健康发展，维护市场秩序，促进统一市场的形成，保持社会安定有序。

按此划分，狭义的政府社会管理职能的内部结构则要剔除政治、经济和文化职责要素，余下的其他职责要素构成其内部结构，这里不再赘述。

（3）社会公共事务的性质划分。

依据公共事务自身的性质，社会公共事务可分为基础性公共事务（即为社会生存和发展提供基本条件的事务）、管制性公共事务（即对社会个体和群体的行为加以规范、引导和限制的事务）、保障性公共事务（即对社会成员的基本生活权利提供保障的事务）、平衡性公共事务（即协调利益关系、消解社会矛盾和利益冲突、促进社会环境和谐的事务）及服务性公共事务（即为社会成员的生活和工作提供便利的事务）。① 按此划分，广义的政府社会管理职能的内部结构可作如下分解：

在基础性公共事务中，政府的行政职责主要是负责公共基础设施的建设与管理，如公用事业设施、公共工程设施、公共事业设施的建设与管理。其所起的作用就是为社会的生存和发展提供基本条件。

在管制性公共事务中，政府的行政职责主要是制定法律法规和政策规章等制度、制定国民经济和社会发展战略规划、保障国家安全与维护社会治安等。其所起的作用就是使社会的各种活动在规范的框架中进行。

在保障性公共事务中，政府的行政职责主要是负责社会救助、社会保险、社会福利，对传染性疾病进行防控，保障自然资源的供给等。这些职责所起的作用就是为社会成员的基本生活权利提供保障。

在平衡性公共事务中，政府的行政职责主要是扶贫开发，援助弱势群体，构建和维护政治性、社会性的参政议政组织，从事社会沟通、协商和监督，构建和维护公共伦理道德等。这些职责所起的作用就是协调利益关系、消解社会矛盾和利益冲突、促进社会环境和谐。

在服务性公共事务中，政府的行政职责主要是提供社会和公民所需的信

---

① 侯保疆．从概念的理论内涵看政府职能转变的内容［J］．太平洋学报，2007（7）．

息、商业服务、公共医疗保健服务、劳动力再就业技能培训服务和公共健身娱乐服务等。这些职责所起的作用就是为社会成员的生活和工作提供便利。

狭义的政府社会管理职能的内部结构则要排除政府在服务性公共事务中的职责和作用。

3. 地方政府社会管理职能解析

地方政府社会管理职能是指地方政府行政机关在管理地方社会公共事务中的基本职责和功能，它反映着地方政府的基本任务和活动方向。依照上述认识和理解，地方政府的社会管理职能可从三个层面解析。

（1）基于社会公共事务的“板块”划分的地方政府职责和功能。

广义的地方政府社会管理职能包括地方政府在政治事务、经济事务、文化事务和其他社会事务中的职责和功能，分别如下：

在政治事务中的行政职责主要是：打击地方各种犯罪活动，保障本地区公民的合法权益和生命财产的安全，保障区域内社会主义现代化建设事业的顺利进行；维护和完善民主权利保障制度，坚持和完善人民代表大会制度，建立健全民主监督机制，推动地方政府决策民主化进程，扩大公民有序的政治参与，指导基层群众自治组织的工作；健全法制，维护法制的尊严。其功能和作用是维护和巩固地方国家政权，维护地方正常的政治秩序，维护本地区社会稳定，发展地方民主政治，保障社会公平正义。

在经济事务中的行政职责主要是：承担统筹规划本地区国民经济和社会发展的战略目标，并作出一定的规划与安排；制定指导本地区经济发展的路线、方针和调整各方面关系的政策；为本地区经济发展提供全面、及时、准确的经济信息，指导宏观与微观的经济活动；运用各种经济杠杆推动本地区各经济组织改善经营管理，提高经济效益；发展社会各项服务事业，为本地区经济组织创造必要的外部条件或直接为其提供服务；对本辖区内各种组织的财务收支活动、经济效益进行检查和监督。其功能是搞好区域经济调节，促进城乡、区域协调发展，营造良好的经济发展环境，促进地区经济又好又快地发展，不断为社会和谐创造雄厚的物质基础。

在文化事务中的行政职责主要是：制定与实施地方文化事业和文化产业的发展战略及规划；负责对地方公益性文化事业的投入，健全公共文化服务体系；保护文化遗产和民间文化；落实有关文化事业和文化产业发展的政策法规；指导和推进地方文化体制改革；管理和规范本地文化市场，等等。其功能是推动地方文化事业和文化产业共同发展，满足本地区人民群众的精神文化需求，建设和谐文化，夯实社会和谐的思想道德基础。

在其他社会事务中的行政职责主要是：在本地区建立健全社会保险、社会救助、社会福利及与慈善事业相衔接的覆盖城乡居民的社会保障体系；制定地方人口发展规划，落实计划生育政策；制定地方自然资源的利用和保护规划，落实环境保护的政策和法规；推动地方科教管理体制和运行机制的改革创新；为城乡居民提供公共卫生和基本医疗服务，等等。其功能是为本地居民提供社会保障，保持本地区社会事业全面协调可持续发展，为本地居民营造一个良好的生活和工作环境。

按此划分，狭义的地方政府社会管理职能则仅指地方政府在其他社会事务中的职责和功能。这里不再赘述。

（2）基于社会公共事务的外部效应边界划分的地方政府职责和功能。

地方政府的行政职责和行政功能主要存在于国内地区性社会公共事务和国内跨地区性社会公共事务领域之中。广义的地方政府社会管理职能可作如下分解：

在国内地区性社会公共事务中其行政职责主要是搞好区域经济协调和市场监管、调节社会矛盾、保障和维持地区安全与稳定、发展各项社会事业、提供社会保障、建设公共基础设施等。其功能是促进整个地区社会的安定和谐，保持整个地区社会的协调运转，促使整个地区经济与社会的协调和可持续发展。

在国内跨地区性社会公共事务中，其行政职责主要是开展跨地区经济合作、对跨地区江河流域进行治理、协商跨地区交通设施建设、组织安排跨地区人口迁徙、合作整治跨地区环境污染等。其功能是加强国内各地区之间的联系与互动，协调地区间的发展，促进国内地区间在经济、文化等多领域开展合作，实现互惠和共赢。

按此划分，狭义的地方政府社会管理职能不包括其在国内地区性、国内跨地区性社会公共事务中涉及政治、经济、文化方面的职责和作用。

（3）基于社会公共事务的性质划分的地方政府职责和功能。

广义的地方政府社会管理职能包括地方政府在基础性、管制性、保障性、平衡性和服务性公共事务中的职责和功能，分别如下：

在基础性公共事务中的行政职责主要是统筹制定和负责落实地方公共基础设施建设规划，加强公共基础设施建设，如公用事业设施（包括自来水、电力、煤气、公共交通和通信设施等）、公共工程设施（包括道路、桥梁、隧道、下水道和防灾设施等）和公共事业设施（包括公共的教育、文化、卫生和体育设施等）的建设；建立、健全公共基础设施建设与管理的各项规章制度；指导和推进地方公共基础设施的市场化改革，等等。其功能是为地方的生存和发展提供基本的物质条件，使公共基础设施的规模和承载力与地方经济建设、社会发展相适应。

在管制性公共事务中的行政职责主要是加强制度建设，完善对发展民主政治、保障公民权利、推进社会事业、健全收入分配、规范社会组织、保证社会公正、维护社会秩序和稳定、保障人民群众生命及财产安全等方面的制度供给，制定地方国民经济和社会发展战略规划等。其功能是增强全社会的规则意识，推进地方政治、经济、文化和社会生活的法制化、规范化，夯实社会和谐的制度基础。

在保障性公共事务中的行政职责主要是负责建立健全与地方社会保险、社会救助、社会福利、慈善事业相衔接的覆盖城乡居民的社会保障体系；完善社会保障制度，并组织实施和监督检查；筹集社会保障基金并加以监管；对地方传染性疾病进行防控；加强环境治理保护，等等。其功能是保障地方居民在基本生活方面的权利和利益，保障人民群众有一个健康安全的基本生活环境。

在平衡性公共事务中的行政职责主要是建立和完善利益协调机制、诉求表达机制、矛盾调处机制和权益保障机制；负责扶贫投入，完善扶贫开发机制，提高扶贫效率；构建和维护公共伦理道德；预防和应对突发性公共危机事件，完善应急管理体制、机制等。其功能是协调利益关系，化解社会矛盾和各种风险，促进社会和谐。

在服务性公共事务中的行政职责主要是提供公共医疗保健服务、提供劳动力再就业技能培训服务、提供公共健身娱乐服务等；健全政务、办事和信息等公共服务系统；完善公共服务政策体系；健全社区公共服务体制。其功能是为地方居民生活、工作和参与经济社会活动创造便利条件。①

按此划分，狭义的地方政府社会管理职能不包括其在服务性公共事务中的职责和作用。

本书所使用的地方政府社会管理职能概念介于广义与狭义之间，即地方政府社会管理职能的作用领域具有非经济性特征②，一般与社会成员具体生活和具体利益具有直接相关性，主要是满足社会成员基本需求、解决社会问题、维护公平正义、保持社会稳定和提升社会福利等。

---

① 侯保疆．社会和谐语境下的地方政府社会管理职能解析［J］．太平洋学报，2009（11）．

② 冯亚文，许玉娇．社会管理基本问题［M］．兰州：甘肃教育出版社，2009.2.

四、社会和谐与地方政府社会管理职能的关系

（一）强化政府社会管理是社会和谐构建的内在要求

2006年10月，中共中央十六届六中全会审议通过的《中共中央关于构建社会主义和谐社会若干重大问题的决定》提出，到2020年构建社会主义和谐社会的总要求是按照民主法治、公平正义、诚信友爱、充满活力、安定有序、人与自然和谐相处的总要求，以解决人民群众最关心、最直接、最现实的利益问题为重点，着力发展社会事业，促进社会公平正义，建设和谐文化，完善社会管理，增强社会创造活力，走共同富裕道路，推动社会建设与经济建设、政治建设、文化建设协调发展。同时，该决定还提出了构建和谐社会的目标任务和原则。其目标任务是：到2020年，社会主义民主法制更加完善，依法治国基本方略得到全面落实，人民的权益得到切实尊重和保障；城乡、区域发展差距扩大的趋势逐步扭转，合理有序的收入分配格局基本形成，家庭财产普遍增加，人民过上更加富足的生活；社会就业比较充分，覆盖城乡居民的社会保障体系基本建立；基本公共服务体系更加完备，政府管理和服务水平有较大提高；全民族的思想道德素质、科学文化素质和健康素质明显提高，良好道德风尚、和谐人际关系进一步形成；全社会创造活力显著增强，创新型国家基本建成；社会管理体系更加完善，社会秩序良好；资源利用效率显著提高，生态环境明显好转；实现全面建设惠及十几亿人口的更高水平的小康社会的目标，努力形成全体人民各尽其能、各得其所而又和谐相处的局面。构建和谐社会的主要原则是：①坚持以人为本。做到发展为了人民、发展依靠人民、发展成果由人民共享，促进人的全面发展。②坚持科学发展。统筹城乡、区域、经济社会、人与自然和谐发展，实现经济社会全面协调可持续发展。③坚持改革开放。坚持社会主义市场经济的改革方向，适应社会发展要求，推进经济体制、政治体制、文化体制、社会体制改革和创新，建立健全充满活力、富有效率、更加开放的体制与机制。④坚持民主法治。加强社会主义民主政治建设，发展社会主义民主，实施依法治国基本方略，建设社会主义法治国家，树立社会主义法治理念，增强全社会法律意识，推进国家经济、政治、文化、社会生活法制化、规范化，逐步形成社会公平保障体系，促进社会公平正义。⑤坚持正确处理改革、发展、稳定的关系。把改革的力度、发展的速度和社会可承受的程度统一起来，维护社会安定团结，

以改革促进和谐，以发展巩固和谐，以稳定保障和谐，确保人民安居乐业，社会安定有序，国家长治久安。⑥坚持在党的领导下全社会共同建设。坚持科学执政、民主执政、依法执政，发挥党的领导核心作用，维护人民群众的主体地位，调动一切积极因素，形成促进和谐人人有责、和谐社会人人共享的生动局面。

这些目标任务和原则对政府社会管理职能提出了新要求，主要是必须创新社会管理体制，整合社会管理资源，提高社会管理水平，在服务中实施管理，在管理中体现服务。

（二）社会和谐需要政府有效的社会管理才能实现

社会是一个复杂的系统，它是由相互联系、相互制约的各个要素所构成的有机体。因此，社会和谐就意味着组成该系统的各个要素之间要协调、统一、有序、适中。根据现有的研究成果，我们认为社会和谐呈现出来的状态应当是民主法治、公平正义、诚信友爱、充满活力、安定有序、人与自然和谐相处。这种社会和谐状态不可能自然生成，它必须通过全社会的长期努力才能构成。现代社会是由政府、市场、公民等基本要素构筑而成的，社会和谐的构建离不开这些要素间的协调、配合与努力。其中，政府是公权力组织，它在实现和维护社会和谐方面起着关键作用。政府的这种作用主要通过行使其社会管理职能体现出来。社会管理职能是政府职能的一个重要方面。温家宝总理在2005年3月十届人大三次会议的《政府工作报告》中指出，社会管理职能，主要包括政府承担的管理和规范社会组织、协调社会矛盾、保证社会公平、维护社会秩序和稳定、保障人民群众生命及财产安全等方面的职能。

因此，强化政府社会管理职能，更新社会管理理念，改进社会管理方式，有助于增加社会和谐因素，减少不和谐因素，从而不断促进社会和谐。在社会和谐构建中，地方政府的社会管理职能发挥至关重要。目前全国共有地方政府机构3.8万多个，社会管理和公共服务职能主要是由众多地方政府承担的。可以说，地方政府社会管理职能的发挥程度直接影响和制约着和谐社会的构建进程。

五、社会和谐的指标体系

社会和谐指标体系的构建可以客观描述社会发展状况，全面评价社会和谐度，监测社会建设过程中取得的进步与存在的问题，为政府制定、调整和落实社会管理法规政策提供客观依据。

（一）社会和谐指标体系构建的理论基础

在党的十六届四中全会提出“构建社会主义和谐社会”之后，学术界便对“什么是和谐社会”进行了广泛的理论探讨。我国学者分别从哲学、社会学、经济学、政治学等学科视角理解和分析了和谐社会的内涵与特征。哲学界对和谐社会的内涵与特征，主要是从唯物辩证法和唯物史观的视角进行理解，体现着矛盾的观点、普遍联系的观点和社会发展的观点；社会学界对和谐社会的内涵与特征的理解，主要是从社会价值、社会结构、社会阶层、社会环境、社会管理等角度进行思考；经济学界分析和谐社会的内涵与特征，则偏向于从资源配置、制度变革、非均衡发展、经济增长、生产力与生产关系、资本与劳动等角度进行理解；政治学界从阶级性、法制社会、民主政治、政府管理、执政能力等方面思考和谐社会的内涵与特征；法学界更多地从宪法、民法、经济法等视角思考和谐社会的内涵与特征；伦理学界对和谐社会的内涵与特征的理解，强调价值和谐、价值判断、价值诉求、道德目标和道德统一等内容；环境学界对和谐社会的内涵与特征的思考成果较少，主要体现在人与环境统一的观点上。① 上述对和谐社会的内涵与特征的多学科揭示，为我们研究社会和谐指标体系、科学确定指标体系的涵盖范围、遴选社会和谐的具体指标提供了理论依据。

（二）社会和谐指标体系的研究现状

构建和谐社会的论题一经提出，和谐社会的评价指标即成为研究热点，目前已出现不少有价值的研究成果。国家统计局课题组于 2005 年率先开展了这项研究工作，随后，国内的相关专家、学者开始对描述社会和谐水平的评价指标体系展开研究，一些地方如北京、深圳等也陆续开始构建符合自身特色的和谐社会评价指标体系，并取得一定成果。

综观目前国内有关和谐社会指标体系的研究，主要包括国家层面与地区层面的和谐社会指标体系研究。

1. 对整个国家进行研究，建立全国和谐社会综合评价指标体系

国家统计局课题组以及欧阳建国、辛玲、李芳、罗诣民等学者的研究从

---

① 余少谦．和谐社会内涵、特征与评价指标体系研究综述［J］．福建行政学院福建经济管理干部学院学报，2006（6）．

全社会的角度考虑建立和谐社会综合评价指标体系。他们所设计的和谐社会指标体系包括民主法治、公平正义、诚信友爱、充满活力、安定有序、人与自然和谐相处六个方面内容，他们各自设计的具体指标中大部分内容是相同的，如基尼系数、社会保障覆盖面、恩格尔系数、森林覆盖率等。而北京市社会科学院的梅松和齐心在《和谐社会评价指标体系的构建》中，通过分析和谐社会的科学内涵和基本特征，根据构建指标体系的若干原则，建立了由社会结构、社会公平、社会稳定、社会活力、社会意识、社会治理和人与自然的和谐 7 大类 37 项具体指标体系，并提出了确定指标权重、标准值以及进行综合评价的基本方法。[①] 总体上说，国家和谐社会指标体系应偏向于宏观方面，以便更好地测评出全国的总体和谐度。

2. 以地区为研究对象，建立地区社会和谐指标体系

具体来说可分为省域与城市两个层面的和谐社会指标体系。

（1）以省份为单位进行研究，建立省域社会和谐指标体系。朝歌、陈晓芳的《省域社会和谐程度定量化测度模型研究》设计了包括经济与自然和谐度、经济与社会发展和谐度、社会公平度和社会稳定度 4 项二级指标以及 42 项三级指标的和谐社会指标体系。胡学锋的《对和谐广东的统计描述和评价方法的研究》，蒋剑辉、王嘉佳的《浙江省和谐社会影响因素的因子分析及对策研究》，分别都从不同角度对和谐社会的统计测度进行了研究。湖北省统计局黄承喜等人结合湖北的实际情况构建了“和谐湖北”的评价指标体系，涉及社会结构、社会环境和社会关系 3 项一级指标，下设 16 项二级指标。湖南省统计局则从经济与效率、民主与政治、公平与公正、安定与秩序、人与自然和人与社会六大领域构建了包含 39 项指标的综合评价体系。

（2）以城市为研究对象，建立城市社会和谐指标体系。深圳市社会科学院设计的和谐深圳指标体系，体现深圳特色，以社会的发展、公平、保障、关爱、安全、生态文明为基本点，设置了 39 项指标。这套指标体系具有较好的可操作性，具有浓厚的特区色彩。吴中林在其论文《南京和谐社会指标体系》中，指出评价的重点是社会结构、社会环境和社会关系三个方面。胡学锋在其《广州和谐社会指标体系的建立与实证研究》一文中，建立了由社会、经济、自然和对外和谐四个方面共 22 项指标组成的指标体系，并通过 2000—2003 年的实证研究，得出广州的和谐社会程度呈上升趋势的结论。除了上述的城市指标体系之外，目前已经有越来越多的学者或统计部门针对城市提出

---

① 梅松，齐心．和谐社会评价指标体系的构建［J］．北京社会科学，2006（1）．

了和谐社会指标体系，包括武汉、上海、北京、常州、大连、重庆、长沙等城市。

由此可见，国家与地区和谐社会指标体系既有联系又有区别。首先，不论是建立国家和谐社会指标体系还是地区和谐社会指标体系，其根本目的是一致的。在指标体系的设立原则、评价方法和指标权重的计算等方面，国家与地区的指标体系都是相通的，并没有什么区别。它们的构建都是试图建立一套科学可行且操作性较强的指标体系，以用于实际工作，进而促进我国和谐社会的发展。其次，国家的指标体系侧重于宏观，而地区指标体系侧重于微观。从具体的指标内容来看，地区层面的指标体系要比国家层面的指标体系更为细致。例如，在国家统计局设立的国家和谐社会指标体系①与黎毅等人设立的江西省和谐社会评价指标体系②的两个指标体系中，同属于"民主法治"中的子指标，国家层面的"社会安全指数"与地区的三个指标（农村安全感满意度，万人火灾、交通事故死亡率，每万人拥有专职律师数）是一致的。又如，在"人与自然和谐相处"中的子指标，国家层面的"环境质量指数"与地区层面的"城市污水处理率"、"工业废水达标排放率"、"工业固体废物综合利用率"是一致的。再如，国家统计局课题组设置的指标体系的第一个指标是"公民自身民主权利满意度"，根据公民的概念，我们知道这是全国都适用的。而对于地区的指标体系来说，要想真正表现出本地区的社会和谐度，除了设置常规的指标之外，还要根据本地区的实际情况或特殊情况设置更能表现地区社会和谐度的指标，这样才能提高指标体系的实用性与科学性。例如，在黎毅等人设立的指标体系中，除了一些与国家相同的指标外，还运用了一些"农民"指标，即"村民对村务公开的满意程度"、"农村安全感满意度"、"农村基尼系数"和"农村自来水普及率"，这和地区的特殊性是分不开的。江西省是我国的农业大省，根据江西省 2008 年统计年鉴的数据，到 2007 年末，江西省的乡村人口仍然占 60.2%，即江西省目前有将近 2 630 万乡村人口。因此，在黎毅等人设立的指标体系中，除了一些城市的指标外，还增加了一些农村指标，这是符合江西省的实际情况的。由此可以看出，国家的指标体系是从宏观上整体把握社会的和谐度的，而地区往往是将一些宏观指标细化，从而在相对微观方面把握本行政区域内的社会和谐度。最后，目标值的确立标准不同。国家的指标体系在设置的时候要综合考虑各省、自

① 国家统计局课题组．和谐社会统计监测指标体系研究［J］．统计研究，2006（5）．

② 黎毅，彭地，宣玲玲．江西省和谐社会评价指标体系设置及分析［J］．统计与决策，2006（13）．

治区和直辖市的平均水平，因此，其指标值不能过高，也不能过低。而地区则可以根据自己的和谐度来设置，如经济比较发达的地区，其人均 GDP 目标值就不能以全国的目标值为标准，而必须高于全国平均水平。对于经济比较落后的地区，如果硬要把指标值设成与全国一样，也是不切实际的。

综上所述，国家与地区的和谐指标体系之间既有联系又存在着差异，“只有在设置指标体系时客观地认清自身所处的位置，才能使我们在借鉴他人的指标体系的同时，制定出一套符合自身实际情况，能够促进今后发展和考核的指标体系”。①

（三）地区层面的社会和谐指标体系构建的一般原则

1. 系统性原则

社会和谐是一个广泛、综合、系统的范畴。它包括人与社会之间的和谐、人与经济发展之间的和谐、人与自然之间的和谐以及人与人之间的和谐等方面。因此，地区和谐社会评价指标体系必须体现这种综合性与系统性，不仅强调经济因素，也要强调民主化进程的提高和文明层次的提升，各项指标之间要形成有机、有序的联系，形成一个全方位的指标体系，从多方面反映地区和谐社会建设的进程。

2. 科学性原则

地区和谐社会指标体系中各项指标的选择必须以建设和谐社会的理论为指导，要能全面准确地反映和谐社会发展战略目标的内涵，充分考虑影响地区和谐的因素。指标应根据研究系统的结构分出层次，并在此基础上将指标分类，这样才会使指标体系结构清晰，便于使用。并且设置的层次结构和选取的各项指标要具有明确的经济含义，而且数据来源要权威可靠，处理方法要规范科学。

3. 代表性原则

在众多可以用来监测的统计指标中，选择最具有代表性的指标。地区指标体系既要宏观，又要客观，更加要直观、有代表性。整个指标体系可以用指数来反映，分类指标也可以用指数或者用特征指标来反映。整个指标体系构成的指标不宜过多，既要从构建社会主义和谐社会总体要求出发，又要从地区近年来改革发展实际取得的成绩方面去总结，更要从未来经济社会协调

---

① 叶南客．走向理想的和谐社会　和谐南京建设的新方略［M］．南京：东南大学出版社，2006. 18 ~ 19.

发展、人与自然和谐相处的角度去思考和深化发展。

4. 相对独立性原则

和谐社会建设的进程与状况可以从不同方面进行观测，每一方面的特征又可通过多种指标予以反映。因此，反映地区社会和谐度的指标有很多，这些指标间彼此可能存在非常密切的关系。我们在挑选一组指标组成评价指标体系时，要注意所选取指标间的相关性问题，所选择的指标间的独立性要强，尽量避免指标之间的交叉和重复，力求各指标互不重叠、互不取代，从而最大限度地扩充指标体系的信息量，提高指标体系的效能和质量。

5. 可扩展性原则

任何一个评价指标体系都不是尽善尽美的，总存在着可以改进和完善的地方，同时，和谐社会理论也在发展和完善之中，评价指标体系理应存在可不断扩展和成熟的可行性。[①] 地区和谐社会的发展必须同整个社会的和谐发展同步，不断完善社会和谐进程中的不足。因此，其指标体系也应是可不断扩展的。

6. 可操作性原则

符合上述原则的指标最终还必须是在实际中可操作的指标。因为一个指标即使很系统、很科学、很有代表性、很有独立性和可扩展性，如果指标数据不容易获取或者获取成本非常高，就会使指标失去其应用价值。[②] 也就是说，在统计上要能够收集到所选指标的资料，能够根据某一标准进行度量和分析测定。具体来说，就是可以利用现有的统计信息资源，经过适当的计算获得数据，或者通过实验设计、问卷调查等方式获得数据。同时选用的计算公式要简单，指标要少而精，应用时要方便、简洁。

（四）地区层面的社会和谐指标体系的构成

1. 地区和谐社会指标体系的基本框架

从根本上讲，构建和谐社会的主体是人。因此，我们认为和谐社会是一个人与自然、他人和自身协调发展的社会，这样一种和谐的关系具体体现在社会、经济、自然环境、人际关系等方面。而这几个方面的内容是通过全体人民的具体活动体现出来的。[③] 因此，我们认为，社会主义和谐社会实际上是

---

① 杨增国．和谐社会评价指标体系构建［J］．科技信息，2007（12）．

② 吴映梅，封志明，彭福亮．区域人文社会和谐发展机制及对策研究［M］．北京：科学出版社，2008. 38.

③ 王晓丽，李薇菡．构建社会主义和谐社会的主体思考［J］．社科纵横，2008（9）．

指以人为主体的社会和谐发展状态，它包括人与社会之间的和谐、人与经济发展之间的和谐、人与自然之间的和谐以及人与人之间的和谐四个方面的基本内涵。

从地区的实际出发，根据上述和谐社会所包括的四个方面基本内涵，可从社会和谐、经济和谐、环境和谐以及人际和谐四个维度设计一套评价地区社会和谐度的指标体系。

（1）社会和谐。社会的和谐，既包含稳定和协调，又高于稳定和协调，它是社会稳定和协调的理想状态；既体现公平，又促进效率，它是公平和效率的统一；既包含社会发展的动力机制，又包含社会发展的平衡机制，它是社会发展动力机制与平衡机制的统一；既是一种价值目标，又是一种不断推进的现实的历史过程，是价值目标和社会历史过程的统一。如果社会结构混乱、社会动荡不安，没有什么公平正义可言，缺乏生机勃勃的动力，那么这个社会必定会存在许多不和谐的因素。社会和谐的基本内涵应该包括：社会结构合理、社会秩序稳定、社会公平正义和社会充满活力。因此，这一维度的主要评价指标包括社会结构、社会秩序、社会公平和社会活力四个二级指标。

（2）经济和谐。经济是社会和谐的物质基础，也是社会和谐可持续发展的前提条件。经过改革开放30多年的发展，地区经济发展取得的成绩是有目共睹的。然而，一直以来，地区经济的增长只是注重经济发展水平，而没有全面地考虑居民的实际生活水平。其实，经济的和谐，一方面要看经济的发展水平，经济发展水平反映一个国家的社会产品的丰富程度和经济效益的高低，经济发展水平高，社会产品及国民生产总值就多；另一方面还要看居民的消费水平，居民消费水平是指居民在物质产品和劳务的消费过程中，对满足人们生存、发展和享受需要方面所达到的程度。只有把这两个方面结合起来考察，才能更科学、更真实地反映出地区经济的和谐度。因此，这一维度的主要指标包括经济发展水平和居民消费水平。

（3）环境和谐。时至今日，人们的物质生活已经达到了一定水平，人们越来越注重人与自然环境的和谐，注重提高生活环境质量。众所周知，一个地区的环境污染问题如果长期得不到解决，势必会危害人们的身体健康，影响人们的工作和生活，进而影响整个地区的外部形象。环境建设不好，人们就难以安居乐业，人才就容易外流，外商就会避而远之，导致经济发展停滞不前、劳动力就业困难等一系列社会问题。可以说，环境不和谐，将直接影响到国计民生。一个环境不适宜人类居住的地区，将不会有和谐社会可言。

一个地区在土地开发整理过程中，如何合理配置土地资源，改善生态环境，保障土地资源可持续利用，实现生态效益、经济效益和社会效益相统一？这需要有科学的生态指标进行指导。因此，将环境和谐作为地区和谐社会指标体系的一级指标是非常必要的。环境和谐这一维度包括环境质量指标和生态指标两个二级指标。

（4）人际和谐。在现代社会，诚信（友爱）是调节人际关系、规范生活秩序的一种重要的行为规范。诚信是人类社会一切道德的基础和根本，是社会主义精神文明建设的重要内容和实现社会风气根本好转的关键。[①] 一个信用缺失、道德沦丧的地区，必然不会有和谐的人际关系和良好的社会秩序，经济社会的持续、健康、快速发展也就得不到有力的支撑。素质是一个人所具有的禀赋、能力及内在涵养。一般而言，人的素质越高，其人际关系就越好。这一维度的主要评价指标包括诚信友爱和人口素质两项二级指标。

根据上述构建地区和谐社会指标体系的原则和思路，运用层次分析法中的递阶层次结构，将地区和谐社会指标体系构建成 4 个层次，由 1 项目标层指标，4 项一级指标，10 项二级指标，26 项三级指标构成（见下表），力争能够全面、系统地测评一个地区的社会和谐度。第一层为目标层，即和谐地区（如和谐粤东），它是我们测评研究的目标；第二层为一级指标，包括社会和谐、经济和谐、环境和谐与人际和谐 4 项指标；第三层是二级指标，包括社会结构、社会秩序、社会公平、社会活力、发展水平、居民消费水平、环境质量、生态指标、人口素质以及诚信友爱 10 项指标。第四层是三级指标，是对地区社会和谐度进行测评的直接对象，是测评指标层内容的具体分解，共有 26 项指标。

---

① 邓伟志．和谐社会与公共政策［M］．上海：同济大学出版社，2007. 18.

地区和谐社会指标体系

	一级指标	权重	二级指标	权重	三级指标	权重	目标值	单位
A 和谐地区（如和谐粤东）	B1 社会和谐	25	C1 社会结构	6.25	D1 第三产业人员比重	2.09	50	%
					D2 城镇人口比重	2.08	$x\geq 60$	%
					D3 进出口总额占 GDP 的比重	2.08	$x\geq 15$	%
			C2 社会秩序	6.25	D4 社会治安满意度	2.09	100	%
					D5 城镇登记失业率	2.08	$x<3$	%
					D6 亿元 GDP 生产安全事故死亡率	2.08	$x<0.2$	%
			C3 社会公平	6.25	D7 城乡居民收入比	2.09	$x\leq 0.4$	
					D8 社会保障率	2.08	80	%
					D9 学龄儿童入学率	2.08	100	%
			C4 社会活力	6.25	D10 万人专利数	2.09	$x\geq 10$	万人/件
					D11 人口净迁移率	2.08	$x\geq 20$	%
					D12 规模以上工业企业单位数	2.08	5 000	家
	B2 经济和谐	25	C5 发展水平	12.5	D13 人均 GDP	6.25	$x\geq 33\,600$	元
					D14 第三产业占地区 GDP 比重	6.25	60	%
			C6 居民消费水平	12.5	D15 人均可支配性收入	6.25	$x\geq 35\,200$	元
					D16 人均消费性支出	6.25	$x\geq 27\,585$	元
	B3 环境和谐	25	C7 环境质量	12.5	D17 环境综合指标	6.25	100	%
					D18 万元 GDP 综合能耗	6.25	$x\leq 0.57$	万元/吨
			C8 生态指标	12.5	D19 森林覆盖率	6.25	$x\geq 60$	%
					D20 人均耕地面积指数	6.25	$x\geq 0.8$	亩
	B4 人际和谐	25	C9 人口素质	12.5	D21 高中毛入学率	4.17	$x\geq 90$	%
					D22 人口自然增长率	4.17	$x\leq 4.5$	%
					D23 每万人医生数	4.16	$x\geq 25$	位
			C10 诚信友爱	12.5	D24 合同违约率	4.17	暂无	%
					D25 银行业不良贷款率	4.16	$x\leq 10.6$	%
					D26 慈善捐赠占 GDP 比重	4.17	$x\geq 1$	%

2. 地区和谐社会指标体系的权重

权重的确定是综合评价的重要因素之一，如何科学而符合实际地确定权重确实需要仔细斟酌。确定指标权重的方法有多种，在实际操作当中，权重的确定方法有比较平均法、专家评定法、层次分析法和因子分析法等。地区和谐社会指标体系研究的权重借鉴了国家统计局的方法，即采用平均赋权法，其理由是4项一级指标居于同等重要的地位，不可偏废；所选择的二级与三级指标，也是经过反复筛选得到的，其重要程度相当。

3. 地区和谐社会指标体系的目标值

地区和谐社会指标体系目标值的确定，是以2020年为目标年，坚持了普遍性与特殊性相结合的原则：一是参照国际标准确定；二是参照国家统计局发布的《2006年中国全面建设小康社会进程统计监测报告》中测算的2020年我国小康社会主要经济社会指标的目标值，以及国家统计局《和谐社会统计监测指标体系研究》测算的目标值确定；三是参照《广东省国民经济和社会发展十一五规划纲要》《广东省东西北振兴计划（2006—2010年）》《粤东西北部科学发展报告》[①] 确定。

---

① 资料来源于《南方日报·粤东西北部科学发展报告特刊》（2009年2月16日）。

第二章

社会和谐构建中的地方政府社会管理职能现状

一、社会和谐构建中的地区和谐状况：以粤东为例

自2004年9月党的十六届四中全会提出构建社会主义和谐社会以来，地方各级政府积极响应中央的号召，切实采取行动落实中央的战略决策。近年来，社会和谐的构建正在各地稳步向前推进。下面以粤东地区为例，分析2005—2007年粤东地区的社会和谐状况。粤东地区在行政区划上主要由汕头市、潮州市、揭阳市和汕尾市四个地级市组成。因此，粤东地区和谐社会指标体系是指这四个城市的综合评价体系。运用前述构建的地区和谐社会指标体系，对粤东地区社会和谐程度监测的结果如下表所示，表中数据表示相应指标的达标程度。

粤东地区2005—2007年社会和谐程度部分指标监测结果[①]

单位:%

一级指标	二级指标	三级指标	2005年	2006年	2007年
	C1社会结构	D1 第三产业人员比重	42	44	48
		D2 城镇人口比重	88	95	95
		D3 进出口总额占GDP的比重	40	40	40

① 监测结果中的数据有些是直接从有关文献得来的，有些数据无法直接获得，则根据有关数据并按照国际标准公式计算得来。数据来源：《广东年鉴》（2006—2008）；《汕头统计年鉴》（2006—2008）；《揭阳统计年鉴》（2008）；《潮州统计年鉴》（2008）；《2007年广东全面建设小康社会进程监测报告》；《2005、2006、2007年广东国民经济和社会发展统计公报》；《汕尾市统计局关于2005、2006、2007年国民经济和社会发展的统计公报》；《汕头市统计局关于2005、2006、2007年国民经济和社会发展的统计公报》；《潮州市统计局关于2005、2006、2007年国民经济和社会发展的统计公报》；《揭阳市统计局关于2005、2007年国民经济和社会发展的统计公报》。

（续上表）

	一级指标	二级指标	三级指标	2005 年	2006 年	2007 年
A 和谐粤东	B1 社会和谐	C2 社会秩序	D4 社会治安满意度	78.8	73.6	84
			D5 城镇登记失业率	100	100	100
			D6 亿元 GDP 生产安全事故死亡率	26	35	47
		C3 社会公平	D7 城乡居民收入比	93.7	94.6	94.8
			D8 社会保障率	56	63	80
			D9 学龄儿童入学率	99.4	99.4	99.5
		C4 社会活力	D10 万人专利数	30	40	40
			D11 人口净迁移率	-0.02	100	100
			D12 规模以上工业企业单位数①	62.2	72.1	85.5
	B2 经济和谐	C5 发展水平	D13 人均 GDP	30	33	39
			D14 第三产业占地区 GDP 比重	63.3	61.7	61.7
		C6 居民消费水平	D15 城镇居民人均可支配性收入	28	30	32
			D16 城镇居民人均消费性支出	30	31	33
	B3 环境和谐	C7 环境质量	D17 环境质量指标实现程度	65.0	65.2	67.9
			D18 万元 GDP 综合能耗	63	66	68
		C8 生态指标	D19 森林覆盖率	77	78	79
			D20 人均耕地面积指数	34	36	35
	B4 人际和谐	C9 人口素质	D21 高中毛入学率	41	暂无	56
			D22 人口自然增长率	72	76	79
			D23 每万人医生数	52	56	60
		C10 诚信友爱	D24 合同违约率	暂无	暂无	暂无
			D25 银行业不良贷款率	暂无	31.3	暂无
			D26 慈善捐赠占 GDP 比重	暂无	暂无	0.35

说明：表中 2005—2007 年的监测结果是由和谐粤东各项指标当年的统计数值除以目标值之后得出的百分比。

从上表可以看出，在 26 项三级指标中，17 项指标呈上升趋势，1 项指标呈下降趋势，2 项指标呈波动状态②，2 项指标已经达标，1 项指标保持平衡，另有 3 项指标未录得数据或只录得一年数据。从下图中我们可以看出，2005

① 规模以上工业企业是指年销售收入在 500 万元以上的工业企业。

② 由于时间和有关数据的限制，这里只列举了 2005—2007 年的数据，如果从 5 年以上的数据来监测会更为客观，呈波动状态的指标也会有所增加。

年以来，粤东地区的和谐度总体呈上升趋势，一年比一年和谐。地区社会和谐指标体系的四个一级指标也都呈总体上升趋势。但是从下图的数值来看，到 2007 年底，粤东地区的社会总体和谐度 4 项一级指标都低于 70%，和谐程度并不理想。

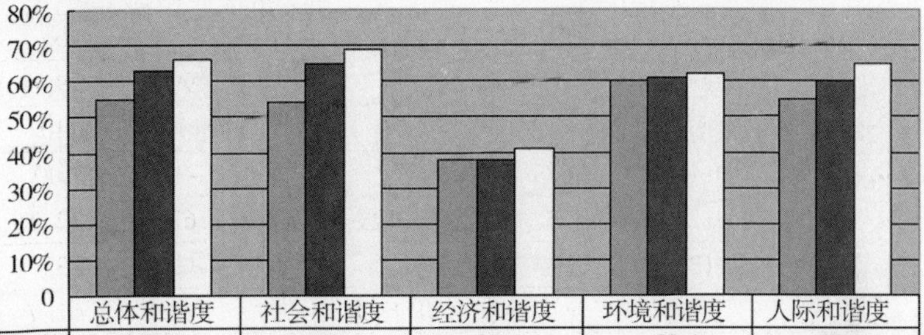

	总体和谐度	社会和谐度	经济和谐度	环境和谐度	人际和谐度
2005年	55%	54%	38%	60%	55%
2006年	63%	65%	38%	61%	60%
2007年	66%	69%	41%	62%	65%

粤东地区和谐社会指标体系一级指标和谐度

具体分析 2005—2007 年粤东地区和谐社会指标体系的相关数据，可以得出以下结论：

（一）社会和谐总体程度不断提高，但有 1/3 的指标实现程度低于 50%

在社会和谐包含的 12 项指标中，有 8 项指标呈上升趋势，2 项指标已经达标，1 项指标波动，1 项指标保持平衡。有 67% 的指标呈上升趋势，这说明地区社会和谐总体程度是不断提高的。达标的 2 项指标分别是“城镇登记失业率”和“人口净迁移率”。但是，目前不同统计部门对于“城镇登记失业率”的统计数字出现“打架”的情况，不少专家学者对统计局公布的“城镇登记失业率”表示怀疑，认为其失真、无实际参考价值。① 因此，实际上的城镇失业率可能会比统计局公布的登记失业率高些。而“人口净迁移率”的实现程度 2005 年还出现负值，但是 2006 年即达到 100%，这是不正常的现象，有关部门应该分析其内在原因，避免出现超负荷的人口流动。从上图可以看出，有 1/3 的指标实现程度低于 50%，这说明到 2007 年底，地区的社会结构

① 王红茹．专家称城镇登记失业率失真建议废除［EB/OL］．http：//www. china. com. cn/economic/txt/2009－04/07/content_ 17561828. htm，2009－04－19.

仍不合理，社会秩序不够稳定，社会活力缺乏。

（二）经济和谐指数呈上升趋势，但增幅缓慢，与目标值相去甚远

在经济和谐的4项指标中，有3项指标是年年上升的，这说明地区的经济是逐年增长的。但到2007年底，仍有3项指标实现程度低于40%，与目标值的差距很大。这与粤东地区目前的经济发展状况是相符合的，不过统计数据表明，2008年前三季度地区GDP的平均增长率高达13%[①]，这在一定程度上说明地区的经济发展有所起色。除此之外，“第三产业占地区GDP比重”指标呈现下降趋势，粤东仍处于工业化加速发展的时期，同时也说明粤东服务业的发展相对滞后。

（三）环境日趋和谐，但“人均耕地面积”成为掣肘

在环境和谐的4项指标中，有3项指标是上升的，并且实现程度至2007年底都超过了60%，这充分说明地区环境保护方面的工作比较到位。但是在肯定的同时也应该看到，“人均耕地面积指数”的实现程度至2007年底仅仅达到35%。联合国粮农组织划定的人均耕地面积的警戒线为0.8亩，而粤东地区2005年、2006年、2007年分别为0.27亩、0.29亩、0.28亩，这说明目前粤东地区的人均耕地面积远远低于国际警戒线，这应该引起地方有关部门的高度重视，保护耕地刻不容缓。

（四）人口素质不断提高，但诚信友爱难以测算

在人际和谐的6项指标中，能够测算的是人口素质的3项指标。这3项指标都呈上升趋势，说明粤东地区的人口素质是不断提高的。而诚信友爱的3项指标都缺乏相应的统计数据，只有“银行业不良贷款率”在2006年有相关的数据，因而难以进行测算与评价。不过，仅从粤东2006年“银行业不良贷款率”高达31.3%的情况，以及2007年慈善捐赠占GDP总量0.35%的现状来看[②]，粤东地区社会诚信友爱的程度不容乐观。希望统计部门在今后能够积极统计有关数据，加大诚信友爱的宣传力度，共建和谐粤东。

---

① 资料来源于《南方日报·粤东西北部科学发展报告特刊》（2009年2月16日）。

② 资料来源于《北京青年报》。

二、社会和谐构建中的地方政府社会管理职能履行

在构建社会主义和谐社会中，地方各级政府的社会管理职能发挥至关重要。在实践中，地方政府的社会管理职能是如何履行的？采取了哪些措施？取得了哪些成效？还面临着哪些问题和困难？围绕这些问题，2007 年 7 月、2008 年 5 月、2009 年 6 月至 9 月、2010 年 1 月至 7 月及 2011 年 4 月，我们课题组先后在汕头、潮州、揭阳、惠州、汕尾、东莞、中山和深圳进行了实地调研。调研主要涉及地方政府在文化教育、社会治安、环境保护、社会保障、社区卫生服务建设等社会事务方面的职能履行情况，调研采用的主要方法是访谈法和观察法，调研的对象主要是市（县）—镇—村两级政府、三级管理的现状。

社会和谐构建中的地方政府社会管理职能履行情况主要表现在地方政府所从事的文化教育、社会治安、社会保障、环境卫生等各项工作和事业方面。

（一）重视城乡规划的制定

规划是一个地方结合实际，立足未来，具有全局性、战略性和指导性的发展纲要。在调研中我们发现，无论是地处粤东欠发达地区的县镇，还是地处珠三角发达地区的市镇，各地方政府都极为重视制定当地经济社会发展的总体规划，以规划为龙头，以规划创造可持续发展环境。其所制定的规划涉及政治、经济、文化、生态和社会生活等各个领域，包括城市发展规划、产业发展规划、社会发展规划等内容。在珠三角发达地区，不少地方根据经济社会迅速发展的需要，对原有的城乡规划进行了必要的调整和修编。例如，《潮州市饶平县新丰镇总体规划（2006—2020 年）》（征求意见稿）于 2007 年出台[①]，该规划涉及全镇经济社会发展目标和城镇性质规模、镇域空间布局、镇区建设、综合交通、公共服务设施、公用工程设施、绿地系统和景观风貌、环境保护和环卫、综合防灾、旅游发展、旧区改造、近期建设规划等内容。其制定的社会发展战略目标是：大力发展教育、文化、科技、体育卫生事业，全面实施科技兴镇战略，举办完全中学和陶瓷中专，争取 2020 年基本普及高中（中专、中职）教育；建设文化、体育中心；健全医疗卫生机构；抓好计划生育，控制人口出生率，自然增长率控制在 7.0‰以下；健全社会救济、社

---

① 本课题组成员于 2007 年 7 月在潮州饶平县新丰镇调研所获得的材料。

会福利、优抚安置等社会保障体系，等等。

（二）加强基础设施建设

加强基础设施建设是各地政府的一项重要工作。各地基础设施建设主要包括城乡道路交通、镇村自来水工程、供电设施、水利工程、通信设施、文体设施、防灾设施等。其主要做法是：根据城乡规划制定详细的建设规划，对基础设施进行新建、改建和扩建，借力政府投资，以地置换引入社会资本，动员社会力量出资出力，实施监督管理。例如，2008 年，汕头市贵屿镇各级机构积极筹集资金，加快基础设施配套建设步伐；解决贵屿、上练片区（居）供水紧缺问题；争取上级支持，除险加固浮草渡大桥，改造、扩建各村贵和公路山力桥；动员社会力量出资出力，动工建设贵屿中学改、扩建工程，完成华美中学易地新建并投入使用，复办贵屿中学高中，兴办联堤完全中学。至 2008 年底，全镇基本上完成农网改造，投资 1 200 万元新增 10kV 线路 6 回路，投资 500 万元用于技术改造，确保全镇人民群众生产生活用电正常。①

（三）发展社会各项事业

努力发展科教文卫等事业是地方政府开展社会管理工作的一项重要内容。一是加大政府投入，全面实施城乡免费义务教育；二是出台政策，支持社会各项事业发展；三是组织开展各项活动；四是优化队伍。2008 年汕头市拨付免杂费补助金 3.2 亿元，免费提供价值 1.2 亿元教科书，发放贫困义务教育学生生活费补助 3 727 万元。② 2008 年，中山市板芙镇为丰富全镇群众和广大外来员工的文化生活，组织他们创作演出节目参加市第二届镇区文艺巡礼大赛。除此之外，还举办醒狮培训班、健康知识讲座和妇女维权法律知识培训班等。在镇文化活动中心，2008 年共举办书法、美术、少儿武术、舞蹈表演等各类活动培训班 12 期，累计培训达 1 200 余人次。③ 汕头市贵屿镇围绕“建设教育强镇”的目标，加强人才引进，2008 年引进 50 名大专、本科毕业生到贵屿任教，争取 7 名本科教师到该镇支教一年，大大优化了教师队伍。④

---

① 《贵屿镇政府工作报告 2009》。

② 《汕头市政府工作报告 2009》。

③ 本课题组成员于 2009 年 7 月在中山市板芙镇调研所获得的材料。

④ 《贵屿镇政府工作报告 2009》。

（四）注重社会保障工作的开展

各地的社会保障工作主要涉及社会保险、社会救助、社会福利、优抚安置等方面。一是设立社会保障服务大厅，将有关社保业务统一起来，由一个窗口受理，方便民众办理相关业务。二是建立和完善社会保障体系。为改善困难家庭的居住条件，让他们共享改革开放成果，中山市板芙镇社会事务办多方筹集资金，对252户家庭进行危房改造，先后召开困难家庭危房改造动员大会和进村入户座谈会，倾听他们的意见，帮助其解决实际问题。同时加大对镇养老院的投入，2008年新建了一处老年人活动中心，对镇上的孤寡老人给予免费照顾，并在板芙镇企业的协助下，在敬老院开展丰富多彩的老年人活动。[①] 汕头市贵屿镇各级十分重视扶危济困工作，关心群众疾苦，及时发放贫困人员最低生活保障金，2008年走访慰问“五保户”、特困户497户，解决洪涝灾害灾民住房重建1户，解决“五保户”、特困户医疗、生活困难问题惠及50多人。全镇各村（居）通过集体出资或企业捐资、个人筹资等形式为本村村（居）民办理医保，全镇27个村（居）12.5万余人参加2009年新型农村合作医疗保险，覆盖率100%，参保率达99.44%。[②] 惠东县多祝镇为安抚复员退伍军人（目前多祝镇有复员退伍军人1 228人），保障复员退伍军人各项权益，筹集资金共计10多万元，于2007年9月成立多祝镇复退军人之家（服务中心）。该中心以“服务科学、管理简便、活动丰富、效能明显”为目标，以“排忧解难”为宗旨，自成立以来，经常开展复退军人座谈会、访谈、回访等形式多样的活动，了解复员退伍军人在生产、生活方面的情况和困难，密切关注复员退伍军人的“六难”问题，通过掌握实际情况，协调相关部门，为其解决问题。2009年1—6月解决重点优抚对象子女入学问题10人，共计投入3.4万元；2008年1月至今解决复员退伍军人医疗困难110人，共计投入12万元；解决生活困难43人，共计投入3.72万元；按相关政策，引导复员退伍军人办理了坐车、危房改造、下岗人员社保办理等事项。[③]

（五）化解社会矛盾

当前，我国正处于体制转换、社会转型的特殊时期，各类深层次矛盾和问题逐渐显现和增多。预防和妥善化解各类社会矛盾成为地方政府社会管理

---

① 本课题组成员于2009年7月在中山市板芙镇调研获得的材料。

② 《贵屿镇政府工作报告2009》。

③ 本课题组成员于2010年7月在惠东县多祝镇调研获得的材料。

的一项重要职责。目前各地的主要做法是：一是加强对信访工作的领导，成立信访工作领导组、解决久拖未决和重复上访案工作小组、集中处理群体性事件联席会议领导组，组长和副组长由分管及主管信访工作的领导担任；二是完善各项体制、机制，如领导接访下访制度、信访工作制度、首问首接负责制度、信访信息排查制度、矛盾纠纷调处机制等；三是开展专项检查活动，把问题化解在萌芽状态。如东莞市经常组织开展农民工工资支付情况专项检查活动，专项检查范围为市镇各类工商企业、建筑施工企业和个体经济组织。其中重点检查使用农民工较多的加工制造、建筑施工、餐饮服务及其他中小型劳动密集型企业、个体工商户。通过检查及时发现和调处劳资纠纷，保障企业和农民工的合法权益。例如，汕头市澄海区溪南镇综治信访维稳中心每五天展开一次排查，由村（居）综治信访维稳站进村（居）民小组向信息员了解情况，调查矛盾纠纷不稳定因素，镇驻村（居）干部到村（居）综治信访维稳站对摸查情况进行了解和分类，经汇总后上报镇综治信访维稳中心。镇综治信访维稳中心每十天开一次例会，对这些摸查汇总上来的矛盾纠纷的原因、可能产生的后果等进行分析，研究出应对的策略，实行分类调处。一般的矛盾纠纷，首先由村（居）综治信访维稳站调处，确保小事不出村（居），调处不了的上交镇综治信访维稳中心处理。如果镇综治信访维稳中心还不能调解成功，就将矛盾纠纷引入诉讼，引导村（居）民通过法律途径解决问题，并进行四个环节的指导：诉前普遍指导、诉时跟踪指导、诉中个别指导、诉后案例指导。这种完善的排查机制在基层信访纠纷的排查过程中发挥了重要作用。①

（六）开展社会治安综合治理

开展社会治安综合治理是地方各级政府常抓不懈的一项社会管理工作。具体做法主要有：一是加强防控队伍建设，不断完善群防群治网络的建设，积极组织治安联防队伍巡逻，加大对“双抢双盗”和流窜作案的打击力度；二是完善辖区内的治安视频监控网络，实施全天候监控；三是强化出租屋及租住人员的管理工作；四是组织开展“百日严打整治行动”、“粤安08”、“春雷行动”和“治爆缉枪”等专项行动，打击各种违法犯罪活动。以东莞石排镇的专项整治行动为例。东莞市石排镇在2007年底到2008年初整合镇综治办、公安、交警、交通、工商、文化执法、镇流动人口和出租屋管理服务中

① 本课题组成员于2010年1月在汕头市澄海区溪南镇调研所获得的材料。

心、各村（居）的力量，开展了社会治安综合治理专项整治行动。[①] 该行动的主要内容有六个方面：①“断腿”。以严厉整治摩托车为主要工作目标，全面清查镇辖区内的无牌无证、假牌假证、异地摩托车、人力（电动）三轮车及电瓶车，对无牌无证、假牌假证或没有合法来源的摩托车一律依法没收。②“端窝”。以规范出租屋管理为主要工作目标，抓好出租屋租赁证、外来租住人员暂住证的办证工作，完善出租屋综合管理信息登记制度，推广电脑信息化管理系统，及时登记注销，准确掌握流动人员去向动态。③“治黑”。“治黑”以整治治安黑点、涉黑犯罪团伙以及赌博窝点为主要治理目标。在整治治安黑点方面，重点放在治安问题较多的各村组工业园区域以及周边镇区接壤地段；在整治涉黑犯罪团伙方面，积极开展境外黑社会组织在本镇渗透活动情况的专项调查，将有黑社会背景的嫌疑人员逐一登记造册，纳入侦查视线，深挖细查，出头一个打击一个；在整治赌博犯罪方面，要继续坚持不懈地开展好禁赌工作，把“六合彩”赌博和游戏机赌博作为打击重点，对赌博问题严重、群众反映强烈的区域实行重点整治。④“堵源”。以控制容易滋长犯罪的特殊行业为主要工作目标，对全镇“黑网吧”、“黑影吧”进行普查，一经发现立即查处，统一没收所有非法经营设备，不得“以罚代没”，对涉嫌构成非法经营罪的案件，要移交公安部门依法处理；在整治废品收购点方面，要加大对二手手机市场、金银首饰加工店、废旧金属和废品收购点、当铺、机动车修理等收旧、修理行业的监管，堵塞收赃、销赃、窝赃源头。⑤“维稳”，以化解一切不和谐、不稳定因素为主要工作目标。⑥“宣传”，以为除恶灭罪大造声势为主要工作目标。

（七）强化安全生产管理

保障公共安全，创建安全社区是地方政府的一项重要社会管理任务。各地的主要做法是强化安全生产意识，加强安全生产的监督管理和食品卫生管理，严防各种事故特别是重、特大事故的发生，确保人民生命财产安全。近几年来，汕头市、区两级政府切实抓好消防安全生产工作，推动消防安全“一畅两会”专项行动深入开展。按照“全面检查、重点突出”的原则，对各行业认真开展检查，查找事故隐患。广泛深入开展安全生产宣传教育活动，在全社会形成“安全自查、隐患自改、责任自负、接受监督”的宣传舆论导

---

① 中共石排镇委办公室．关于印发石排镇八大专项整治实施方案和宣传方案的通知（石委办〔2007〕50号），2007-12-04.

向，提高全民安全意识。2007年底，东莞市根据全省产品质量和食品安全专项整治工作要求，制定了《东莞市产品质量和食品安全专项整治行动实施方案》，主要对农产品质量安全、涉及人身健康和安全的产品质量安全、生产加工食品质量安全、流通领域食品质量安全、餐饮消费安全、猪肉质量安全、药品质量安全和进出口产品质量安全进行整治。2008年，中山板芙镇切实加强安全生产宣传教育与培训工作，一方面，狠抓企业从业人员的安全生产意识及预防救治的宣传教育工作，积极组织消防、工商、劳动、医院、流管、交管、供水、供电等安委会成员单位在镇文化广场举行“安全生产宣传服务咨询日”活动，除在活动现场悬挂安全生产宣传画、发放各类宣传品外，还特别穿插安全知识有奖问答、安全生产谜语竞猜等一系列形式多样的活动。各成员单位和安全生产工作开展出色的单位热情为群众及厂企员工讲解安全用电、用气及安全风险防范知识，介绍企业安全生产工作经验等，现场各成员单位派发相关宣传册2 000多份。另一方面，狠抓注册安全主任培训。镇安监分局协同市安监局举办一期安全主任培训班，要求辖区内未按规定配备注册安全主任的企业安排工作人员参加培训，参加培训的人员有40多名，全部通过考核并取得注册安全主任证书。该镇目前共开展培训班五期，全镇约有注册安全主任640名，企业注册安全主任配备率达90%以上。①

（八）加强环境综合治理

近几年来，地方各级政府为推进社会主义新农村建设，在开展城市环境管理各项工作的同时，加强村镇环境综合治理力度。主要工作是：①大力整治内溪河道。清理疏通河道，清除污染杂物垃圾，垒砌石篱，在村镇道路两侧配套排污设施，在主要道路、内溪河两侧分期分批种植树木，建设绿化带。②规划建设垃圾填埋场。如汕头市贵屿镇目前规划占地40亩、首期工程占地3 000平方米、容量3万立方米的南阳大型垃圾卫生填埋场已竣工，即将投入使用。② ③开展环保专项行动。如开展环境安全月行动，重点检查影响到饮用水源安全的污染源，包括化工、电镀、漂染、印花、洗水等企业；开展污染企业整治行动，对辖区内电镀、漂染、洗水、蓄电池等有生产性废水排放的企业和设有燃煤锅炉的企业实施分类整治。四是开展环境宣传。各地每年利用世界环境日，结合省环保宣传活动月的主题（如“治污减排，你我同来”

---

① 本课题组成员于2009年7月在中山市板芙镇调研获得的材料。

② 《贵屿镇政府工作报告2009》。

及“建设宜居城市，弘扬生态文明”）开展环保宣传活动，提高群众的环保意识。

中山市板芙镇在环保建设方面的做法是：①把好项目审批关，控制新的污染源，对污染较大的项目进行环境论证，确定该项目的可行性。②开展污染源普查工作，成立板芙镇污染源普查工作领导小组，筹集普查经费，设立镇污染源普查工作办公室，聘请18名大、中专毕业生做普查工作人员，从事普查工作。[①]

（九）开展人口与计划生育工作

计划生育是中国的一项基本国策。人口与经济、资源、环境能否相互协调发展是和谐社会构建中的一个重要问题。因此，开展人口与计划生育工作是地方政府社会管理职能中的一项重要内容。各地的主要做法有：①做好宣传教育，提高群众对计划生育政策法规的认识；②加强计生队伍的建设；③建章立制，依法依规管理，提供优质服务。

中山市板芙镇2009年户籍人口计划生育率达95.64%，流动人口计划生育率达87.55%，均达到市下达的任务要求，且均高于全市平均水平，该镇及计生办再次被评为全市计生工作先进镇区和先进办公室。其做法主要有：①转变工作作风，深入育龄群众家庭，面对面向群众宣传人口计生法律法规和优生优育、生殖健康等知识，积极创造条件，帮助计生对象解决生产、生活、生育中遇到的困难和问题。②建立层级动态管理责任制，将任务化整为零，层层落实，责任到人。③严格落实计生节育奖与征收社会抚养费制度，提高依法行政观念，维护广大群众的合法权益。④配足配强村级专干人员，提高工作人员工资待遇。⑤改善技术服务环境，提高服务水平。镇计生服务所根据国家和省市有关要求，投入近20万元，按“六统一”要求进行装修改造，并配备相关技术设备，为计生对象提供优质服务。⑥开展流动人口计划生育服务管理专项活动。共组织统一行动10次，出动人力585人次，清查出租屋2 261间、商铺582间、住宅小区5个，清查流动人口9 336人，查验流动人口计划生育证明6 844人次，提供查环查孕服务1 620人次，落实上环节育措施44例，结扎4例，落实补救措施70例，向国家流动人口计划生育信息交换平台提交1 612条通报信息。[②]

---

① 本课题组成员于2009年7月在中山市板芙镇调研获得的材料。

② 本课题组成员于2009年7月在中山市板芙镇调研获得的材料。

海丰县鲘门镇朝面山村的计生工作也可圈可点。朝面山村在鲘门镇鲘门圩东北方向1千米处，背山面海，东北部为山丘，西南部为水稻田，村庄离前方红海湾畔约2千米，背靠南山（海拔约300米），是一个移民村。到2008年底，村户籍人口632人，常住户数153户，常住人口600人，外来人口155人。村里有一名妇女主任，主要管理村里的计划生育、妇幼卫生等工作，配合鲘门镇计生专干，定期组织村里的育龄妇女进行孕检，指导育龄妇女进行避孕工作，并开展计生知识培训、发放避孕用具等。村委副主任兼任村计生主任，和村委其他成员一起开展计生工作。另有镇驻挂领导、镇驻片干部、镇计生办人员（业务指导员、查孕查环人员、办证人员）等共同开展村里的计生工作，但实际工作主要还是由村委计生人员来承担。在多年的工作和管理实践中，朝面山村形成了一套较规范的计生管理制度：①工作例会制度。村委会的计生工作例会一般在每月的月初举行，参加人员有村委会成员（村支委兼任）和驻村干部，由村委会主任主持。会议内容是各人汇报包干片区人员的婚育、上环、节育、死亡、“三栏二室一校”等建设情况，总结上月的工作，反映工作中存在的问题，共同商讨解决的办法，对下月的工作提出要求，明确应注意的问题等。②分片包干制度。村委会成员及镇驻村干部分片包干，指导各村民小组的计生实施情况。③分类管理制度。根据计生对象的婚育状况，将其分为重点户、跟踪管理户、关心户和放心户，以便实施不同的管理。④报表管理制度。报表主要用来反映人口的变动、计生政策的落实等情况，是接受上级抽查、考核和奖惩的依据。这些报表需要定期向镇计生部门报送。⑤计生奖惩制度。针对计生对象和计生干部制定一系列的管理制度，以约束计生干部和计生管理的对象，确保计生工作的顺利开展，这些制度有《计划生育公约》《生育节育管理制度》《对象查环查孕制度》《流动人口管理制度》《干部计划生育五包制度》《鲘门镇计划生育协会章程》和《人口计生动态管理责任制工作手册》等。①

三、社会和谐构建中地方政府履行社会管理职能的绩效

地方政府通过行使其社会管理职能，目前已在促进社会和谐方面取得阶段性成果，主要表现在以下七个方面：

① 本课题组成员于2010年7月在海丰县鲘门镇朝面山村调研获得的材料。

（一）经济和谐平稳发展

经济和谐发展是社会和谐的基础。社会和谐在很大程度上取决于社会经济的发展水平。由于地方各级政府重视加强社会管理，为经济发展营造了良好的环境氛围，各地经济实现了和谐平稳的发展。2008 年，汕头市全年实现生产总值 974.78 亿元，增长 10.5%，增速自 1999 年来首次高于全省平均水平；地方财政一般预算收入 51.22 亿元，增长 20.6%。[①] 东莞全市 2008 年生产总值 3 710 亿元，比上年增长 14%；市财政一般预算收入 209 亿元，增长 12.2%；出口总额 654.5 亿美元，增长 8.7%；城市居民人均可支配收入 30 268 元，农村居民人均纯收入 12 328 元，分别增长 12% 和 6.2%。[②] 2008 年，中山板芙镇全镇实现生产总值 28.92 亿元，同比增长 14.48%。汕头贵屿镇全年完成农业总产值 1.353 亿元，同比增长 9%，工业总产值达 22 亿元，同比增长 27.4%。

（二）基础设施建设快速推进

基础设施建设快速推进主要表现在：①重点基础设施建设步伐加快。2008 年汕头市完成全社会固定资产投资额 261.36 亿元，增长 26.3%；100 个重点建设项目年度完成投资额 77.74 亿元；一批城乡防灾减灾水利工程加快推进；新一代多普勒天气雷达系统和防灾减灾指挥中心建成并投入使用。②市政基础设施建设取得新突破。2008 年东莞市 26 项市属道路交通和城市功能配套重点工程顺利竣工，另有 30 项已开工建设；完成电网建设投资 18.8 亿元，新增 LNG 管网 105 千米。③农村基础设施建设进程加快。2008 年汕头市开工建设 45 个行政村 113.7 千米水泥路，全市通水泥路行政村达 97%；增加农村客运站点 112 个；农村饮水安全工程建设加快，14.5 万人“饮水难”问题得到解决。

（三）城乡环境明显改善

城乡环境明显改善主要表现在：①城市环境管理机制逐步建立完善，市容市貌明显改善。市、区两级城市管理行政执法、园林绿化、卫生监督等管理体制得到理顺，市、区管理事项划分及市直部门职责进一步明确，市政环

---

① 《汕头市政府工作报告 2009》。

② 《东莞市政府工作报告 2009》。

境设施规划建设管理、集贸市场综合管理、“门前三包”等制度逐步健全；市、区、镇（街道）上下联动、齐抓共管的机制逐步建立，城市脏、乱、差现象得到有效治理，市容市貌得到有效改观。②农村环境得到有效治理。2008 年东莞市在 336 个村（居）铺开旧村整治，市财政补贴 1.54 亿元建设农村公厕和垃圾转运站[①]；各村（居）积极开展村前屋后的环境综合整治，大搞植树绿化，村容镇貌大为改观。

（四）社会保障水平进一步提高

社会保障水平提高主要表现在：①各地各项社会保险费收入逐年增长。2008 年，潮州市各项社会保险费收入 8 亿元，增长 13.7%；汕头市收入 18.27 亿元，增长 26.1%。[②] ②城镇居民基本医疗保险成效显著。2008 年，潮州市全市有 25.2 万人参保；汕头市登记参保人数达 48.3 万人。③新型农村合作医疗制度覆盖所有村居。④城乡居民最低生活保障标准和补助水平提高。2008 年东莞市最低生活保障标准提高到 400 元。⑤被征地农民基本养老保障制度开始实施。2008 年，潮州市有 4 973 名群众纳入保障范围。

（五）社会各项事业协调发展

社会各项事业协调发展主要表现在：①教育优质、均衡发展，城乡免费义务教育得到落实，高中阶段教育加快普及，职业技术教育质量提升。②文化事业繁荣发展，各地城市文化艺术馆、博物馆等公共文化设施基本建成并启用，镇、村文化广场和农家书屋正在各地推广建设，农村和社区文化活动活跃。③各地公共卫生服务体系逐步健全，社区卫生服务不断发展，农村卫生站实现全覆盖。市、区两级疾病预防控制体系逐步完善，重大传染病防控水平不断提高。④推动全民健身运动，各地加大投入，新增新建体育场地，定期对健身器械进行维修或更换，满足人民群众日益增长的健身需求。⑤人口计生等工作加强，各地基本完成省下达的年度人口计划指标，人口自然增长率控制在省下达指标之内；针对妇女、儿童、残疾人、老年人的慈善和社会福利事业加快发展。

（六）社会大局和谐稳定

各地始终保持高压态势，对涉枪犯罪、“两抢一盗”等严重违法犯罪活动

---

① 《东莞市政府工作报告 2009》。

② 《潮州市政府工作报告 2009》。

实施有效打击。公安“三基”工程建设全面达标，社会治安防控能力进一步提高，平安和谐社区建成数量增加。各类社会矛盾得到较好的化解，群体性事件得到有效处置，妥善解决了一批涉法涉诉、土地征用等信访突出问题。各地扎实推进对小场所（如小商铺、小作坊、小娱乐场所等）、出租屋的消防安全隐患整治，药品放心工程积极实施，产品质量和食品安全工作不断加强。各地安全生产形势稳定，事故总量持续下降，城市危机预警和应急管理能力不断提高。各地顺利完成村（居）委会换届选举。

（七）民生问题得到改善

民生问题的改善主要表现在：①“出行难”问题逐步解决。2008 年东莞市投入 1.46 亿元，新建一批公交站场、站亭和站台，增加公交班次，延长服务时间。2008 年汕头市加大公交投入，新开通公交线路 8 条，新增公交车辆 84 辆。②“停车难”问题有所缓解。2008 年汕头市出台城市道路停车泊位管理规定，设置公共停车泊位 4 669 个。③“住房难”问题逐步改善。2008 年东莞市筹集建设廉租房 17 573 套、经济适用房 3 107 套；规划安排 18 亿元改造渔民社区。④“看病难”问题得到缓解。2008 年东莞市完善社区卫生服务，318 个公办社区卫生服务机构建成并投入使用，为住院基本医疗保险参保人增加普通门诊医疗保障。⑤“上学难”问题得到切实解决。各地全面实施城乡免费义务教育，拨付免杂费补助金，发放贫困义务教育学生生活费补助。对困难家庭高中生和大学生提供补助和奖（助）学金。⑥“就业难”问题得到扎实有效的解决。2008 年，潮州市新增城镇就业岗位 2.12 万个，实现下岗失业人员再就业 1.11 万人，农村劳动力培训转移就业 4.88 万人。

四、社会和谐构建中地方政府社会管理面临的问题

地方各级政府通过积极行使社会管理职能，在促进和谐社会构建方面取得成绩的同时，也面临着不少问题，这些问题复杂多样。归纳起来，主要表现在七个方面：

（一）城乡社会规划管理问题：城乡规划的统筹编制失范

城乡规划是协调城乡空间布局、改善人居环境、促进城乡经济社会全面协调可持续发展、建设和管理城乡的重要依据和手段。当前城乡规划管理的主要问题是：①城乡规划的统筹与衔接。《中华人民共和国城乡规划法》于

2007年10月颁布，2008年1月1日起施行。由于以前我国的城市规划法没有将乡村的规划纳入城市规划作统筹考虑，城乡规划的编制对于地方政府及其规划部门来说是一个全新的探索。目前的《中华人民共和国城乡规划法》只是对城乡规划的范围（包括城镇体系规划、城市规划、镇规划、乡规划和村庄规划）作了规定，要求在制定城乡规划时遵循城乡统筹等原则，但没有对统筹和衔接城乡发展规定具体要求和作出相应的制度安排。城市规划与乡村规划如何通盘考虑，两者怎样协调和衔接还是一个需要探索的问题。②城乡规划缺乏权威性和科学性。城市规划和乡村规划编制后，随意更改的问题严重，"一任领导一任规划"、"千城一面"、"摊大饼"盛行；现有的一些规划未能体现乡村特点，难以满足农民生产和生活需要，乡村无序建设和浪费土地情况严重。③规划监管机制不完善。尚未建立起规划行政层级监督制度，各级规划管理部门之间缺乏有机联系。规划公众参与制度、规划管理行政追究制度和行政纠错制度还不健全，群众举报制度没有真正发挥作用。①

（二）环境管理问题：人与自然不和谐

由于长期存在的"城乡分治、城乡分策"，城乡一体化发展理念缺失，"重城市、轻农村，重工业、轻农业"的治理模式使得农村环保欠账过多，农村生态环境的管理一直处于边缘化境地，农村成为我国环保领域中的短板。近几年来，地方各级政府在推进新农村建设中采取了不少环境治理措施，但工作力度赶不上环境污染的速度，主要表现在：

（1）农村污染已经占到全国污染的一半。2010年2月，国家环保部、国家统计局和农业部三部门联合公布的第一次全国污染源普查结果显示，2007年，农业源主要污染物，如化学需氧量、总氮、总磷，分别占全国总排放量的43.7%、57.2%和67.3%；我国规模化畜禽养殖场（小区、专业户）的畜禽粪便产生量为2.43亿吨，尿液产生量为1.63亿吨，已居农业污染源之首，且已成为部分水体水质恶化的重要污染源，严重影响村镇人居环境和人体健康。

（2）农村生活污水和生活垃圾直接排放。数据显示，我国农村每年产生90多亿吨生活污水，2.8亿吨生活垃圾，其中大部分未经处理就随意排放；化肥年施用量达到4 700万吨，有效利用率不到35%；全国4万多个乡镇约

① 汤耀国．立法规范城乡规划［J］．瞭望新闻周刊，2007（18）：30~31.

60 万个行政村绝大多数没有环保基础设施。①

（3）农村环保机构缺失。在环保机构中，多数省级环保部门没有负责农村环保的环境保护专门处室，县级环保部门工作力量更为薄弱，绝大多数乡镇没有专门的环保机构和人员编制，缺乏必要的监测、监察设备。

（4）资金短缺。资金短缺是农村环境治理面临的难题之一。目前全国约有 60 万个行政村，有 1/3 迫切需要进行环境整治，如果每个行政村需要 100 万元的治理资金，按中央和地方投入各占 50% 测算，则需要中央投入 1 000 亿元，就目前来说，投入与需求差距还很大。

（5）农村环境污染防治法律法规滞后。我国现行的环保法律法规主要是针对城市、工业点源污染防治而制定的，有的法律法规对农村环保有原则性规定，但针对性和可操作性不强，相关排放标准还存在空白，已经不能有效解决日趋严重和复杂的农村环境问题。

本课题组成员在 2009 年 9 月和 2010 年 7 月对粤东地区的揭东县埔田镇刘厝寨村、陆丰市博美镇溪墘村进行调研时，发现村里没有专门的污水处理设施，目前也并未纳入城镇污水收集与处理系统，或与周边村合力建立管理规范化的污水处理厂，各类污水基本上处于零处理、直接排放的原始状态。这在农村是普遍现象。

（三）社会保障问题：城乡差别仍然存在

在社会保障方面，目前仍然存在着城乡二元结构的问题，即城镇与乡村分别实行不同的、相互独立的社会保障制度。与城镇大多数居民享受着项目齐全、待遇水平较高、稳定而且制度化的社会保障相比，目前农村社会保障项目少，保障水平低，保障具有应急性，缺乏制度化。具体而言，社会救济仍是目前农村社会保障的主体内容，作为现代社会保障核心，社会保险在农村尚处于探索之中；部分农村贫困人口还没有被纳入农村社会保障网，纳入保障网的农村贫困人口享受的保障待遇水平还较低；农村社会保障中，除“五保”制度和社会优抚一直是比较稳定的制度化保障外，其他社会保障形式往往缺乏稳定性和制度化，如政府针对农村的救灾救济拨款往往是不确定的和应急的。总体来看，农村人口主要还是依赖传统的家庭保障，社会保障目前在大部分农村地区只能提供对家庭保障的辅助保障。随着城镇化进程的加快，农村经济结构的转型，人口政策的影响，以及农村人口结构的逐步老化，

① 佚名．“十二五”整治 6 万个村庄环境［N］．中国青年报，2011－03－30.

农村的家庭保障正受到越来越大的冲击，农村人口对政府组织的社会保障需求越来越迫切。[①] 这对于那些财政收入总量偏小、可支配财力非常有限的地方政府来说，是一个不小的压力。

（四）文教事业发展问题

2005 年 10 月 8 日，党的十六届五中全会明确指出："建设社会主义新农村是我国现代化进程中的重大历史任务。要按照生产发展、生活宽裕、乡风文明、村容整洁、管理民主的要求，坚持从各地实际出发，尊重农民意愿，扎实推进新农村建设。"发展文化教育事业是新农村建设中的一项重要工作。目前各地在农村文化教育事业发展中存在的主要问题是：

（1）非均衡发展。由于广东各地经济发展水平差异及对文教建设重视程度、地理环境、民族、风俗习惯、干部和群众文化素质等的不同，各地区的农村文教事业呈现非均衡发展，珠三角发达地区文教事业发展快，粤东、粤西和山区不发达地区文教事业发展明显落后。

（2）文教基础设施建设管理滞后。具体表现在：文化基础设施缺少，体育场地和体育器材缺乏，文化活动室、图书室等太少，图书数量严重不足；文化设施管理不善，利用率低，有些村庄的文化设施长期处于无人管理的状态，发挥不了应有的作用，村庄中的文化设施真正成为多数村民的文化活动场所的比较少；教育设施简陋，有的小学除了黑板、桌椅、算盘、录音机这些最基础的教学设施外，没有任何如电脑、语音室、图书室之类的先进辅助教育设施，许多教室因年久失修，墙面露出剥离的痕迹。[②]

（3）文教专业人员匮乏。镇一般都设有文化站，并配备一定数额的人员，由于待遇偏低，一部分从事农村文化管理的人才纷纷跳槽，文化站的专业骨干流失严重。同时，文化专干不专职，在镇文化专干队伍中，基本上没有专门从事文化站本职工作的，其大部分时间都被借调在镇政府从事其他的行政事务，很少有时间和精力开展文化业务工作。一些村庄由于缺乏对文化积极分子、文化能人的组织和重视，使得这方面的文化人才大多流失在外。中、小学教师数量不足的问题非常明显，有的小学由于缺乏专业教师，往往一位教师教两至四门互不相关的课程，如中文教师既教英语又教音乐、数学教师既教体育又教思想品德，平均下来每位教师一天至少要上 4 节课，一周共计

---

① 王东进．中国社会保障制度的改革与发展［M］．北京：法律出版社，2001. 276 ~ 285.

② 本课题组成员 2009 年 9 月在惠东县多祝镇上村村调研所获得的材料。

21 节课。[①]

（五）计划生育管理问题

自 20 世纪 80 年代初以来，我国实行的人口与计划生育工作取得了举世瞩目的成就，这一政策的实施有效地控制了人口过快、无序的增长，实现了人口再生产类型从高出生、低死亡、高增长到低出生、低死亡、低增长的转变。但不可否认的是，目前这种低生育水平具有明显的不平衡性。对经济发展相对落后的广大农村地区来说，由于人们的思想观念、人员流动、公共投入等因素的影响，计生工作的开展可谓步履维艰，中间出现了许多问题，主要表现在：

（1）超生现象严重。以海丰县鲘门镇朝面山村为例，2009 年 10 月至 2010 年 3 月，朝面山村村委向上级计生部门上报的人口是 628 人，总人口中已婚育龄妇女人数为 121 人，其中一孩夫妇有 37 对，两孩夫妇有 39 对，三孩及以上夫妇有 39 对；一孩夫妇只占育龄夫妇的 30.58%，两孩及以上的占育龄夫妇的 64.46%。2009 年底，由村委会主任负责跟踪管理的该村二组有育龄夫妇 46 对，其中一孩夫妇只有 12 对，占该组育龄夫妇的 26.09%，两孩及以上的夫妇有 30 对（两孩夫妇有 14 对，三孩及以上的有 16 对），占该组育龄夫妇的 65.22%，另有已婚未育夫妇 4 对。[②]

（2）存在“以罚代管”现象。广东省目前人口计生工作实行的是“处罚多生与奖励少生并举”的政策，即对违反计划生育政策法规的超生家庭可以依法征收“社会抚养费”，对政策外生育后拒不交纳社会抚养费的，有关部门可以及时依法申请强制执行。然而在潮汕地区，对征收抚养费规定执行的实际情况是，由于地方政府大都将其作为当地财政收支来安排，且按收取“社会抚养金”的一定比例（一般是 40%）返还给所属各镇，于是，收取“社会抚养费”事实上成为一些镇财政收入的主要来源之一。这样一来，如果地方政府的计生工作（事前管理）完成得好，当年没一例超生，事实上也就没有“社会抚养费”的征收，那么，本地区财政收入就会减少，计划生育管理部门人员的奖励也会减少；而如果计生工作（事前管理）完成得不好，本地区超生越多，可收取的“社会抚养费”就越多，计生管理部门所获得的奖励也就

---

① 本课题组成员 2009 年 9 月在惠东县多祝镇上村村调研所获得的材料。

② 本课题组成员于 2010 年 7 月在海丰县鲘门镇朝面山村调研获得的材料。

越多。基于这种利益需要，计生管理部门自然会追求罚款指标，以罚代管。①

（3）对流动人口计生管理缺乏有效办法。据中山市板芙镇计生办负责人介绍，从流动人口报表分析，流动人口计生工作管理尚未走上规范化轨道，几个流动人口大的村虽然增加了专职人员，但管理成效提升不快，仍然要依靠不定期的突击行动查处政策外怀孕。流动人口难以入户登记的情况依然得不到改善。随着大量出租屋的建成，如何管理好出租屋，如何引导出租屋主主动配合流动人口计生工作，是今后计生工作中必须面对和解决的一个问题。②

（六）信访问题

来自国家信访局的统计数字显示，自2005年我国信访工作一举扭转全国信访总量持续12年攀升的势头之后，信访形势连续6年保持持续好转的良好态势。③ 但目前的信访形势仍不容乐观。近几年来，我国每年的信访量在1 000万件以上，这说明我国正处于社会矛盾的高发期。与此同时，信访的内容和方式也有了变化，信访反映的社会矛盾日益尖锐、复杂、激烈，群众越级上访、重复上访增势迅猛。越来越多的人不仅"信访不信法"，而且一些信访者在其权益因信访受到损害后，也开始多头信访，走上了"以访制访"的道路。许多信访者采取如阻碍交通、冲击国家机关、打横幅、呼口号甚至暴力手段，期待引起上层的注意，形成"小闹小解决，大闹大解决，不闹不解决"的思维惯例。这些因素的存在，使得信访中的矛盾不断恶化升级，恶性冲突事件频繁发生，在一定程度上影响了社会稳定，这给信访工作提出了严峻挑战。

（七）城市社会管理问题

对于城市发展而言，建设是基础，管理是关键。从某种意义上说，地方政府在城市管理上跟不上城市建设的发展，还缺乏有效的管理手段和措施。

（1）在社会治安管理上，对外来人口、出租屋的管理缺乏有效办法。

（2）在市容环境管理上，城市中存在的乱搭、乱建（包括乱建庙宇、神

---

① 王文科．人口生育问题与落实计划生育政策的策略选择——以广东省潮汕地区为例［J］．东莞理工学院学报，2010（4）．

② 本课题组成员于2009年7月在中山市板芙镇调研获得的材料。

③ 赵超．"十一五"时期我国信访工作回眸：为改革创造和谐环境［EB/OL］．http：//news. xinhuanet. com/politics/2011－02/24/c_ 121118859. htm，2011－02－24．

坛)、乱改（住宅改铺面）、乱摆、乱贴、乱倒、乱停、乱放、乱闯、乱叫（鸣笛）状况时有发生。

（3）在安全生产管理上，尚未建立健全安全生产规章制度、技术支撑系统及监督管理、应急救援、宣传教育等体系。

（4）在城市管理综合执法上，对名目繁多的涉及交通、国土、城建、环卫等部门的行政执法检查监督队伍缺乏统一的规范管理。

（5）在城市危机管理上，现行的管理模式是建立在动员行政而不是法治行政基础之上的，即当公共危机事件发生后，政府成立临时指挥部或者办公室，通过行政手段调动社会各方面资源，全社会齐动员，搞人海战术。

第三章

社会和谐构建中的东莞市石龙镇政府社会管理职能现状

一、调研说明

社会管理是政府的一项基本职能，其涵盖的内容有保障公民权利、维护社会秩序、协调社会利益、实施社会政策、管理社会组织、提供社会安全网、解决社会危机等。[①]《中共中央关于构建社会主义和谐社会若干重大问题的决定》指出，“构建社会主义和谐社会，重心在基层”。因此，强化基层地方政府即乡镇政府（街道办事处）的社会管理职能，提高其社会管理能力至为关键。因为在乡镇（街道）之下没有再设其他行政机关，村（居）民委员会是基层群众性自治组织，它们不具有行政机关的性质和地位。上级政府制定的有关社会和谐的战略规划，以及为促进社会和谐而制定的有关社会管理政策措施要在基层得到有效推行和贯彻，需要通过乡镇政府（街道办事处）才能顺利实现。因此，选取乡镇作为主要调查研究的对象更有现实意义。

在实践中，镇一级政府是如何履行社会管理职能的？取得了哪些成效？还面临着哪些问题和困难？其原因是什么？如何应对这些问题和困难？为弄清楚这些问题，2009 年 6 月 22 日至 23 日，我们课题组到广东省东莞市石龙镇进行了实地调研。

本次调研主要涉及石龙镇政府在宣传教育、社会事务、经济贸易、环境保护、社会保障、社区卫生服务建设六个方面的职能履行情况。调研采用的主要方法有：①文献法。首先通过查阅石龙镇年鉴，浏览石龙镇政府网站，关注媒体的相关报道，阅读石龙镇政府公告、政府文件、制度规章以及政府

---

① 中国行政管理学会课题组．我国社会管理和公共服务改革的研究报告［J］．中国行政管理，2005（2）．

工作报告等资料，对石龙镇的机构设置、自然地理、历史沿革等方面有了初步的了解。②访谈法。主要采用座谈的方式，在镇政府的大力支持下，组织石龙镇宣传教育办公室、社会事务办公室、经济贸易办公室、环境保护分局、社会保障分局以及社区卫生服务中心的相关领导及负责人举行了座谈，各位负责人分别就其所在部门的职责履行情况以及面临的困难和进一步的打算作了介绍，并积极回答了课题组成员提出的问题。在走访新维村的过程中，我们也得到了新维村村委会的积极配合，与村委会成员进行了座谈。③观察法。在调研过程中，我们参观了石龙镇博物馆、浮雕石龙古镇图、“举重之乡”塑像、石龙镇公安分局 110 指挥中心、荣阳书院遗址、沿街古建筑等，并到石龙镇下辖的新维村进行了实地考察。④问卷法。针对参与座谈的人员发放问卷，并成功回收了 15 份调查问卷。通过以上调研方法，我们收集到了很多宝贵的第一手资料，并对这些资料进行了整理。

二、石龙镇概况

石龙镇面积 10.46 平方千米，是东莞市最小的镇，明末清初以来就是广东省著名商埠，并与广州、佛山、陈村一起被誉为广东“四大名镇”。石龙镇还是著名的“举重之乡”、“侨乡”，石龙镇举重运动员陈镜开是中国第一个打破世界纪录的运动员，石龙镇有在港澳同胞和在海外华侨共约 2 万人。石龙镇环境优美，有 11 个公园，将来准备建设七八个博物馆。石龙镇没有农用地，其支柱产业是电子信息业、生物制药业、现代物流业和现代服务业等。石龙镇建立了良好的社会救助体系，对帮扶人员已经实现电子备案，有很强的数字化处理技术。石龙镇还是广东省电子信息产业集群开发示范区，重视科技发展，政府每年都拨款奖励科研。此外，石龙镇是东莞市应急系统建设试点镇之一，同时也是法治镇创建试点镇之一，2009 年石龙镇还获得“广东省食品安全示范镇”的称号。

（一）地理位置

石龙镇位于东莞市北部，北与博罗县、增城市隔江相望；东与博罗县园洲镇相接；西与石碣镇的唐洪村、水南村、黄泗围村相连；南与茶山镇、石排镇接壤。市政府驻地莞城到石龙仅 13 千米。水路方面，西距黄埔港 54 千米；东北距惠州港 79 千米；南距太平港 59 千米；东南距香港、澳门约 150 千米。石龙位于广深铁路中段，南距深圳 78 千米，西距广州 69 千米，其地理位置十分优越。[①]

（二）气候条件

石龙镇地处亚热带，属于亚热带季风气候，夏季长，冬季短而不甚冷；年平均气温23℃，最高40℃（1958年8月12日录得），最低－1℃（1955年1月12日录得）；雨量充沛，年均降雨量1 651.2毫米，每年4—9月多暴雨；多吹东风，夏秋有多次台风侵袭，但危害不大。[②]

（三）自然资源

石龙已发现的自然资源不算丰富。水量可满足农业需求，但用于航运则不足。土壤肥沃，有适宜种水稻的，有适宜种旱地作物的。矿物方面，有河沙近千万立方米，粗沙、中沙、细沙都有，以中沙为主；红泥、红砂岩数量不大，现已开采；白黏土、铁矾土等无开采价值。[③]

（四）经济状况

石龙经济经历了三起两落的发展。乾隆年间至清代后期，石龙已经成为广东四大名镇之一，期间虽有鸦片战争、何六反清起义等动荡，但石龙经济仍保持兴旺发展的势头。20世纪30年代，石龙经济更为发达，设立了广东省银行石龙办事处，管理东莞金融业务；东江沿岸商铺林立，繁荣兴盛。1912年，脚踏轮船的出现和广九铁路的建成，对传统的水上木船运输产生了很大冲击，石龙经济受到重创。1938年9月，日军侵占石龙，封锁东江航道达两年之久，石龙人口骤减，经济衰竭。新中国成立后，石龙经济又重新进入一个大发展时期。[④] 改革开放以来，石龙镇充分发挥地缘和人缘优势，优先发展电子、医药、信息等高科技产业，实现了经济大发展。

（五）人口状况

石龙何时开始有人居住，目前尚无明确记载。在石龙西湖樊屋，有大片贝丘遗址，据初步考证，属新石器时代。在奴隶社会中后期，石龙地区已经有人群聚居。16—19世纪，石龙由圩市进化为城镇。石龙于明朝时开圩，此

---

① 东莞市石龙镇人民政府．石龙镇志（第一卷）［M］．广州：岭南美术出版社，2004.9.
② 东莞市石龙镇人民政府．石龙镇志（第一卷）［M］．广州：岭南美术出版社，2004.9，37.
③ 东莞市石龙镇人民政府．石龙镇志（第一卷）［M］．广州：岭南美术出版社，2004.45.
④ 东莞市石龙镇人民政府．石龙镇志（第一卷）［M］．广州：岭南美术出版社，2004.10.

后，大批人陆续来石龙定居。石龙人多为汉族，其他民族人很少。石龙人来自四面八方，共有 223 个姓氏，城镇居民中以陈、黄、叶、李、张、钟、袁等姓为多；复姓有三个：欧阳、司徒、夏侯。[①] 目前，本地居民约有 6.9 万人，流动人口将近 8 万人，共有人口近 15 万人。

（六）行政区划

石龙所辖，先后叫做坊、保、居委会及乡、村、生产队。清代，石龙下辖 14 个坊。民初起改保、甲，初为 23 个保，1947 年起改为 29 个，其中 4 个是“联保”。新中国成立初期，分东、西、南、北、中五个区。1953 年起改设居委会（曾称街坊分会），下设居民小组。为了加强对居委会的管理，镇政府又于 1979 年设东区办事处和西区办事处，作为派出机关。[②]

三、石龙镇社会管理机构及其职责

石龙镇社会管理涉及的主要领域有基础设施建设、社会秩序维护、环境保护、科教文卫事业发展、社会保障等。在这些领域，石龙镇现设的机构有城建办公室、宣传教育办公室、社会事务办公室、计划生育办公室、信访办公室、社会保障分局、环境保护分局、公安分局、安监分局等，其中分局是东莞市政府在石龙镇的派出机构，在业务上由市级部门指导，在具体事务上，则由石龙镇政府整体协调。石龙镇目前承担社会管理职能的部分机构及其职责具体如下：

（一）宣传教育办公室

目前宣传教育办公室编制人员只有 1 人，由于事务繁杂，又从下面抽调 11 人办事，其工资由镇财政支付。宣传教育办公室管辖范围涉及教育、文化、医疗、广电、体育、卫生、精神文明建设、旅游、报纸、党史、博物馆建设管理等方面。该办公室的主要职能是：在精神文明建设方面，主要从事干部队伍的思想教育工作以及对上级部署的宣传教育政策的落实；在基层文化活动的开展方面，主要工作是做好基层文化管理工作，比如文物的发掘保护，对广播电视、报纸等的管理；在体育事业方面，主要从事体育中心的筹建工

---

① 东莞市石龙镇人民政府．石龙镇志（第一卷）［M］．广州：岭南美术出版社，2004. 479 ~ 480.

② 东莞市石龙镇人民政府．石龙镇志（第一卷）［M］．广州：岭南美术出版社，2004. 32.

作，并筹办各种体育活动，广泛开展各种全民健身活动；在医疗事业方面，从事医院、社区卫生服务站的建设；在旅游事业方面，进行旅游基础设施建设，主要是居民的休闲娱乐设施建设；在广播电视方面，主要工作是建设广播站，发行内部刊物《石龙周刊》。

（二）社会事务办公室

社会事务办公室目前有6人，其中编制内人员2人，外聘4人。原本应是编制人员5人，但是老职工退休之后，新上任的都没有入编。社会事务办主要负责民政事务、行政区域的管理及街道工作、退伍军人的安置，婚姻登记、殡葬管理及改革、救灾救济、社会福利和保障等工作，负责侨务及统战工作，做好对华侨及港、澳、台胞的接待联系及捐赠款物的审核监督工作；负责与民主党派和无党派人士的联系；做好对宗教的管理工作。石龙镇社会事务办下属的单位有石龙镇中山东社区居民委员会、石龙镇中山西社区居民委员会、石龙镇兴龙社区居民委员会、石龙镇敬老院和石龙镇残疾人劳动就业服务所[①]，社会事务办公室通过这些办事机构处理各项事务。

（三）计划生育办公室

计划生育办公室现有11名工作人员，其职能是：贯彻执行国家、省、市有关计划生育的方针、政策、法律法规，草拟镇的人口与计划生育有关规范性文件；协调有关部门做好出生人口性别比的治理和流动人口计划生育管理与服务工作；制订年度人口计划；负责人口与计划生育统计、信息化建设和管理工作；负责全镇计划生育宣传教育工作；坚持依法行政，做好社会抚养费的征收、使用和计生养老保险工作；负责计划生育干部队伍建设、管理和计划生育干部、专（兼）职人员的业务培训工作；承办镇政府、市人口和计划生育局交办的其他事项。

（四）信访办公室

办公室现有工作人员6名，其中党员5名，党员占总人数的83%，平均年龄28岁。信访办公室的主要职责是：受理信访人对本部门职能范围内提出的建议、意见，或不服从本部门人员的职务行为所提出的信访事项；受理已

---

① 参见石龙社会事务办网站（http：//www. e-town. cn/publicfiles//business/htmlfiles/ETSHSWB/index. html）。

经本部门处理的信访事项，信访人不服，在法定时限内提出的复查要求；为信访人解答本部门职能范围内的业务咨询；对于不能现场作出回复的信访事件，记录备案并跟踪处理；把接访情况、接访中遇到的重点难题及发现的严重上访苗头形成书面材料并上报备案；为信访人解答法律咨询，提出意见或建议；引导信访人对应当通过诉讼、仲裁、行政复议、法院等法定途径解决的投诉循司法途径解决；对信访人进行法制宣传教育，做好思想疏导工作；协助符合申请法律援助条件的信访人申请法律援助；对信访事项的处理提供法律意见。①

（五）环境保护分局

环境保护分局成立于2001年，要求编制内人员5人，现在只有3名编制人员和4名外聘人员，共7人在职。环境保护分局的主要职责是：组织编制本辖区的环境保护长远规划和中、短期计划，参与编制社会经济发展的中、长期规划、年度计划，以及国土开发及其整治规划、区域建设规划、产业发展规划、资源综合利用规划、生态环境保护规划，监督对生态环境有影响的自然资源的开发利用活动；组织实施本辖区政府环境保护目标任期责任制和党政领导环保绩效考核的具体工作；按市环保局授予的环境管理权限，负责建设项目前环境管理、环境保护现场执法监理、环境违法行为查处、排污费征收等工作；组织实施排污申报和排污许可制度，指导排污单位填报排污申报登记表并负责初步审核；对危险废物转移报批进行初审，并跟踪检查危险废物转移联单制度的执行情况；协助市环保局完成环境统计报表的收发工作，并负责对环境统计报表、各种环境专项调查表进行初审和汇总；负责指导创建生态示范村、镇绿色学校（幼儿园）和绿色小区的工作；组织编制本辖区水环境功能区、大气环境功能区、噪声环境功能区、饮用水源保护区等的初步方案并报上级审批，对功能区实施日常管理工作；负责监督检查各种行政处罚案件的执行情况等。②

---

① 石龙镇人民政府信访办公室．石龙镇政府关于设立“信访接待日”及“律师援助日”的通知[EB/OL]．http：//www.e－town.cn/publicfiles/business/htmlfiles/xfb/ptzgg/200812/9289.html，2009－04－25.

② 参见石龙镇环境保护分局网站（http：//www.e-town.cn/publicfiles//business/htmlfiles/HBFJ/pjgsz/index.html）。

（六）社会保障分局

东莞市的劳动与社会保障部门是分设的，这在全国也仅有三例。社会保障分局的主要职责有：办理灵活就业人员（即个人）参保、停保业务；办理单位网上申报业务；办理职保镇属A档养老保险［即原农（居）民养老保险］，农（居）民医疗保险参保、停保、迁移业务，以及医保卡的发放和修改业务；办理单位参保登记、单位人员增减变动、单位年检业务；办理个人保险关系转出市外或由市外转入业务；办理职保社保卡的发放、遗失补发业务；办理职保退休审批业务；办理职保退休死亡审批业务；办理职保退休人员资格验证业务；办理职保养老保险参保不满年限，申领一次性待遇审批业务；办理失业保险待遇审批业务；办理职保退保业务；办理工伤保险待遇审批业务；办理职保镇属A档养老保险［即原农（居）民养老保险］待遇审批业务；办理农（居）民医疗保险死亡抚恤金审批业务；办理医疗保险、生育保险待遇审批业务；受理工伤认定、社会保险的投诉、举报，等等。①

四、石龙镇政府履行社会管理职能的举措

石龙镇政府履行社会管理职能的具体举措主要有：

（一）规划管理，严格落实

石龙镇政府根据石龙镇未来发展战略，即构建发展型、创新型、生态型、服务型、和谐型的社会主义现代化新城镇，坚持高起点、高标准、高品位规划城市，统筹镇、村城市基础设施建设和管理，形成“全镇一盘棋”的规划建设管理格局。对全镇的经济、交通、治安、娱乐、住宅等方面的设施设备进行综合部署，对全镇居民的生活、生产及其他活动空间进行科学安排，综合考虑工业区、商务区、行政区、居住区、休闲区等城市功能的划分，做到协调配套，相得益彰。严格落实新城组团中心区、北片区控制性详细规划，启动编制老城区和西湖区控制性详细规划，做好镇内交通网络综合改善规划，科学配置，解决过境交通和内部交通存在的拥塞问题。落实石龙历史古镇保护规划、中山路历史街区保护整治修建详细规划，严格执行城市的商业发展

---

① 参见石龙社会保障分局网站（http：//www. e-town. cn/publicfiles//business/htmlfiles/ETFJ/index. html）。

规划，巩固并提升石龙区域性商贸服务中心地位。①

（二）夯实基础设施，打造宜居环境

石龙是千年古镇，宜居宜商，为继续发扬这一特色，石龙大力推进城镇的基础设施建设，美化、优化城镇，打造宜居环境。

（1）在交通设施建设方面，根据东莞市政府的文件，轨道交通R2线与广深铁路接驳车站选址在石龙镇西湖，石龙镇负责车站的具体建设工作；稳步推进滨江路改造首期工程、东桥扩建工程、西湖三路（南）和东江大道下穿广深铁路隧道工程；逐步推进方正路、美能达路、龙升路、广源路北段、沿江路一期和裕兴路等道路改造工程；沙河大桥已完成报批立项、设计工作。

（2）在文体设施建设方面，2009年完成西湖城市公园一期工程的建设并投入使用；2009年动工建设石龙中学新校区。

（3）在防灾设施建设方面，石龙镇正在加紧新城区排涝站工程建设；山洲围水利防灾减灾工程也在有序推进。

（4）在环保设施建设方面，大力推进新城区污水处理厂和红海区污水处理厂及其配套管网工程建设；进行城市综合改造整治，优化一江两岸绿化、美化工程，增设霓虹灯饰。

（5）在安居工程建设方面，通过购买、置换二手房等方式，为住房困难户提供廉租房；发展中、高档地产项目，提升城市居住水平。②

（6）在信息化建设方面，利用石龙现有的数字化电子产业基础和信息服务资源，建立起以数码产品生产为基础，以电子商务和信息服务为中心，以电子政府为依托的信息化城镇；加快技术市场建设，鼓励并扶持开普互联、巨龙信息、龙信数码科技等软件企业不断发展壮大。③

（三）协调联动，严保社会安全

（1）在城市治安方面，石龙镇公安分局利用电子信息通信技术在全镇建立治安联动网络系统，全面推进“五个一网”工程建设，进一步完善视频监控系统建设，强化社会治安防控；通过建立标准统一的警务室，实现更加方便快捷的治安服务。组织开展“百日严打整治行动”、“粤安08”、“春雷行动”和“治爆缉枪”等专项行动，打击各种违法犯罪活动，维护社会稳定。

---

① 《石龙镇政府工作报告2009》。

② 《石龙镇政府工作报告2009》。

③ 《石龙镇党委工作报告2006》。

石龙镇公安分局在全镇主要道路及重要场所设置了140多个治安视频监控点，实施全天候监控，一旦发现异常情况，110指挥中心即刻发出指令，路面巡逻队、公安分局、派出所的工作人员会在第一时间赶往事发地点，及时处理突发事件。

（2）在市运交通方面，取缔摩托车非法营运，禁止电动自行车上路，实行本地摩托车分片区分时段禁行。投放大批“小公汽”，方便市民出行。

（3）在公共安全保障方面，石龙镇深入开展安全生产隐患排查治理工作，防范并遏制各种重、特大安全事故的发生。

（4）在应急管理方面，石龙镇在农村、社区、企业和学校等地方建立健全食品安全应急机制，全力保障社会安定有序。①

（四）化解纠纷，维护社会稳定

石龙镇信访办公室针对群众关注的土地、社会治安、劳资纠纷、村民福利待遇、民政、教育、环境保护、房地产等热点和难点问题，扎实开展重复信访专项治理和市镇领导大接访活动，通过走访、“镇长信箱”电邮、信访等形式，充分发挥人民调解、行政调解和司法调解的作用，有效化解矛盾，维护社会稳定。广泛开展各类面向社会、服务群众的主题活动，如举办“志愿者服务”、“暖流行动”、“法律宣传”、“户外拓展”等活动为全镇全面开展依法信访营造了良好的法治环境。此外，石龙镇针对信访工作还有一项新举措，即在社区设立法官驻村工作室，将司法工作关口前移，协助调解当地发生的涉法信访、群体性事件等，与人民调解对接，通过参与驻村社会治安综合治理，为群众诉讼和参与辖区社会治安综合治理提供了便利，建立了有效化解矛盾纠纷的机制。

（五）加强环保，建设生态江城

打造社会主义现代化新型城镇，必须以良好的环境条件为依托，为此，石龙镇政府在环境保护方面加大了工作力度。首先，政府提供大量的资金支持。石龙镇政府在镇管网建设方面已经投入4亿元。其次，在控制三废排放方面，石龙镇对各企业单位的废气、废水、废渣排放进行严格的监督和管理。继续推进在新城区和红海区的污水处理厂建设；严格控制二氧化硫、二氧化氮等有毒气体的排放量，尤其是在汽车尾气检测方面，严格执行《东莞市机

---

① 《石龙镇政府工作报告2009》。

动车排气污染防治实施方案》，强化对在用车的监管，确保排放达标，计划到2010年，实现所有上路机动车都经年审并挂环保标志；2009年总体要求公交货运达标排放，集中整治了学校接送车的尾气；对全镇各医疗机构的医疗废物，如一次性塑料、橡胶用品废物、一次性检查器等，建立专门的运输通道，并加强检测；规范畜禽养殖场的废物排放。此外，政府严格控制噪声污染，关闭了两家电厂，大大减少了噪声源。这些措施有效地保护了石龙的水体、大气和土壤，推进了生态江城的建设步伐。

（六）各方配合，推进科教文卫事业发展

石龙镇各部门积极配合，全面推进科教文卫事业的发展。

（1）石龙镇政府对企业科技创新和教育事业给予大量财政支持。镇财政每年安排不少于1 000万元的经费作为镇科技创新资金，鼓励企业进行科技创新和产业升级；2008年，镇财政拨款232.5万元对优秀教师和学校进行奖励①，鼓励发展教育事业。

（2）石龙镇政府加大对卫生事业的政策支持，推进卫生服务建设和文化事业发展。石龙镇编制出台了《石龙镇社区卫生服务体系建设规划》和《文艺创作奖励办法》，在政策方面对卫生服务建设和文化事业给予大力支持。

（3）社会事务办公室积极做好文、体、卫方面的建设工作。在文化体育方面，积极配合镇政府做好基层文化管理、博物馆建设、文物的发掘保护以及对广播电视、报纸等的管理工作。社会事务办公室还组织开展多种体育活动，石龙素有“举重之乡”的美誉，对举重事业尤其重视，同时组织龙舟节等丰富多彩的全民健身活动。

（4）政府与各部门联合，共同推进文教卫事业工作。石龙镇已被评为“食品安全示范镇”，该项目由镇食品安全委员会办公室牵头，市政府协助，各部门协调配合，行业组织、企业多方参与，最终取得了成功。

（七）全方位推进，保障人民生活

（1）促进就业，保障劳资双方权益。为缓解就业压力，镇政府认真抓好技能培训机构管理，推进技能培训市场规范发展；做好大、中专毕业生和失业人员的就业服务，落实资助性就业培训、公益性岗位援助等措施；加强对《劳动合同法》《劳动合同法实施条例》等法律法规的宣传解释力度，积极化

① 《石龙镇政府工作报告2009》。

解劳资纠纷；加大劳动监察力度，完善企业倒闭风险预警机制，有效处理因企业问题引发的群体性事件，保障劳资双方的合法权益。

（2）建立和完善多层次的社会保障体系。镇政府及社会保障分局加大了对“五保户”、重度残疾人、革命伤残军人、重点优抚对象和困难党员的优抚力度；1995 年，全市首批推行全镇养老保险统筹；1998 年，实现医保方案统筹，制订了医疗保险方案，后被东莞市合并过渡；2000 年，首批推行了生育保险政策；2001 年，把外来人（又称“新莞人”）纳入社保范围；2009 年，把生育保险、医疗保险整合在了一起。另外，近年来，石龙镇也加快了养老、工伤、医疗等方面的保障工作。

（3）规范市场秩序。石龙镇推行了四大措施：①农产品的跟踪检查；②进行市场整顿，对生产许可证的办理严格把关，杜绝小作坊生产经营；③坚决落实餐饮卫生政策，要求各个经营部门必须办理卫生许可证才可经营，并实行社长负责制，促使 90% 以上的单位实行卫生量化管理；④对农贸市场进行监督，加强对市场上生菜、生猪、水产品等农贸产品的检疫检测。

五、石龙镇政府社会管理绩效

石龙镇政府在社会管理领域实施的一系列举措已取得阶段性成效，主要表现在以下七方面：

（一）经济稳步发展

石龙镇各职能部门在工作上的协调配合，为镇经济营造了良好的发展环境，使石龙镇经济获得稳步发展。2008 年，全镇完成 GDP 47 亿元，同比增长（下同）10. 10%；完成规模以上工业产值 126 亿元；按海关统计口径，全年累计出口 14. 23 亿美元，增长 35. 50%，增幅排在全市第三位；全社会固定资产投资 16. 60 亿元，增长 10. 11%；各项税收总额 8. 60 亿元，增长 22. 80%；社会消费品零售总额 24. 60 亿元，增长 3. 36%；各项存款余额 96. 10 亿元，增长 12. 80%；镇本级财政收入 4. 03 亿元，增长 15. 14%。村、组两级资产总计 15. 11 亿元，与上年基本持平，村、组两级集体总收入 1. 57 亿元，增长 5%。全镇规模以上民营经济工业总产值达 11. 40 亿元，民营经济实力不断增强。其中，众生药业位列 2008 年度东莞市纳税前 10 名民营企业，单项药品销售额超 1 亿元；泽龙线缆荣获“东莞市升级转型奖”。龙头外资企业稳步发展，全镇外资企业内销总额 10. 20 亿元，同比增长 50%；京瓷美达被评定为东莞市2008年度实际出口前10名外资企业，京瓷株式会社获得“东莞市外资企业杰出贡献奖”。2008年，石龙镇荣获全市每百元GDP税收额第三名，GDP能耗计划完成率第二名，每平方千米已用土地GDP第三名，每万元税收耗电第五名，每平方千米已用土地税收第三名的好成绩。①

（二）基础设施进一步改善

（1）在交通设施建设方面，镇内交通网络得到进一步优化。石龙新火车站的建设是石龙镇的工作亮点之一，目前已完成火车站迁建工程征地工作，立项报批工作基本完成；各项公路、桥梁改造工程稳步推进，有效地改善了石龙的交通状况。

（2）在供水、供电、供气方面，石龙自来水总公司在红海区完成了供水工程建设，实现了向红海区和污水处理厂的供水，日供水量达1.5万立方米；加快了老城区线路设备的升级改造，石龙镇的供电网络更加稳定；按照全市燃气“一张网”部署，进一步推进燃气管道建设。

（3）在环保方面，石龙镇在新城区及西湖区的管网建设年底完工，在新城区和红海区建立的两个污水处理厂，其处理量达20 000立方米/天。

（4）在信息化推广应用方面，在全市推广肉品流通信息监管系统、社区信息服务系统及网商365电子商务平台，为市民生活及各种商务活动提供便捷服务。

（三）社会安定和谐

2008年，石龙镇荣获“东莞市维护稳定和社会治安综合治理先进镇街”称号，并获“东莞市社会公共管理单项奖”、“东莞市社会发展单项奖”荣誉。

（1）在社会治安方面，已建成9个标准的警务室，成功创建了4个平安社区。相继组织开展多项整治违法犯罪的专项行动。2008年，全镇共立刑事案件951宗，同比下降6.1%，破案275宗，摧毁犯罪团伙30个，破获团伙案件188宗。

（2）在安全生产保障方面，深入开展安全生产隐患排查治理工作，整改各类安全隐患4 642处，有效防范和遏制了重、特大事故发生。

（3）在计划生育管理方面，人口自然增长率控制在3.37‰左右，被评为“东莞市2008年度人口和计划生育工作先进单位”。

---

① 《石龙镇政府工作报告2009》。

（4）在民主治理方面，顺利完成村（居）委会换届选举，双拥、民政等工作成效显著，社区职能建设和服务水平提高；武装、侨务、司法等部门也取得显著成绩。[①]

（5）在信访工作方面，2007年1—12月，共受理群众来信、来访、来电案件392件，已办结386件，办结率达98.72%；2008年上半年，共接受群众来信、来电、来访213件，办结率为92.2%；2009年1—3月，共排查案件153宗，调解率达100%，调解成功率达97%。另外，通过集中调研、公开征求社会各界和广大人民群众意见等方式，对群众反映强烈、社会普遍关注、近期容易解决的突出问题进行了梳理。[②]

（四）环境质量得到提高

石龙镇在打造生态江城、建设宜居环境的过程中成绩显著，先后荣获“东莞市创建全国绿化模范城市工作先进单位”、“东莞市环卫绿化工作先进镇区”等荣誉称号。在各部门的配合管理下，石龙镇的生态环境日益改善。其中空气质量达到国家二级标准，二氧化氮的日排放量达到0.054毫克/立方米；石龙东江水段水质已经达到国家二级水平；关闭了两家发电厂，噪声污染减少。石龙镇还建立了绿色企业、绿色社区、绿色学校，全力为居民提供优质的生活环境。

（五）教育、文化、卫生事业取得新进展

（1）在教育事业方面，2008年，石龙镇成功通过广东省教育强镇复评，目前石龙镇在校学生有18 000多人，在编中、小学教师1 050人，教师资源比较充足；全镇拥有两所有49年历史的高中。

（2）在卫生服务方面，社区卫生服务“一中心，四站点”已全部开诊营业；按三甲规模建设的石龙人民医院新院址投入使用，目前拥有两所二等甲级医院，拥有床位1 500多个，每万人拥有床位数处于较高水平。

（3）在文化体育方面，组织老年人参加市老年人运动会，开展中秋茶话会，组织太极会演，[③] 大大丰富了人民的精神文化生活。号召市民积极参与抗震救灾，其中向四川灾区捐款人民币821.6万元，并捐赠了价值651.3万元的

---

① 《石龙镇政府工作报告2009》。

② 以法治镇创建为抓手　全面提高“法治石龙”创建水平，http：//www.e-town.cn/publicfiles/business/htmlfiles/xfb/pjxdt/200905/10981.html.

③ 《石龙镇政府工作报告2009》。

生活、医疗物品。

（六）社会保障水平进一步提高

石龙镇不断完善社会保障机制，继续完善职工基本养老、基本医疗、工伤、失业等保险制度，实行农（居）民基本养老保险与职工基本养老保险统筹发展，探索适合外来务工人员特点的养老、医疗、工商保险办法。2008 年，共发放低保户最低生活保障金 176 万元、低保户家庭在读子女助学金和补助金 191 万元。[①] 其中，低保户生活保障金的标准是 400 元/户/月；目前共有 242 人获得助学金，每年总共发放金额 420 400 元，其中小学生 800 元/人/年，初中生 900 元/人/年，高中生 3 000 元/人/年，寄宿生再多发 1 700 元/人/年。对全镇的 47 位“五保户”实行集中供养和分散供养，标准是 600 元/人/月；对重病、大病患者则实行临时救济，2009 年 1 月至 6 月，共发放 15 360 元救济金。对人均住房面积不到 18 平方米的住户发放住房补贴；对租住户实行住房补助，补助标准是 9 元/平方米。此外，石龙镇还设有救助超市，低保户每月凭票可以到超市免费选用商品。

（七）科技创新成效显著

石龙镇重视科技创新，先后荣获“东莞市科学技术特等奖”、“广东省电子信息集群升级示范区”、“广东省信息化试点单位”、“广东省制造业信息化试点示范镇”、“国家电子信息产业基地”等荣誉称号。2008 年，全镇新增省重点新产品 2 个，高新技术产品 4 个，通过科技成果鉴定 2 项，科技计划项目验收 9 项。获省科技进步特等奖 1 项，三等奖 1 项；获市科技进步一等奖 2 项，二等奖 1 项，三等奖 4 项。被认定国家高新技术企业 9 家，省民营科技企业 4 家，市民营科技企业 2 家。共获得 3 300 万元省、市科技创新基金资助。其中，“石龙镇现代化建设科技创新示范工程”被评为“广东省科技进步奖特等奖”，获得 100 万元奖金。[②]

六、石龙镇政府社会管理面临的问题

石龙镇政府通过履行社会管理职能，在各领域取得成绩的同时，也面临

---

① 《石龙镇政府工作报告 2009》。

② 《石龙镇政府工作报告 2009》。

着一些问题，主要表现在以下方面：

（一）市与镇之间、镇与社区之间职权分工问题

我国现行的是五级行政体制，即中央→省→市→县（市）→乡（镇），而东莞市实行的是市直管镇的管理模式，中间没有县一级政府。这种独特的管理模式使得石龙镇比其他省份的镇拥有更大的权力，工作自主性更强，但也存在一些分工不明的问题。

（1）市与镇的职权分工问题。在审批方面，石龙镇现有的400多家企业原来都是由市一级统一审批，现在一部分审批权下放到镇一级，虽然审批责任下放了，但相对应的权力却没有得到落实。

（2）镇与社区的职权分工问题。镇政府把很多工作都安排给社区居委会，其中包括房屋普查、人口普查、摩托车检查等，但却没有赋予居委会与其责任相对应的权力，这就导致居委会的工作难以开展，经常是只能做做思想工作，没有实质性效果。

从表面上看，市与镇、镇与社区之间职能分工、权责关系很清晰，但实质上很笼统，责任无限大、权力无限小的局面导致镇和社区各职能部门很难办事，许多事无权管、没法管，但一旦出了事，还要对上一级承担责任，所谓“上面千条线，下面一根针”，分身乏术，非常尴尬和被动。因此，如何才能使市与镇、镇与社区之间实现权责对等，是目前需要解决的一大难题。

（二）机构设置问题

虽然东莞实行的是市直管镇的管理模式，但镇一级政府的部门设置与全国其他地方的镇没有多大区别。由于没有县级政府这一管理层次，镇政府的工作量大、责任重；又由于机构设置的缺陷，社会管理的很多工作进展缓慢。例如，东莞市设有民政部门，到了镇这一级就没有了相对应的机构，本该由民政部门做的事都交给了社会事务办公室；东莞市设有卫生局，但到了镇一级却没有相对应的分管医疗卫生工作的办公室；石龙镇的旅游事业也没有专门的部门实施管理，旅游的基础设施建设、文物保护等事务也都交给了宣传教育办公室；经济贸易方面没有对应的办事机构，致使很多事情没有固定的人员负责和管理。各部门间的职能交叉现象非常严重。

（三）人员编制问题

在进行座谈时，我们听取了各部门负责人的工作介绍，发现几乎每个部

门都存在人员不足的问题。在东莞，镇一级政府已经属于基层了，基层工作事务性和执行性很强，事务繁杂，工作量大。社会事务办公室、社会保障分局、宣传教育办公室等部门都存在人手不足现象。面对繁杂的事务，有些部门被迫外招人员，但因其待遇与编制内人员存在差距，外招人员流动性较大，往往导致基层工作的连续性和专业性不足。

（四）部门经费保障问题

财政是保障各项工作顺利开展的物质基础。在调研过程中，我们发现石龙镇有许多部门没有稳定的财政来源，导致各项工作非常被动，效率不高。比如，在社会保障方面，镇一级的社会保障分局是市社会保障局的派出机构，其财政由市一级控制，没有独立的财政来源。社会保障工作非常繁重，对资金的要求很高，财政困难的问题使该部门在实际工作中常常陷入心有余而力不足的境地。在经济贸易办公室也存在类似的问题，2008 年，镇政府专门拨发了 160 万元的专项资金用于经济发展，但 2009 年却没有。如何保证部门工作经费的相对稳定是不容忽视的一个重要问题。

（五）部门间的分工协调问题

在调研过程中，我们发现石龙镇政府每一项工作的开展都会得到各个职能部门的配合，这种现象非常可喜。可喜之余，我们也不禁产生这样的担忧：这种协调配合的实现势必会对各个部门本职工作的开展产生影响。每个部门日常都在井然有序地做分内之事，当上级下达紧急任务、发生非常规突发事件或举办重大活动时，往往需要各个部门放下手头工作，投入各种临时的紧急事务之中，这在客观上会对各部门的工作衔接造成冲击。同时，由于分工上的不明确，同样一件工作，可能由两个或以上部门中的任何一个协作配合都可以完成，那么究竟应该由谁去做？这就可能导致推诿扯皮的现象，对部门间的关系协调产生不利影响。

（六）法规制度问题

在调研过程中，经济贸易办公室的人员反映，有些现行的法律不实用，对不法经营者只有警告而没有处罚作用，反而使该机构本身被投诉的频率上升，对部门的工作开展造成了较大障碍。法律面前人人平等，群众的利益受到损害，政府作为管理者出面处理，却苦于没有相应的法律规章作为办事依据，说话没底气，该管的管不了，也管不好。社会保障分局也存在这样的问题。东莞市下辖各镇的社会保障工作是由市社会保障局在33个镇设分局开展的，我们经过调研发现，在社会保障的实际工作中，各个分局在业务规范化、流程具体化的操作方面还存在不少问题。很多事务的办理只经由一人完成，而不是由多人协同完成，这就为腐败犯罪埋下了隐患。

石龙镇目前的建设目标是把石龙镇打造成独具特色的文化名城、e-town新城、生态江城，这个目标一旦实现，伴随而来的将是旅游业和服务业的迅速发展，但人流量的增加，对石龙镇社会秩序、社会安全、自然资源、生态环境、基础设施等将是严峻的考验，石龙镇必须对此做好相应的规划和准备。同时，为了维护社会治安，石龙镇已经在各道路交通要口和重要场所都安装了“电子眼”，这种“电子眼”可以把视野缩小到非常小的范围内，这对市民的隐私产生了不同程度的影响，存在一定的纠纷隐患。

第四章

社会和谐构建中的乡村生态环境污染治理：以广东省为例

一、问题的提出

近年来，我国乡村生态环境污染日益严重，土壤污染、水污染、生活垃圾污染和乡镇企业污染等随处可见，不少地方已出现污染行业由发达地区向欠发达地区、由城市向乡村转移的现象。自2009年下半年以来，因环境污染而引发的大规模群体性事件时有发生，如湖南浏阳镉污染事件、陕西凤翔血铅超标事件、福建泉州暴力抗污事件等。乡村生态环境污染已成为建设生态文明、环境友好的和谐社会中的一个不容忽视的问题。目前，学界主要侧重于对城市生态环境问题的研究，而对于乡村生态环境问题则缺乏关注。本章主要以广东省为例，运用治理理论对乡村生态环境污染问题进行探析。

二、研究现状

（一）国内研究

通过中国知网可检索到2005年以来发表的与本研究相关的论文共有420篇，与本研究直接关联的研究成果主要集中在以下三个方面：

1. 关于农村环境问题的研究

具体来说，目前主要有四种视角：一是城乡统筹视角，如周林洁从城乡统筹视角对农村环境基础设施建设进行了研究①；二是经济学分析视角，如孟

① 周林洁．城乡统筹视角下的农村环境基础设施建设［J］．城市发展研究，2009（7）．

雪靖、尚杰对农村生态环境非点源污染进行了经济学分析①；三是法律视角，如高晓露从法律视角对农村环境污染防治进行了论述②；四是合作主义视角，如叶军从合作主义视角对我国农村环境污染治理进行了对策研究③。

2. 关于我国农村环境污染的表现及原因

目前，我国农村环境污染的表现形式有很多种，综合学者们的观点，主要有面源污染和点源污染。面源污染有农业生产污染和农村生活污染，点源污染有养殖业的污染和乡镇工业污染。造成我国农村环境恶化的原因是多方面的，主要观点有：城乡经济二元化是深层原因；农村的环境保护体制建设滞后；农村边缘化造成农村环境公共物品供给不足；环保资金投入不足；基层政府执政能力弱，导致农村环境管理无序；现行的有关环境的法律制度缺乏；农民自身的原因。④

3. 关于农村环境污染治理的对策

针对农村中存在的环境污染问题，一些专家学者运用历史分析方法与案例研究法，从生态与环境、环境保护及生态保护、环境保护立法、发展循环经济及生态政治等角度提出了一些建议和对策，并从实证的角度进行了论证和说明。对农村的不同污染源，学者们从微观和宏观上提出了不同的治理方法，在微观治理方面，认为农村面源污染控制的首要任务就是控源，如发展节水农业，降低农田排水；对一些可降解的固体废弃物，则实行堆肥化处理。在宏观治理层面，认为应大力发展循环经济，鼓励发展生态农业；加强环境规划与管理；完善环保法律法规体系；开展环境宣传，普及生态文明理念；建立生态效益补偿制度。⑤

国内有关生态环境问题的研究成果不少，在应用研究方面，许多研究都提供了技术和措施，但对于乡村生态环境污染问题的理论研究则显得不够，缺乏对乡村生态环境污染问题的深度关注。在研究和分析的路径上，大多数

---

① 孟雪靖，尚杰．农村生态环境非点源污染的经济学分析［J］．黑龙江社会科学，2007（1）．

② 高晓露．论农村环境污染防治的法律问题［J］．当代法学，2009（3）．

③ 叶军．合作主义视角下我国农村环境污染治理对策研究［J］．甘肃农业，2005（12）．

④ 骆东奇，白洁，朱莉芬．统筹城乡视角的重庆市农村环境污染成因及对策研究［J］．生态经济，2009（4）；栾志红．“环境保护法”的修改应加强农村环境保护［J］．理论前沿，2007（11）；魏一．论农村环境治理中的政府职能［J］．农村经济，2006（9）．

⑤ 张成立．论农村环境污染的法律规制［J］．农村经济，2007（3）；李蓓蓓．农村环境污染的原因及治理对策分析［J］．西安财经学院学报，2005（2）；于建嵘．当前农村环境污染冲突的主要特征及对策［J］．世界环境，2008（1）；杜鹃．农村环境污染防治［M］．北京：中国社会出版社，2006；尚清锋．论农民参与农村环境保护的法律保障［J］．理论与改革，2007（3）．

研究偏重于政府或市场，忽视了环境的最大特性，即环境的公共物品性质。虽然也有少数学者提出应该把市场、政府和公众结合起来共同治理环境污染，但尚未形成一个稳定的结构化的环境污染治理架构。

（二）国外研究

国外的研究视角主要是：①从政治经济学的视角探讨。如《生态政治：建设一个绿色社会》的作者丹尼尔·柯尔曼认为，生态环境问题的真正原因深深扎根于人类事务的政治之中，他认为，与发达国家相比，第三世界国家促进经济增长的欲望更为强烈，由此导致的“经济的合题”[①] 是第三世界国家环境状况急剧恶化的根源。②从建构主义视角探讨。如《环境社会学》的作者汉尼根指出，公众对于环境的关心并不直接与环境的客观状况相关。事实上，环境问题并不能“物化”自身，它们必须经由个人或组织的“建构”，被认为是令人担心并且必须采取行动加以应付的情况，这时才构成问题。

国外学者的观点对于我们研究乡村生态环境问题有一定的借鉴意义，虽然他们的社会文化以及社会环境与我国有差异，但是生态环境却有一定的共性。

三、治理理论

20 世纪 90 年代以来，在西方学术界特别是政治学、行政学、管理学领域，治理理论成为学者们关注的焦点之一，以治理为研究对象的著述大量涌现。正如联合国社会发展研究所副主任休伊特所指出的，今天的国际多边、双边机构和学术团体以及民间志愿组织关于发展问题的出版物很难有不以它（治理）为常用词汇的，“西方的政治学家和管理学家之所以提出治理概念，主张用治理替代统治，是因为他们在社会资源的配置中既看到了市场的失效，又看到了国家的失效”[②]。

（一）治理的内涵

“治理”的英文“governance”一词源自于拉丁文的“gubenare”，有掌舵、导航的意思，常被用来指称有关指导（guiding）的活动及组织引导

① 经济的合题是指通过最大限度地追求经济增长，以解决经济扩张与生态破坏之间的对立关系，这是环境问题日趋严重的根本原因。

② 俞可平．全球化：全球治理［M］．北京：社会科学文献出版社，2003. 9.

（steer）自身的过程。① 自20世纪90年代开始，西方政治经济学家赋予governance以全新的含义，与government大相径庭。究竟何谓治理？学者们的看法并不一致。目前比较权威并在较大范围内得到认同的主要有以下几种观点：

治理理论创始人之一的罗西瑙（Rosenau）在其代表作《没有政府的治理》一书中把“治理”界定为：一系列活动领域的管理机制，它们虽未得到正式授权，却能发挥作用。治理，不等同于统治，指一种由共同目标支持的活动，这些活动的主体不一定是政府，也并不完全靠国家的强制力来实现治理的目标。②

全球治理委员会在1995年《我们的全球伙伴关系》中对治理概念的界定比较权威：治理是各种机构或个人管理多方面共同事务的总和，是调解不同利益主体并相互合作实现目标的持续过程，既包括迫使人们服从的正式制度和规则，也包括各种人们为实现共同目标而达成的非正式的制度。其特征是：治理不是一整套固定的规则，也不是一种活动，而是相互协调的过程；治理过程不是建立在控制之上，而是协调；治理不仅涉及公共部门，也包括私人部门；治理不是一种政治制度，而是持续的互动。③

格里·斯托克对有关治理的各种观点进行了梳理与整合，在《作为理论的治理：五个论点》一文中将各国学者关于治理的观点归纳为五个方面：①治理主体不完全是政府这个主体，还包括其他社会主体。②治理的目的是解决一些经济问题、社会问题等，但治理主体职责界定不清。③治理主体彼此间存在着权力的依赖。④治理主体间构筑成一个自组织网络。⑤治理的手段和方法不再局限于政府的权力，还存在其他方法和技术。④

上述观点虽然存在一定的差异，但其基本观点是一致的，那就是被赋予了新内涵的治理可用四个关键词加以概括：多元、互动、协调、合作，即治理是具有共同目标的多元主体之间为了实现其目标而进行的不具有强制力的上下互动、协调合作的过程。

（二）治理理论的基本内容

治理理论是针对20世纪90年代以来许多社会问题出现不可治理性，导

---

① 陈振明．公共管理学：一种不同于传统行政学的研究途径［M］．北京：中国人民大学出版社，2003.9.

② ［美］詹姆斯．N．罗西瑙．没有政府的治理［M］．张胜军，刘小林等译．南昌：江西人民出版社，2001.4～5.

③ 俞可平．治理和善治引论［J］．马克思主义与现实，1999（5）.

④ 格里·斯托克．作为理论的治理：五个论点［J］．国际社会科学杂志（中文版），1999（1）.

致政府失灵或市场失灵而兴起的一种理论。目前中外学者对治理理论的基本内容概述不一。从国内现有的研究成果来看，治理理论的基本内容包括以下三个方面：①强调社会管理主体的多元化。治理理论认为，政府并不是唯一的社会管理主体，除政府外，社会上还有一些志愿性的或属于第三部门的机构（如志愿组织、非营利组织、社会企业、社区互助组织）在参加政治、经济与社会事务的管理和调节，它们分别致力于种种社会和经济问题的解决，把传统上属于政府的一些责任和职能接收过去。②重新定位政府职能。治理理论在强调社会管理主体多元化的同时，对政府的职能进行重新定位。它并没有将政府从其概念中剔除出去，而是提出了具有重要意义的新政府理念。一方面，治理理论认为，政府在当代社会中与其他社会组织一样发挥着重要功能，但政府不能成为全能政府，政府必须进行改革，成为“有效政府”，政府要集中力量“掌舵”而不是“划桨”。另一方面，治理理论还提出了“元治理”（meta-governance）概念，突出了政府的重要地位。元治理是西方学者为寻求解决治理理论失灵所用的词汇，但实际上，元治理不过是治理理论重视政府在社会管理网络中的重要功能的另一种表述而已。这是因为，充当元治理角色的是政府，政府在社会管理网络中被视为“同辈中的长者”。它虽不具有最高绝对权威，却承担着规范协调其他社会组织行为的重任。③强调多元管理主体间的相互依存性。治理理论认为，在社会管理领域，政府与其他社会组织共同构成了相互依存的管理体系。这种管理体系既不迷信单一的科层制进行自上而下的协调，也不依赖于“看不见的手”来进行操纵，它所强调的是多元主体之间的沟通与协作[①]。

从以上治理理论的主要内容可以看出，治理理论为我们分析社会管理问题提供了新的视角和范畴，即将作为民间参与网络和互惠信任关系的“社会资本”引进治理理论的分析中，着眼于政府和公民的合作网络。[②]

四、广东乡村生态环境污染现状

乡村是相对于城市而言的，是由乡（镇）区域与村区域构筑的社会生活区域。生态环境污染，是指由于人类对自然资源的不恰当使用，把原有的可

---

① 汪向阳，胡春阳．治理：当代公共管理理论的新热点［J］．复旦大学学报（社会科学版），2000（4）．

② 胡仙芝．从善政向善治的转变——治理理论与中国行政改革研讨会综述［J］．中国行政管理，2001（9）．

用资源变为有害物质排放到环境中，致使环境质量下降并影响到了人类和其他生物的正常生存与发展的现象。污染类型主要表现为土壤污染、大气污染、水污染等。

通过查阅和整理近几年来的《广东统计年鉴》《广东农村统计年鉴》、广东统计信息网等刊载的数据，我们发现目前广东乡村生态环境状况堪忧，一些地方乡村生态环境污染相当严重。主要表现为土壤污染、水污染、生活垃圾污染、工业企业污染及畜禽养殖污染。

（一）土壤污染

据南方网报道，2004 年广东省地质勘察部门初步调查显示，广东省的农业地质不容乐观，耕地土壤质量有恶化趋势。在珠江河口周边约 1 万平方千米范围内，土壤高氟异常区 5 263 平方千米，高镉异常区逾 6 000 平方千米。受人为污染，土壤中有毒有害重金属元素非常高，镉、汞、砷、铜、铅、镍、铬等元素污染面积达 5 500 平方千米，其中仅汞污染便达 1 257 平方千米，污染深度达 40 厘米。经过对蔬菜、水果、大米的抽样分析测试，对照食品卫生标准，发现一些元素不同程度超标，说明重金属污染已对农产品质量安全、人体健康构成潜在威胁。① 据不完全调查及统计，由于化肥、农药、垃圾、污泥及污水灌溉，广州、深圳、珠海、中山、佛山等城市郊区的土壤已受到不同程度的重金属污染。另外，小电镀厂在全省零星分布，电镀废液、废渣的排放对周围土壤的污染不容忽视。近年来，土壤受有机污染物及类激素物质的污染问题也开始显露，成为土壤污染的一个新趋势。② 土壤污染具有明显的滞后性、累积性及不可逆性，其危害比其他污染更难消除。

（二）水污染

据《2007 年广东省环境质量状况公报》的数据③，2007 年，在广东省主要的 111 个江河省控断面中，Ⅳ类水质（轻度污染）占 12.6%，Ⅴ类水质（中度污染）占 8.1%，劣Ⅴ类（重度污染）占 14.4%。2008 年，广东省有 1 645.5 万农

---

① 陈朝晖．重金属污染威胁农产品安全 粤启动土壤污染调查［EB/OL］．http：//news. southcn. com/gdnews/gdtodayimportant/200405250145. htm，2004－05－25.

② 张惠远，邹首民，王金南等．广东省环境保护战略研究［M］．北京：中国环境科学出版社，2007. 8.

③ 广东省环境保护局．2007 年广东省环境质量状况公报［EB/OL］．http：//www. gdepb. gov. cn/ztzl/07xwfbh/xgzl/200803/t20080325_ 52549. html，2008－03－25.

村人在饮用不安全水，占全省农村总人口数6 254.5万人的26.3%，分布于粤东、粤西、粤北和珠江三角洲外围的15个地级市、94个县（市、区）、1 109个镇、11 392个行政村、57 353个自然村。① 据中国法院网报道，2004年广东省有1 600万农村人口饮用水水质不达标，当时全省计划用5年时间全面改善这1 600万人的饮水条件，使他们能饮用上清洁卫生的水。然而4年过去了，这1 600万人仍然在饮用不安全水。

（三）生活垃圾污染

据统计，广东省农村每天人均造成的生活垃圾为0.4~0.5千克、生活污水约60~80升。"垃圾围村"、污水横流的现象在广东乡村随处可见。2008年，全省21个地级市中有15个城市建设了无害化垃圾处理场，如广州、深圳、佛山、东莞等，而汕尾、茂名等6个城市尚未建成无害化垃圾处理场。② 2008年，全省已建成34座生活垃圾无害化处理场，日处理能力达3.1万吨。③ 但这些垃圾无害化处理主要针对城市垃圾，基本上没有触及农村。《南方农村报》有过相关报道，其中一篇文章写道："不管是在东西两翼，还是在珠三角地区，真正做到生活垃圾无害化处理的，屈指可数。据省建设厅统计，全省垃圾处理场仅三成达标，多数垃圾场采用简单填埋方式处理，其危害主要集中在'毒气'、'毒水'两方面：填埋垃圾产生的有害气体，未经净化即直接排放；防渗系统有缺陷，造成污水下渗污染地下水。"④ 另据新华网报道，截至2008年11月底，广东省共建成生活污水处理厂160座，日处理能力达1 032万吨。但目前已建成的这批生活污水处理厂基本集中在珠三角地区，东西两翼和山区所占比例甚少，而且根本无法惠及农村。⑤

---

① 国家关注"双转移"带来的欠发达地区水污染问题［EB/OL］. http://news.southcn.com/dishi/zsj/content/2008-09/17/content_4603683.htm，2008-09-17.

② 黄学佳. 垃圾：城市压向农村——广东多数县区简单填埋垃圾正日益恶化乡村环境［N］. 南方农村报，2008-12-18.

③ 赖伟行. 广东建成34座生活垃圾无害化处理场［N］. 广州日报，2008-10-25.

④ 黄学佳. 垃圾：城市压向农村——广东多数县区简单填埋垃圾正日益恶化乡村环境［N］. 南方农村报，2008-12-18.

⑤ 梁钢华. 广东建成生活污水处理厂160座［EB/OL］. http://news.xinhuanet.com/newscenter/2008-12/22/content_10544019.htm，2008-12-22.

（四）工业企业污染

随着广东农村城镇化、乡村工业化、城乡一体化进程的加快，由农民集体或个人、外来投资者创办的各类企业尤其是工业企业遍布广东乡村。这些工业企业的发展在促进广东乡村经济发展的同时，也对乡村生态环境造成了污染。在广东一些地区和一些企业，污染危害已发展到比较严重的程度，引起了人们的普遍关注。2008 年 9 月，广东省环保局为配合省人大常委会关于《广东省饮用水源水质保护条例》的执法检查，于 9 月 4 日至 10 日开通投诉电话，共接到投诉电话 60 个，涉及企业 80 多家。投诉的对象主要集中在东西两翼和粤北山区，而这些地方正是江河的中上游地区，投诉的内容主要集中在工矿企业污染方面。根据统计，电镀厂、染整厂、漂染厂等行业直接排放废水现象相对突出。另外，矿产开采中造成的水污染也引起群众普遍关注。河源市连平县群众投诉，该县某铜锌厂尾矿泄漏，库存废水和矿砂流入当地的尖山河。梅州市大埔县群众反映，当地某矿山 2007 年停产一段时间，复产后又开始排放污水，农田受到污染，小溪的鱼都死了。[①] 目前广东正在实施产业转移政策，工业园区特别是化工园区在农村地区悄然兴起，这会不会导致城镇工业污染向农村地区转移？广东省政协人口资源环境委员会组织部分委员和专家调研后认为，在当前技术经济和管理体制条件下，向东西两翼和山区转移产业，同时意味着转移污染，而且是生产、生活、生态的“三重污染”，与“发展接力”相伴随的将是污染接力。[②] 如何避免农村工业重蹈“先污染，后治理”的覆辙，这是一个亟待解决的问题。

（五）农药化肥污染

广东人多地少，农业生产对农药、化肥等依赖程度较高。2008 年全省农药施用量为 10.05 万吨，化肥施用量达 711.49 万吨。[③] 据统计，施用的农药、化肥，只有 30% 被作物吸收，剩余的大部分则随着雨水渗透到地下，污染地下水，还有一部分随地表径流进入河流、稻田、池塘。过量和不合理施用化肥、农药使水域富营养化，使蔬菜、饮用水源中硝酸盐、亚硝酸盐含量超标，使土壤板结、耕作质量差，土壤中有毒物质含量增加，一方面造成害虫抗药

---

① 徐林，赵思华．80 多企业排污遭投诉［N］．南方日报，2008－09－17.

② 国家关注“双转移”带来的欠发达地区水污染问题［EB/OL］．http：//news. southcn. com/dishi/zsj/content/2008－09/17/content_ 4603683. htm，2008－09－17.

③ 《广东统计年鉴 2009》。

性增强，另一方面杀死害虫的天敌和有益的动植物，使生物多样性减少，农业生态环境恶化。广东省政协指出，长期大量施用化肥、农药、类激素和农用地膜等农用化学品，加上不合理的农田漫灌方式，造成水质、土壤和农产品污染。广东不少地方水稻每年化肥施用量超过 4 500 千克/公顷，高于全国平均水平，更远远超过发达国家的警戒线 225 千克/公顷。[①] 目前，广东农业生产中农药、化肥的使用量还在逐年增加。

（六）畜禽养殖污染

随着人们消费观念和饮食结构的改善，市场对肉类、蛋白类等畜禽产品的需求增大，广东省畜禽饲养量和产量逐年发展。据《广东省统计年鉴2008》，2008 年全省牛、羊、猪存栏量分别为 230 万头、36 万头、2 380 万头。畜禽养殖业排放废水污染浓度极高，污染物排放负荷极大，对地表水、地下水、土壤和空气造成严重的污染，甚至还造成传染病和寄生虫病蔓延。有研究发现，畜禽养殖业的粪尿流失量是工业固体废弃物的 2. 1 倍。[②] 目前，集约化畜禽养殖是广东各地新农村建设中的重点发展项目，其在发展中存在的主要问题有：①养殖场布局混乱。大多数规模化养殖场未进行区域规划，有的靠近居民区，甚至设在居民点内。②养殖过程中，忽视卫生指标，滥用人用药、原药和违禁药。③多数养殖场只有生产设施而无环保设施，往往导致养殖场周围蚊蝇满天飞，臭味扑鼻；脏水侵入地表，地下水污染严重。④缺乏消除污染技术。有些畜禽粪便未处理，直接露天堆放，尿液也直接排放。

五、乡村生态环境污染问题的成因

从治理理论的视角看，乡村生态环境污染问题日趋严重的成因主要有以下四方面：

（一）区域政府间和政府部门间缺乏协调互动

1. 区域政府间缺乏协调机制

农村环境资源作为公共产品，是相对于农民“私人产品”而言的具有非

① 广州食品安全信息网．珠三角地带四成菜地重金属超标 化肥农药用量高于全国平均水平［EB/OL］．http：//www. gzfood. net/showinfo. asp？ page = 1&docid = DOC20060926093114001&ChannelID =，2006－09－26.

② 杨国义等．广东省畜禽粪便污染及综合防治对策［J］．土壤肥料，2005（2）.

竞争性和非排他性、用于满足农村公共需要的资源。[①] 水资源、大气等作为环境的一部分，往往不是固定在一个地区，必须从整体上治理生态环境，仅靠当地某一个政府无济于事。广东省的环境管理体制一直是按行政区域划分的，对于跨行政区域和流域的生态保护和污染治理，区域政府间缺乏协调机制。在利益的驱使下，各区域和流域环境治理脱节，致使乡村生态环境污染得不到有效控制和治理。如观澜河流经经济发展强劲的深圳宝安区的观澜镇和龙华镇，再汇入东莞市的石马河，由于大量工业废水和生活污水充斥河中，给流经地造成严重污染。虽然深圳和东莞已耗资数亿元进行大力整治，但观澜河污染状况仍没有得到很大的改观。流经深圳和惠州的淡水河亦是如此。究其原因，省人大代表、原惠州大亚湾区环保局局长黄秋生一语道破："治理水污染是一个系统工程，但行政区域形成的不同利益主体使跨行政区域的协调行动难以实施。淡水河这么多年的无效治理，就是因为深惠两地缺乏联手整治、协调机制和系统规划。"[②]

2. 政府部门间缺乏沟通协调

目前广东省在环境管理领域实行的是环保主管部门统一监督管理与其他部门协助管理相结合的模式。由于没有明确的统一监管机制和具体的沟通协调模式，在地方利益驱动下，环保部门与其他部门的步调不一致，以致出现各自为政的局面。如佛山市顺德区人大常委会在《关于区环境保护局工作的评议意见》中指出："由于缺乏综合协调，规划、建设部门对城区第三产业中的特定行业的布局缺乏前瞻性，未能就城市各个功能区的要求和未来的发展作通盘考虑，一些饮食行业和特定服务行业太靠近居民区，由此带来的噪音、废气、污水等问题影响了居民的生活环境。对镇（街道）环保部门和工业主管部门的沟通、协调工作也做得不够，未能形成一个上下联动、齐抓共管的良好局面。"[③]

（二）政府与企业缺乏合作

在传统理念下，企业将污染防治投入单纯地视为成本因素，认为污染防治投入会增加企业负担，削弱其竞争力；而政府则假定企业总是以牺牲环境为代价来实现自身利益最大化。相应地，政府制定的环境规制及其实施机制

---

① 苑兴朴．浅析公共产品视角下的农村环境问题［J］．农村经济与科技，2008（4）：69.

② 陈晓璇，王普，陈骁鹏．几十亿元投进水里不带响［N］．羊城晚报，2009－02－14（A3）.

③ 顺德区人大常委会关于区环境保护局工作的评议意见［EB/OL］．http：//rd. shunde. gov. cn/data/main. php？id＝5609－30010，2003－11－25.

大多建立在这种对立关系基础上，政府和企业还未真正形成合作伙伴关系，因而政府制定的环境政策易受到以逐利为主要目标的企业的抵制。环境管理成为政府与企业之间的博弈，企业想尽各种办法逃避政府管理，与环保执法者捉迷藏，环境污染时有发生。如位于东莞长安镇的东莞福安纺织印染有限公司曾经号称“全国500强”，2006年6月经群众举报，国家环保总局监察局、华南督查中心、广东省环保局组成联合调查组对该公司进行突击检查，发现其偷埋暗管，日偷排高浓度印染废水量达两万多吨，排污申报谎报、瞒报废水近1 000万吨/年，排污许可证过期两年仍在使用，污泥直接排放入河，未经环保审批擅自扩大生产规模。[①] 类似的事件常见诸报端。许多情况下政府对企业只行使监管责任，一些政府部门对企业往往以领导者和监督者的身份自居，对企业实行“管、卡、压、罚”，却把公共服务意识抛诸脑后，因此企业在落实环保政策陷入困境时，往往缺乏有效的解决办法，这也是导致企业违规的原因之一。[②]

（三）政府与环境NGO互动有限

NGO（Non-Government Organization），是指在特定法律系统下，不被视为政府部门的协会、社团、基金会、慈善信托、非营利公司或其他法人，它们是不以营利为目的的非政府组织。环境NGO是以环境保护为主旨，不以营利为目的，不具有行政权力，并为社会提供环境公益性服务的民间组织，它具有非营利性、非政府性和志愿公益性等特征。根据中华环保联合会发布的《2008中国环保民间组织发展状况报告》，截至2008年10月，全国共有环保民间组织3 539家（包括港、澳、台地区），其中草根型环保组织508家。报告显示，近几年来广东等地的草根环保组织发展尤为迅速。[③] 应当肯定的是，在推动环境事业发展方面，政府与环境NGO之间有了一定程度的互动。据调查，61.9%的环保民间组织与政府之间有直接沟通的渠道，64.6%的环保民间组织与政府之间有密切的合作关系，32.1%的环保民间组织与政府之间保持非合作亦非对抗的关系，3.3%的环保民间组织与地方政府在环境污染方面

---

① 钟奇振等．广东东莞福安纺织印染有限公司偷排案件最新进展［EB/OL］．http：//news. xinhuanet. com/environment/2006－08/17/content_ 4973183. htm，2008－08－17.

② 沈晓悦，张辉建．环境管理与企业竞争力：问题与对策［J］．环境保护，2004（8）：44.

③ 崔静．中国环保民间组织总量已达3 500余家［EB/OL］．http：//news. xinhuanet. com/newscenter/2008－10/30/content_ 10282364. htm，2008－10－30.

的保护主义存在矛盾关系。[①] 由此可见，政府与环保民间组织的互动合作还有很大的发展空间。但目前还存在不少制约政府和环境 NGO 良性互动的因素，包括：①对环保民间组织存有认知偏差。一些政府部门和公务人员对环保民间组织的积极作用缺乏正确认识，存在“怕添乱、怕惹麻烦”的思想，对环保民间组织持重管理、轻发展和重限制、轻扶持的态度，缺乏积极主动促进环保民间组织发展的热情。[②] ②政府职能转变不到位。目前，政府还未真正地从一些不该管的领域退出来，致使非政府组织的发展空间十分有限。③环保民间组织的自身问题。自身问题主要表现为筹款能力弱、人才短缺、组织能力不强等。④制度不健全。如环境听证制度、环境信息公开制度、公众参与环境监督制度等不健全，导致环保民间组织不能有效地参与政策制定和社会监督。

（四）环境 NGO 与企业合作有限

据中华环保联合会的调查，环境 NGO 和企业之间既有合作，又有冲突。24.4%的环保民间组织偶尔因环境污染问题与企业发生冲突，2.3%的环保民间组织经常因环境污染问题与企业发生冲突。在解决冲突的途径方面，向政府部门反映的占 68.6%，与企业协商、谈判解决问题的占 40.0%，诉诸法律的占极少数。[③] 近几年来，广东环境 NGO 发展势头强劲，但由于自身资源短缺、管理水平有限，加之不少企业对环境 NGO 的环境监督心存戒备和疑虑，持消极态度，导致两者在共商治理企业污染、保护生态环境、宣传企业环境形象、维护公共环境的对策方面合作有限。

六、乡村生态环境污染治理对策

从治理理论的视角看，乡村生态环境污染的治理需要遵循多中心治理及合作原则，即乡村生态环境污染的治理不仅仅依靠政府这一核心主体，还应充分发挥企业、环境 NGO 和乡村居民等主体的作用，使它们以主人翁的姿态参与乡村生态环境污染治理。政府要采用协商、建立伙伴关系、确立共同的目标等方式，与这些主体一起实施对乡村生态环境的管理。为此，在当前和今后一段时期内，应着重做好如下几方面的工作：

---

① 国家环保总局．中国环保民间组织现状调查报告［J］．学会，2007（3）：24.
② 国家环保总局．中国环保民间组织现状调查报告［J］．学会，2007（27）．
③ 国家环保总局．中国环保民间组织现状调查报告［J］．学会，2007（24）．

（一）实施环保“三下乡”，构筑城乡一体、上下联动的环境管理格局

我国乡村数量虽然庞大，但由于长期存在“城乡分治、城乡分策”体制，城乡一体化发展理念缺失，城乡统筹规划缺位，乡村生态环境的管理一直处于边缘化境地。近几年来，地方各级政府在推进新农村建设中采取了不少环境治理措施，但工作进度赶不上环境污染的速度。目前，在一些地方出现了城市污染行业向乡村地区转移的现象。因此，环保“三下乡”应尽快实施，以便构筑城乡一体、上下联动的环境管理格局。

1. 环保宣传教育下乡

近年来许多环保意识调查报告显示，我国广大乡村居民的环保意识不强。思想是行动的先导。由于环保理念的缺失，乡村居民缺乏参与环保的积极性和主动性，放任乡村生态环境污染的滋生和蔓延。这与环保宣传教育重城市、轻农村不无关系，加强对乡村居民的环保宣传教育也是今后工作的重点之一。①在宣传方面，应充分利用现代传媒，用群众喜闻乐见的方式，用大众化的语言，向广大群众宣传普及环境科学知识、环保法、可持续发展理论与实践知识等，使乡村居民树立环境道德观、人与自然和谐的科学发展观，逐步革除生活陋习，自觉地把环境保护、生态建设视为自身应尽的责任和义务；充分利用现有的各种绿色纪念日开展环保宣传，唤起人们的环保意识和责任意识。②在教育方面，对学生进行环境教育，不仅要在课堂上传授有关环保知识，还应鼓励并带领学生走出课堂，到自然环境和社会环境中去体会环保的重要性。通过加强环保观和环保行为的教育，把学生培养成言行一致、对环境负责的人。[①] 对成人的教育，除了开展环境价值和环境警示教育外，还要重视讲解环境污染的危害性，让民众了解他们所拥有的环境权益及如何维护自身环境权益，使他们积极主动地接受科学指导，合理施用化肥、农药，或摒弃化肥、农药，发展有机生态农业，树立绿色生产理念，从根源上解决农业面源污染问题。

2. 环保基础设施下乡

长期以来，我国的环保基础设施主要服务于城市。随着乡村生态环境污染的日益严重，乡村环保基础设施的规划和建设必须纳入城市的整体规划和建设中，使环保基础设施亦服务于乡村。2007 年 10 月颁布的《中华人民共和

---

① 中国社会科学院环境与发展研究中心．中国环境与发展评论（第一卷）［M］．北京：社会科学文献出版社，2001. 369.

国城乡规划法》第二十九条规定：城市的建设应当优先安排基础设施以及公共服务设施的建设，统筹兼顾周边农村经济社会发展、村民生产与生活的需要；镇的建设应当优先安排供水、排水等基础设施和公共服务设施的建设，为周边农村提供服务。第四条规定：制定和实施城乡规划，应当遵循城乡统筹、合理布局、节约土地、集约发展和先规划后建设的原则，改善生态环境，防止污染或其他公害。根据上述规定，乡村的环保基础设施，如污水处理设施和垃圾处理设施等，应因地制宜、合理布局，构建区域间环境基础设施共建共享的机制，打破现行行政区划的界限与制约，从社会环境系统和生态经济角度出发协调管理，实现对城市和乡村生态环境的区域性管理。

3. 环保执法下乡

据调查，目前乡镇政府对于乡村环境的管理负有直接责任，但没有相应的环境行政执法权。一旦遇到污染和破坏环境的事件，乡镇政府只能劝说当事人停止污染或破坏，并向上级汇报，而无权采取处罚、强制等措施。这种责权不对称的工作格局亟待改变。应按照合法合理、权责一致、高效便民的原则，加强乡镇环境行政执法监管，着力解决乡镇环境行政执法权责不明、执法缺位等问题。可考虑在不增机构、不增编制、不增人员、不增加财政负担的前提下，积极探索委托执法、联合执法的路子。委托执法就是在区（县）行政执法机关限定的委托执法范围内，乡镇政府行使相应的行政执法权。委托方和受托方应就达成一致协议的具体委托事项、权限签订书面委托协议并向社会公告。委托方对受托方的行政执法行为负有监督责任，并对该行为的后果承担法律责任。受托的乡镇政府超越委托权限和范围行使行政执法权而产生的法律后果，由乡镇政府承担。联合执法就是通过健全执法信息共享、执法联席会议、案件首部移送管辖、案件首问首接负责等制度，建立起分工明确、责任到位、优势互补的执法联动保障体系，形成城乡一体、上下结合的乡村执法格局，逐步解决区县行政执法机关与乡镇政府之间存在的权责不一、协调不够、效率低下、监管缺位等问题，共同保护乡村居民合法环境权益，维护乡村和谐稳定。①

（二）建立健全公众参与环境管理的机制

公众参与环境管理是指公民个人以及公共或私人组织通过一定的途径和

---

① 重庆市人民政府关于改革乡镇执法监管强化公共服务试点工作的决定［EB/OL］. http://www.cq.gov.cn/zwgk/zfwj/officialDoc/200611211102.htm，2006-11-20.

程序参与环境决策、环境执法、环境监督等方面的活动。鼓励公众参与环境管理，追求更加具有可持续性和参与性的发展是当今国际社会政策导向的一个主题。在很多国家，公众参与环境管理的范围、程序、形式和法律保障已日臻完善。① 在我国，公众参与环境管理尚存在不少问题，主要表现为：①从参与保障看，法律法规原则性规定多，程序性规定少。②从参与组织看，政府组织多，非政府组织少。③从参与内容看，参与宣传教育多，参与决策少。④从参与过程看，事后监督多，事前参与少。⑤从参与效果看，流于形式的多，有实质性效果的少。② 因此，有必要借鉴发达国家的经验，采取措施建立健全我国有公众参与环境管理的机制。

1. 建立健全环境决策参与机制

环境决策是环境管理的首要环节，环境决策的成败影响环境管理的全局。为减少环境决策的失败，保证环境决策过程的公平性，提高环境决策的执行效率，应鼓励更多的主体参与到环境决策中，特别是那些最容易受环境恶化影响的边缘化群体，包括紧紧依赖自然生态环境而生存的乡村社区。在英国，1985 年的《地方政府法》和 1990 年的《城镇和乡村规划法》规定公众有咨询和参与环境事务决策的法定权利，如果需要，以当地公众咨询的形式展开。1997 年工党上台以后，把公民陪审团、兴趣群体、民意测验等作为咨询机制，以及通过常设的公民专题讨论小组和论坛等形式促使公众参与决策过程。③ 我国地方各级政府在制定当地环境政策、环保规划以及地方环境立法时，除涉及国家机密外，必须公开征求公众的意见，并予以回应。征求意见的形式可以吸纳国外的有益做法。《中华人民共和国立法法》第三十四条和第五十八条规定，列入常务委员会会议议程的法律和行政法规在起草过程中，应当广泛听取有关机关、组织和公民的意见。听取意见可以采取座谈会、论证会、听证会等形式。在《中华人民共和国立法法》中规定的这些形式应有其他的规定将其进一步细化，防止听取意见“走过场”。2004 年重庆市政府制定了《重庆市行政决策听证暂行办法》，对听证事项、听证机关、听证人员、听证程序等进行了规定，这种做法值得效仿。

2. 建立健全环境执法参与机制

在我国，环境执法的行政主体主要是环保部门。目前，公众参与环境执

---

① 侯小伏．英国环境管理的公众参与及其对中国的启示［J］．中国人口·资源与环境，2004（5）.

② 张惠远，邹首民，王金南．广东省环境保护战略研究［M］．北京：中国环境科学出版社，2007.370.

③ 侯小伏．英国环境管理的公众参与及其对中国的启示［J］．中国人口·资源与环境，2004（5）.

法的范围还相当狭窄。1996 年制定的《中华人民共和国环境噪声污染防治法》中有“在环境影响报告书中，应当有该建设项目所在地单位和居民的意见”的规定。2002 年 10 月通过并于 2003 年 9 月起正式实行的《中华人民共和国环境影响评价法》第二十一条对公众参与进行了更为具体的规定，使得公众参与建设项目环评形成了一种制度。为推进和规范环境影响评价活动中的公众参与，2006 年 2 月国家环保总局制定了《环境影响评价公众参与暂行办法》，对公众参与的一般要求和参与的组织形式进行了较为详细的规定。至此，公众参与环评的机制得到了加强。从现有的法律规定来看，公众参与环境执法的范围有待进一步拓宽，今后，应对污染治理项目竣工验收办法进行改革，积极引进“政府组织、专家评议、公众参与”制度，保障公众的环境执法参与权。另外，公众参与的方式和程序有待进一步具体化，谨防论证会、听证会等变成“吹风会”。

3. 建立健全环境监督参与机制

我国目前实施环境监督的行政主体也是环保部门，其他行政部门予以协助。1989 年制定的《中华人民共和国环境保护法》第六条规定：一切单位和个人都有保护环境的义务，并有权对污染和破坏环境的单位和个人进行检举和控告。公众参与环境监督的内容主要涉及向环保部门检举和控告污染、破坏环境的单位与个人，对政府和环保部门落实环境政策法规的情况、开展民主科学决策的情况、依法行使权力的情况等进行监督。因此，公众参与环境监督有助于环境监督部门更好地履行其法定职责，促进其民主行政、科学行政和高效行政。公众参与环境监督的主体及方式有：①社会团体和群众组织，其监督方式主要是提出要求和建议、反映情况、举报。②公民个人，其监督方式主要是询问、批评、建议、检举、申诉、控告。③媒体单位，其监督方式有新闻发布、新闻调查、市民热线、新闻评论、政策分析、群众来信、民意测验等。

4. 建立健全环境信息公开机制

环境信息公开是公众参与环境决策、环境执法和环境监督的前提与基础。可以说，没有信息，公众的参与就是无效的。英国 1992 年颁布的《环境信息条例》明确规定，除了某些例外，任何想获取环境信息的个人都有权利从知情的政府部门获得环境信息。1999 年英国又颁布《信息自由法案》。该法案使公众获取环境信息的渠道更加广泛，环境社团和当地社区可以利用这些信息来对不同层级的政府环境决策提出自己的看法和建议。① 环境信息公开主要由两部分构成：

（1）政府环境信息公开。指环保部门在履行环保职责过程中制作或者获取的，以一定形式记录、保存的信息的公开。2007 年 1 月国务院发布的《政府信息公开条例》对政府信息公开的范围、公开的方式和程序等进行了规定。其中第十条和第十五条规定，县级以上各级政府及其部门应当重点公开"环境保护、公共卫生的监督检查情况"等政府信息，"行政机关应当将主动公开的政府信息，通过政府公报、政府网站、新闻发布会以及报刊、广播、电视等便于公众知晓的方式公开"。为推进和规范政府环保部门公开环境信息，2007 年 2 月经国家环保总局通过的《环境信息公开办法（试行）》（2008 年 5 月施行）对政府环境信息公开的内容和范围进行了较为具体的规定，主要涉及环保规划、环境质量状况、环境统计信息、环境调查信息、公众对环境问题的投诉案件及处理结果等。

（2）企业环境信息公开，指企业以一定形式记录、保存的，与企业经营活动产生的环境影响和企业环境行为有关的信息公开。企业环境信息公开的内容和范围主要包括：企业环境保护方针及年度环境保护目标和成效；企业年度资源消耗总量；企业环保投资和环境技术开发情况；企业排放污染物种类、数量、浓度和去向；企业环保设施的建设和运行情况；企业在生产过程中产生的废物的处理、处置情况，废弃产品的回收、综合利用情况；企业履行社会责任的情况，等等。② 企业环境信息的公开可以通过媒体、互联网等方式，或者通过公布企业年度环境报告的形式向社会公开。

（三）增进政府与企业的沟通，加强合作

在发达国家，政府与企业往往是一种伙伴关系，主要表现为：政府在制定与企业相关的环境政策和可持续发展政策时，不是简单地发布行政命令，而是与企业认真协商后再出台政策，或与企业签订协议，为使企业达到环境政策的目标要求，政府提供相配套的技术支持和帮助，这种做法值得借鉴。

在我国，要使政府与企业建立起这种伙伴关系，首先，政府与企业双方必须转变观念。就政府而言，政府要认识到企业既是污染的制造者，又是社会财富的创造者，同时是污染的受害者；企业既是政府的管理对象，也是政

---

① 侯小伏．英国环境管理的公众参与及其对中国的启示［J］．中国人口·资源与环境，2004（5）．

② 《环境信息公开办法（试行）》．

府的服务对象。就企业而言，企业要认识到政府既是服务者，也是管制者；企业既是经济组织，也是社会组织，要承担一定的社会责任。这就是说，政府与企业的关系并不是对立的关系。其次，发挥行业协会的作用。行业协会是从事相同性质经济活动的经济组织，为维护共同的合法经济利益而自愿组织的非营利性社会团体。其在增进政府与会员企业相互了解的过程中起着纽带作用。最后，政府要转变职能，从管制转向服务，学会在服务中实施管理，在管理中体现服务。政府在制定涉及企业利益的地方性法规、政府规章、公共政策、行政措施、行业发展规划时，应当听取相关行业协会和企业的意见。新的环境政策法规出台后，政府要及时向企业提供与之配套的技术指导和相关信息，建立政府投入与市场化相结合的服务机制，为企业达到新规定的要求提供咨询和技术服务。政府的各项政策在保证环境要求的前提下，要尽可能使企业治理污染的投入能够获得更大的经济效益，政府可以对通过技术更新改造达到治理污染目标的企业提供各种优惠措施，如补贴、减免税收等，以激励企业开展环境技术创新。①

（四）强化区域间政府合作，协同解决跨界污染问题

跨界污染是由于行政区域划分与环境治理不匹配引起的。为有效治理污染，解决跨界污染引起的纠纷，应选择制度成本最低、收益最大的路径，而强化区域间政府合作正是最佳的路径选择。行政区之间的政府环境合作是可行的，理由是：环保是我国的基本政策，为公众提供清洁、健康的环境是政府的一项重要职能，目前跨界污染纠纷频发，这是促使区域合作的外部压力；有效治理跨界污染需要多方参与，只有多方合作，才能实现共赢，这是开展环境合作的利益驱动力；环境合作有利于平衡各地的经济竞争与化解环境保护的矛盾。②

为使区域间政府能有效开展环境合作，解决跨界污染问题，各方应在自愿基础上达成区域环境合作框架协议。以跨行政区河流交界断面水质保护为例，其合作框架协议的具体内容应包括：地方各级政府对本辖区的环境质量负责，采取措施确保交界断面水质达标，落实政府主要领导任期环境目标责任制，保证区域环境污染防治和生态保护目标的实现；跨界相关市县以及环保、水利等相关部门共享环境监测信息，实行边界水质监测结果公示制度，

---

① 沈晓悦，张辉建．环境管理与企业竞争力：问题与对策［J］．环境保护，2004（8）：44～45.

② 张惠远，邹首民，王金南等．广东省环境保护战略研究［M］．北京：中国环境科学出版社，2007.357.

每月在主要媒体上予以公布；重大建设项目实行联合审批制度，凡设立日排放废水量1 000吨以上的建设项目，须由流域各地环保局进行联合审批；明确上游政府有保证其行政区交界断面的水质达标的责任；限制发展污染型企业、劳动密集型企业，从政策上扶持发展污染少的产业，并实行合理的经济补偿政策；因上游来水不达标而导致下游政府治理责任加重的，下游政府可以向与之交界的上游政府要求环境资源经济补偿，造成污染危害的，可以要求停止侵害、消除危害和赔偿损失等。当然，要使各方遵守协议，还要有法律做后盾。①

（五）促进环保非政府组织的健康发展

《2008中国环保民间组织发展状况报告》指出，2005年后，环保民间组织在影响政府环境政策、监督政府更好地履行环保职责、从事环境宣传教育、推动公众参与等方面都起到了积极的作用，成为政府环境保护工作的有益补充。调查显示，58.6%的环保民间组织参与了节能减排工作，包括研发和推广节能减排的环保产品、向公众开展宣传教育等；11%的环保民间组织参加了环境维权工作，监督企业履行社会责任。② 目前，在一些地方活跃着一批乡村环保非政府组织，如江苏省姜堰市一些乡镇自2007年以来相继成立了环保非政府组织，这些活跃在乡间的环保非政府组织已经积极行动起来，在监督企业守法排污、调处农民举报投诉、组织面对面对话等方面发挥了积极作用，成为环保部门延伸到乡村监管的得力助手。③ 但作为草根组织，我国环境NGO数量和规模都非常有限，其发展还普遍处在政策瓶颈和自身能力缺陷的夹缝中。因此，政府必须支持和促进环境NGO的健康发展。

1. 规范管理环境NGO

政府应改革当前对环境NGO实行的业务主管部门加登记主管部门双重管理的体制，消除政社不分及双重管理的弊端，实现环境NGO的独立以及政府对环境NGO的有效管理。

（1）实施政府部门改组。将民政部门的民间组织管理局改制为“非政府组织管理委员会”，专门负责非政府组织的注册登记管理以及制定相关非政府

---

① 张惠远，邹首民，王金南等. 广东省环境保护战略研究［M］. 北京：中国环境科学出版社，2007. 357～358.

② 崔静. 中国环保民间组织总量已达3 500余家［EB/OL］. http：//news. xinhuanet. com/newscenter/2008－10/30/content_ 10282364. htm，2008－10－30.

③ 顾盛杉，华玉文，申亚乔. 乡村有了环保“圆桌会议”［N］. 农民日报，2009－07－25.

组织的政策法规，同时依法对非政府组织实施监管。

（2）规范行业协会的职能，依法保护行业协会的自主权。在各类非政府组织基础上成立的行业协会，如环境行业协会，可以参与制定有关行业标准，建立规范行业和会员行为的机制，开展行业调查、评估论证、培训、交流、咨询等服务，调解会员之间、会员与非会员之间涉及经营活动的争议，开展协会宗旨允许的业务和政府及其工作部门授权或委托的其他事项，加强会员和行业自律，促进会员诚信经营等，这样就能让业务主管单位从微观管理领域抽身出来，更好地实施宏观指导。改革后的管理体制实行的是“国家立法，行业立规”，由政府部门从宏观上来管理环境 NGO 的合法性问题，由独立的环境行业协会来管理和评估环境 NGO，真正实现职责明确、权限清晰、监管到位。

2. 放宽环境 NGO 的准入制度

目前，地方各级政府对环境 NGO 准入要求过严，较高的准入标准阻碍了环境 NGO 正常地进行合法登记，这有损于自下而上的公民结社的积极性，不利于环境 NGO 的培育和发展。因此，地方各级政府应该放宽环境 NGO 的准入制度，降低环境 NGO 成立的“门槛”，简化环境 NGO 登记注册的手续，从重视“入口”管理逐步转向重视“过程”监督。这样做，有利于政府将更多的资源投放到环境 NGO 的监督和指导上。2000 年底，上海市委办公厅、市政府办公厅转发的《市民政局、市社团局关于确认本市社团和民办非企业单位的业务主管单位的若干意见》，赋予了市区下辖的个别街道“可以作为社区社团的业务主管单位”的权力，为社区的草根 NGO 合法准入提供了便利。2002 年，青岛在社区内尝试推行了 NGO 备案制，为 NGO 提供了合法的生存空间。[①] 上海和青岛的做法具有借鉴意义。

3. 加大对环境 NGO 的政策扶持

乡村环境的治理需要政府和环境 NGO 的互动，但目前环境 NGO 的发展普遍受制于资金短缺，因此，各级政府应该加大对环境 NGO 的政策扶持，主要是向其提供财政补贴和税收优惠政策。

（1）加大财政补贴力度。环保民间组织的费用来源主要靠收取会费，其次来源于组织成员和企业捐赠，以及政府与主管单位拨款，再次是咨询服务的微薄收入。据统计，2004 年，22.5% 的环保民间组织基本上没有筹到经费，81.5% 的环保民间组织筹集到的经费仅在 5 万元以下。由于经费不足，有

① 李凡．中国基层民主发展报告 2002［M］．西安：西北大学出版社，2003.122.

43.9%的全职人员没有薪酬，有薪酬的也是当地的中等以下水平；有56.3%的环保民间组织没有能力为其职员提供失业、养老、医疗等福利保障。[①] 总之，缺乏资金是当前环境NGO发展面临的一大难题。据调查，53.6%的环保民间组织希望政府能够给予资金支持，36.5%的环保民间组织希望政府提高向环保民间组织购买公共服务的能力。[②] 随着“政企分开”、“政事分开”的持续推进，政府财政供养的企事业单位减少，政府可以利用这部分资金，通过招标和合同的形式向环境NGO采购环境治理服务，进而加大对环境NGO的资金扶持。

（2）提供优惠的税收政策。在我国现行的法规政策中，有一些关于非政府组织的税收优惠的规定。例如，国家税务总局1999年4月颁发的《事业单位、社会团体、民办非企业单位企业所得税征收管理办法》规定，对事业单位、社会团体、民办非企业单位的一些收入项目免征所得税。当前，为了促进环境NGO的发展，一方面政府应该对环境NGO实施更优惠的税收政策，如免征营业税、所得税与增值税等；另一方面应提高捐赠者所能享受的免税额度。相对于一些发达国家和地区，我国税收减免方面的规定还不完善，捐赠者所能享受的免税额度有限，有时会挫伤捐赠者的积极性。因此，政府不应限制捐赠的额度，而应提高捐赠者所能享受的免税额度，用于捐赠的所得应全部免税，以缓解环境NGO发展过程中的资金压力。

---

① 国家环保总局．中国环保民间组织现状调查报告［J］．学会，2007（3）：24.

② 中华环保联合会．2008中国环保民间组织发展状况报告［EB/OL］．http：//www. acef. com. cn/html/xwdt/1736. html，2009－05－26.

第五章

地方政府治安管理现状透视：基于粤东潮南区的调查

一、调研说明

为充分认识和了解地方政府的治安管理职能履行现况及存在的问题，尤其是处于“省尾国角”的基层地方政府的治安管理状况，本课题组于2009年7月至2010年1月，对地处粤东的汕头市潮南区进行了连续半年的调查。

（一）调研方法

本次调研采取的主要方法有：①问卷调查法。问卷调查共设计53道选择题和1道评分题，共发放200份，收回有效问卷184份。发放地点集中在潮南区社会治安较差的9个镇（街道），红场和雷岭这两个山区镇由于人口较少、位置偏远，不便做调查。发放对象主要有商贩、教师、农民、企业职工、成年学生，还有部分区政府官员、镇政府官员、村干部。不过，问卷调查部分主要是为了补充论证，而不是要推导结论。在问卷调查的同时多次兼顾与调查对象进行访谈，以获取更多感性认识，丰富定性佐证。②访谈法。在每个调研点进行随机访谈，访谈的对象有潮南区政府官员、镇政府官员、村干部，还有普通村民，如商贩、教师、农民、企业主、企业职工、成年学生、司机等，共完成18份调研访谈。③观察法。在调研过程中注意观察受访者对相关事件的情绪和态度等，同时收集具有研究意义的图片、录像和文字材料，并附加说明。

（二）调研对象的概况

潮南区是2003年1月经国务院批准的汕头市行政区划调整的新设区，由原潮阳市部分街道、乡镇拆分调整组成①；位于广东省东北部，汕头市西南部，东临南海，西接普宁市，南邻惠来县，北与潮阳区接壤②；现辖10个镇和1个街道③，232个村（居），总面积596.42平方千米，约占汕头市总面积的28.9%；2007年全区总人口为122.8679万人④。据统计，全区旅外华侨及港、澳、台同胞110多万人，是全国著名侨乡之一。区内有324国道、和惠公路、陈沙公路等四纵六横交通要脉，连接闽、赣两省和珠三角地区。潮南区虽然地处经济强省，却远离省会中心城市和经济发达区域，目前仍是一个农业人口多、区域经济发展不均衡的农村地区，有很多村（居）还处于经济落后状态。

二、地方政府治安管理职能现状

（一）地方政府治安管理组织机构

目前，潮南区治安管理组织机构基本建成，只是综治信访维稳中心建立较迟。潮南区于2009年按照区委、区政府的指示，统一规范综治信访维稳中心建设标准，统一规范各类工作提示标志，统一规范档案管理、台账记录，在10个镇和1个街道都建立了综治信访维稳中心，该中心由维稳及综治、信访、司法、公安、农业、社会事务、经济发展、规划建设、文化、妇联、计生、法庭、国土等职能部门成员组成，在党委、政府的领导下，由综治办牵头，以中心为平台，以司法所为基础，以人民调解、行政调解、司法调解为手段，各职能部门依法履职，协调联动，基本形成基层维稳的“第一道防线”。

（二）地方政府治安管理行动措施

1. 建立领导责任制

为加强地方治安管理，潮南区建立维稳领导责任制，各级党委、政府作

① 潮阳于东晋隆安元年置县，1993年4月撤县设市，为县级市。

② 包括潮南区在内的潮汕地区，地理位置独特，处于东南沿海，三面环山，一面临海，地势由西北向东南倾斜，平原中分，形成相对封闭的地理环境，而且远离中原和省府（广州），历史上素有“省尾国角”之称，除与福建陆上和海上来往频繁外，极少与中原交流。

③ 1个街道是峡山街道，10个镇是指井都、陇田、成田、胪岗、陈店、司马浦、两英、仙城、红场、雷岭。

④ 《汕头市统计年鉴2008》。

为维稳第一责任人，签订《维护稳定及社会治安综合治理目标管理责任书》。在严打期间，各镇政府出台《关于严打整治期间社会治安综合治理工作责任追究的暂行规定》，将严打整治考评结果纳入年度综治考评范围。各镇（街道）、村（居）委每半年开展一次治安形势分析并报送分析报告，每年报送年度综治工作总结，调查群众安全感，对因工作敷衍塞责而造成严重后果和影响的、考评不合格的都实行“一票否决”制。①

2. 开展严打行动

“严打”是1983年邓小平同志提出的“严厉打击刑事犯罪分子活动”的战略，是迅速扭转一个地方社会治安面貌、打击违法犯罪分子的有效手段。自1996年第二次“严打”和2000—2001年进行网上追捕逃犯的“新世纪严打”以来，全国各个城区都经受过声势浩大的“严打”行动的洗礼。潮南区成立之后，潮南区各级政府多次开展治安严打行动，2003—2009年“严打”大约30次。

3. 预防和调处矛盾纠纷

在潮南区区委、区政府领导下，各职能部门负责预防和调处矛盾纠纷工作。在纠纷预防方面，建立排查纠纷“五个一”制度，即一个问题、一名领导、一套班子、一个方案、一抓到底；构建以公安机关为主力，各部门、单位的维稳信息员、治安信息员、出租屋管理员、人民调解员、信访联络员和广大群众参与的综治维稳信息网络，进行定期排查和专项排查。在纠纷调处方面，一是形成多部门联合纠纷调解机制，建立法院、司法局、公安、民政、劳动和信访等部门调解联动机制，既开展法院司法调解，又结合行政调解，从司法局挑选人民调解员分别担任陪审员和特邀调解员，协助调解情况复杂、规模较大的边缘民间纠纷，推动拘留前、起诉前和立案前调解，区司法局建立联动协调机制、调解陪调和听证制度。二是实行纠纷分理机制，建立纠纷调处台账，对台账进行梳理、分流和移送，实行纠纷首接责任制，确定责任领导、责任单位和责任人。三是实行巡回调解机制。针对重大疑难纠纷，建立“巡回调解领导小组”，每月中旬组织巡回调解。四是努力抓重大纠纷调处，旨在预防群体性暴力事件和上访事件发生。

4. 出租屋和外来人口管理

为维护社会治安，加强出租屋管理，汕头市流动人口和出租屋管理领导小组2006年5月制定了《汕头市出租屋管理规定》，明确规定了各区出租屋

① 2009年10月20日到陇田镇维稳办调研所获得的资料。

管理服务机构负责出租屋管理的综合协调、指导、组织、督促工作，公安机关负责出租屋租住人员的暂住登记管理，以及出租屋的治安管理和消防管理，工商、税务、规划、建设、城管执法、安监管理等部门依法对出租屋进行管理。

根据治安形势，2006 年潮南区颁发《转发区维稳及综治委〈关于进一步加强流动人口和出租屋管理服务工作的实施意见〉的通知》（潮南区委办〔2006〕44 号），2009 年颁发《关于进一步加强流动人口和出租屋服务管理工作的通知》（潮南区委办〔2009〕22 号）。

根据 2003 年潮南区机构编制委员会《关于印发〈汕头市潮南区区级机构设置方案实施意见〉的通知》（潮南机编〔2003〕3 号）和广东省机构编制委员会《关于印发广东省市县公安机关机构改革意见的通知》（粤机编〔2001〕40 号）的规定，设置汕头市公安局潮南分局，这两个通知还规定了流动人口、暂住证和出租屋管理工作是潮南分局及其各镇（街道）派出所的主要职责之一，其内设机构户政部门也负责流动人口、暂住证、出租屋和重点人口管理等工作。

5. 基层基础工作

2007 年峡山治安联防队有 100 多名治安联防员，司马浦镇和陈店镇各有 50 多名治安联防员，两英镇有 60 多名治安联防员。井都镇于 2009 年 8 月从各村（居）治保会抽调 16 名人员组成一支镇级治安联防队。这 5 支镇级联防队统一配置服装、防弹衣、警用摩托车、对讲机等装备，由各镇（街道）党委、政府统一领导，由派出所管理与具体指导，在执行具体工作时，由民警带队，联防员负责巡逻伏哨、设卡盘查。2009 年全区共有 5 支（峡山、司马浦、陈店、两英、井都）镇级联防队 298 人（陈店镇治安联防队由 2007 年的 50 多人增加到 128 人），232 个村治保组织 1 886 人，227 个保安组织 2 589 人。相比新区成立之初的警力，在数量上有所增加。在群防群治方面，潮南区以公安机关为主干，在农村、厂街、社区、机关大院等编组治安巡逻队、联防队、保安队等联防网络。

在筹资方面，各级政府、各个村（居）利用当地商界、侨乡等资源，发动海内外乡亲捐款，用于基层基础工作建设，如建设社会治安理事会、建设治安岗亭、购置巡逻车辆等装备、发放治安员薪酬等。

2006 年 3 月，陈店镇成立了社会治安理事会，该理事会属于非营利性的非政府组织，按民间团体运作，协助维护治安秩序，经费由当地商家和企业界人士捐赠，会员 235 人，筹集资金 243 万元；2007 年筹集资金 274 万元。

2006年5月，峡山街道在以派出所为主力，以村（居）治保会为基础，以治安联防队为机动的“三位一体”防控体系基础上，成立了社会治安理事会，在各界捐赠下共筹集捐款320多万元。2007年两英镇向有关部门依法申报成立社会治安理事会，筹集资金约600万元。2009年潮南区主要领导通过动员社会力量支持治安工作，发动民资民力，同时区公安分局各职能部门和各镇派出所也发动村民，共筹集各界捐款400万元，于8月成立了区社会治安理事会。

另外，潮南区还建设社会治安视频监控系统。2004年在国道324线、广汕公路、毗邻其他区县出入口的7个区际报警站、治安岗、主干道、区党政机关大院门口等处安装了24部监控器进行24小时监控，2008年再次投入数百万元用于国道324线陈店至汕头市区路段的全程监控。各镇、村（居）也陆续安装路面监控系统。2008年初，陈店镇社会治安理事会筹资400多万元购置路面监控器，装设在镇内出入口、主干道、桥头、市场、工业区等方位。仙城镇仙门城居委通过动员乡里乡外的村民，获得捐款386万元，购置部分视频监控器，并在出入口处新建12个治安岗。

6. 预防和减少青少年犯罪

在政策法规上，潮南区区委、区政府先后制定并出台了《汕头市潮南区儿童发展规划（2004—2010年）》《潮南区教育系统法制宣传教育第五个五年规划》，大力宣传《汕头市法制宣传教育工作条例》《中华人民共和国未成年人保护法》和《中华人民共和国预防未成年人犯罪法》等。在具体普法活动上，联合区普法、公安、维稳及综治等部门多次到农村基层开展道德、法制教育宣传，推进创建“民主法治示范村”活动（如两英镇东北村），开展送法进农家、法律三下乡等多种活动，向青年职工传授法律知识。同时，借助广电传媒，开展电视普法大论坛。区委、区政府还把农民法制宣传教育纳入基层政府农村公共服务体系。

潮南区法院与区团委联合开展对未成年罪犯的帮教工作，重视“教育、感化、挽救”，通过与帮教对象谈心，进行法制教育，与公安、村治保会协调，对帮教对象进行监督。

三、农村治安现状

（一）制假贩假潜伏

多年来，灰色经济在潮南这方土地上滋生、成长，已根深蒂固，连年的打击扫荡效果不佳，如今涉假案件依然除之不绝、斩之不断。如表 5－1 所示，有部分不法分子不顾国家法律制裁，为获取高额利润挖空心思铤而走险，走上了制假贩假道路。

表 5－1　潮南区 2003—2009 年查处涉假案件情况

年份（年）	2003	2004	2005	2006	2007	2008	2009
查处涉假案件（宗）	244	393	117	—	134	94	142

说明：根据潮南区 2003—2009 年的《政府工作报告》整理而成。

据不完全统计，潮南区连年"假"案不断，假烟、假发票、假币、假化妆品是贯穿始末的主线，而且制假贩假窝点多分布在民营企业、个体经济活跃的镇。表中数据只是实际情况的一部分，目前还有不少制假窝点未被查处，有些窝点较隐蔽，有些已是公开的秘密。调研中就有村民反映，村里连年来一直有人在制假，以前政府有人来检查，现在很少看到政府来查。而且制假团伙的头目往往"有后台"，能摆平一般的检查。

总体来看，目前潮南区涉假活动有以下特点：①涉案金额大。如假币利润空间大，不易被觉察，运输方便，涉案金额往往超过千万。②家族结伙，组织严密。供、产、销一条龙，分工严密，从材料采购到成品运输、存放、销售都有专人负责，单线联系，甚至从未谋面，某环节被查，其他环节马上中断，涉案人员逃匿，家族组织反侦查能力强。③隐蔽性强。窝点多集中在陈村旧舍、山村僻林等不起眼的地方，基层政府很少清查这些角落。

（二）群体上访凸显

当基层政府不作为、乱作为，丧失公信力，权威下降，只能由更高层的政府出面解决问题时，集体"闹"便逐渐变成村民"逼迫"地方政府立即着手解决问题的策略性行动。[①] 这带动了农村群体上访的风气。资料显示，2006 年到 2007 年间，潮南区共受理群众来访 217 批共 5 820 人次，其中集体上访 154 批共 5 657 人次，而村民集体到市上访则有 87 批共 3 393 人次，集体到省上访有 49 批共 961 人次，集体进京上访有 8 批共 25 人次，其中以涉土、涉财

① 应星，晋军．集体上访中的"问题化"过程——西南一个水电站的移民的故事［A］．清华大学社会学系．清华社会学评论（特辑）［M］．厦门：鹭江出版社，2000. 80.

为主。①

（三）治安、刑事案件多发

（1）治安案件多发。从表5－2可以看出，2003—2009年来，潮南区治安案件数量持续上扬，治安状况日趋严峻。2005年治安案件比2004年增加近60%，2008年则大约是2005年的2.3倍，2009年陡增至6 373起，是2004年的6.4倍，万人发案率接近51起。潮南区公安分局局长曾透露："治安最恶劣时，汕头市一天可以接到上千起报警电话。"② 显然，该地区很多治安案件没有得到查处。另外，从调查情况来看，许多当事人根本就没报警，治安案件高发，民怨载道。2008年潮南区治安形势恶化得到各级警方关注，2009年警方将其列入了广东省治安重点整治区域名单。

（2）刑事案件多发。资料显示，潮南区2004年刑事案件立案1 249宗，侦破576宗；2007年刑事案件立案1 167宗，侦破432宗。从这组数字看，立案数比破案数明显多出1倍多，见表5－2。刑事案件万人发案率至少有10宗。

表5－2　潮南区2003—2009年查处治安案件和破获刑事案件情况

年份（年）	2003	2004	2005	2006	2007	2008	2009
查处治安案件（起）	452	994	1 574	1 954	2 567	3 579	6 373
破获刑事案件（宗）	379	576	642	614	432	605	788

（3）恶性犯罪较多。从收集到的资料看，我国现行《刑法》所规定的八类恶性犯罪案件（杀人、抢劫、绑架、故意伤害、强奸、纵火、爆炸、以危险方法危害公共安全），近年来在潮南区时有发生，尤其是杀人、故意伤害、持枪抢劫相当突出。2009年下半年，潮南区公安机关共侦破恶性犯罪案件183宗，其中杀人4宗，绑架4宗，强奸6宗，纵火3宗。③

（四）持枪抢劫严重

潮南区连年来抢劫案件不断，据不完全统计，潮南区2003—2009年平均

① 资料来源于潮南区纪律检查委员会与监察局的稿件《纪检监察机关在预防和处置群体性上访中应发挥的作用和做好的工作调研报告》。

② 龙志．潮汕严打枪患调查［N］．南方都市报，2009－02－25.

③ 侯伟生．汕头潮南掀严打高潮连破大要案［EB/OL］．http：//society. people. com. cn/BIG5/42733/10924410. html，2010－02－03.

每季度约查到9宗涉枪案件，2005—2009年平均每季度约查到“两抢”案件72宗，几乎每天会查到1宗抢劫或抢夺案件。这仅仅是公开的数据。实际上，立案的比查到的多，报警的比立案的多，实际被抢的比报警的多。据犯罪学家研究，实际发生的犯罪行为比告发的要高出1倍以上，官方的统计数字只包括明案和隐案在内的全部犯罪行为中的一小部分。[①] 潮南区的“两抢”绝大多数是抢劫，其中又以“持枪抢劫”为主。

根据实地访谈和调研资料，潮南区持枪抢劫犯罪行为具有以下特点：①劫匪年轻化。很多被抢者描述，劫匪多是20余岁；据公安机关人员介绍，有相当一部分劫匪都是辍学无业、游手好闲的适龄青年。②内外结合，合伙抢劫。据被抢者介绍，很多时候劫匪是2～3人合伙行凶，有些操本地口音，有些讲普通话，内外勾结。在潮南区2008年治乱期间，揭阳警方曾对在潮南地区抓获的抢劫犯罪嫌疑人进行了排查，发现潮南本地人作案的数量占了很大比例。[②] 有些犯罪分子还结伙作案、流窜作案、重复作案，如2009年8月潮南警方破获一抢劫团伙就是例证。[③] 2009年上半年，潮南区共抓获盗抢犯罪嫌疑人185名，查破盗抢案件224宗，其中抢劫141宗（126人）、抢夺4宗（5人）、盗窃79宗（54人），捣毁抢劫团伙16个（69人）、盗窃团伙5个（19人）。③“快、准、狠”。劫匪大多是骑摩托车，1人负责骑车，1人负责持枪，还有1人也持枪并搜抢财物，抢到财物后马上逃离，动作较快。通常劫匪已经相准了目标，预计有钱财可迅速得手才下手，摩托车、手机、首饰、金铺、工资款等是他们的最佳猎物。劫匪在抢劫过程中，若发现对方试图逃跑或反抗，往往会直接开枪杀人，甚至把枪口直接对准路面警察，非常凶狠。④劫匪使用的枪支真假难辨。潮南警方发现，在破获的涉枪案件中，仿真枪犯罪占一定比例。在潮南，用仿真玩具枪抢劫成为当地突出的治安问题。“你分不清对方是真枪还是假枪”，1名派出所所长向记者讲述。当地1名拳师遭抢劫时，不相信是真枪，说：“如果是真枪，你们把钱拿走，如果是假枪，立刻滚蛋。”话音刚落，劫匪朝他大腿开了一枪。对深受枪患之害的当地村民来说，遭遇歹徒持仿真枪抢劫与真枪抢劫没太大区别。[④]

---

① 涂名．社会犯罪：不是高峰是高坡［J］．中国改革，2003（5）：38.

② 龙志．潮汕严打枪患调查［N］．南方都市报，2009－02－25.

③ 李伟烽，陈洁．持刀枪前后夹攻　抢劫作案十五宗［N］．汕头特区晚报，2009－08－11.

④ 龙志．潮汕严打枪患调查［J］．南方都市报，2009－02－25.

（五）村民安全感低

考察农村社会治安状况，要考虑治安刑事案件的客观数量和质量，更要考察当地民众的主观感受。因为安全感是公众通过客观行为表现出来的对一定时空下的社会治安破坏力和控制力状况的综合主观心理感受。① 村民安全感是民众对乡村社会治安状况的直接感受和综合反映，是考察和评价农村地区社会治安状况的重要指标。问卷统计数据显示，目前潮南区的村民安全感仅为56.39分，村民对当地社会治安“很不满意”和“较不满意”的共占58.2%，对社会治安总体评价“较差”与“很差”的有53.2%。

四、潮南区社会治安管理问题的成因分析

（一）地方政府的治安管理行为偏差

1. 重经济、轻治安的惯性偏好

政府具有发展经济的职能。改革开放后，地方各级政府把经济建设放在首位，政府职能重心长期置于经济领域，地方政府投入大量的资源发展地区经济，财政支出偏重营利性的经济类项目，而对社会公共安全、教育、环保等社会类公共产品的投入严重不足。②

近几年来，潮南区委、区政府狠抓招商引资，把它当作发展经济的重中之重，“以情招商，以诚招商，以商招商，利用一切机会招商”，同时还投资建设园区经济工程，如汕头潮南产业转移工业园工程等，并出台《关于进一步加强用地审批管理的通知》，给招商引资重点项目、园区建设等经济投资项目提供“政策”优惠。各镇根据实际，致力于扶持、引导民营企业的发展，在征地、资金、生产过程中为民营企业提供诸多方便，使上规模的企业逐步朝集团化企业发展，掀起增资扩产热潮。同时，财政拨专项设立区科技基金。2007年潮南区新增规模以上企业119家。

随着经济的快速发展，全社会公共需求也呈现全面快速增长的态势，公共需求范围迅速扩大到基本社会保障、义务教育、公共安全等领域，政府职

① 林荫茂．公众安全感及指标体系的建构［J］．社会科学，2007（7）：65.

② 孙晓莉．中国公共服务改革：理念与战略重点［J］．中国人民大学学报，2004（5）：98.

能和公共支出结构调整都应当从原来的经济建设型转向公共服务型。[①] 目前地方基层政权组织还过于偏重经济职能，公共支出水平偏低，重经济收益的惯性偏好挥之不去。正如著名经济学家刘国光所言："在我们的工作中，片面追求经济增长的习惯倾向依然存在。政府职能在经济建设上偏强，而在公共服务上偏弱。多数地方政府仍然把自己当作经济建设的主体，看轻自己作为公共产品和公共服务天然提供者的角色。不少地方政府直接筹划和投资大量的竞争性项目，特别热衷于大搞政绩工程，而用于公共服务的资金却长期捉襟见肘，越是基层，这种情况越突出。"[②]

从调查来看，多数群众反映潮南区各级政府热衷于管治那些有直接经济收益的项目，而对社会治安消极被动敷衍，存在重经济、轻治安的惯性偏好。从公共财政支出来看，2004 年全区人均公共支出仅有 1.86 万元，排名全市最末，而这部分支出用在治安管理上的就更微乎其微了。基层政权组织的治安经费捉襟见肘，缺失群防群治氛围，对治安问题表现出"听之任之"的态度，这些都是对治安管理不够重视的表现。不过有群众反映，当地警察抓赌倒是非常积极，一旦有群众举报赌博的，警察人员迅速赶到现场。但对打假缉私却不积极，有些村落常年都弥漫着浓浓的烟草味，当地村委、镇政府视而不见，不理不治。因为当地基层干部往往参与其中，或有"干股"，或直接出资，或与其相关人是同族，关系密切，一方面有直接经济利益关系，另一方面有直接或间接的权势关系。当地乡村属于典型的熟人社会，只有群众多次越级举报才会促使相关部门进行打击。

值得注意的是，潮南基层政府重经济、轻治安的偏好有其主观的隐情，也有其客观的因由。一方面，中央政府对公共安全的财政支出不足，公安机关的支出完全依赖于地方财政[③]，地方政府必须想办法筹集维稳经费，直接招商引资、发展地方民营经济能获取更多财税收入，完成 GDP 目标，与之相比，治安管理则缺乏正面的激励性，从而使地方政府失去积极管理的驱动力。另一方面，社会治安管理工作需投入大量的资源和精力，从人员薪酬到设备费用，从清查出租屋、管理流动人口到管治枪支弹药的支出，往往投入大于产出，效果不明显，相关工作复杂繁多，不能获得直接的经济收益，有"吃力不讨好"之嫌，这些是由治安管理工作本身的特点所决定的。

---

① 陈继明．政府职能转型与公共支出的相关分析［J］．经济管理，2007（6）：80.

② 刘国光．谈谈政府职能与财政功能的转变［J］．中国经贸导刊，2003（20）：12～13.

③ 胡鞍钢，王磊．转型期社会冲突事件处理的瓶颈因素与应对策略［J］．河北学刊，2007（3）：74.

政府强化社会管理和公共服务职能，必须拥有相对充足的资源，而政府财政资源的汲取量又受到社会经济发展的制约。如果社会经济发展出现滑坡，政府财政资源的汲取必然受到影响。这时，纵然有强化社会管理和公共服务职能的良好愿望，政府也会心有余而力不足。换句话说，政府社会管理和公共服务职能的有效履行以经济职能的有效履行为前提。

2. 缺乏回应与滞后性

从社会秩序的管治角度来看，政府管治能力由预防机制、处理过程和问责制三方面组成，基层政府缺乏回应与管治滞后，是当前农村社会治安形势恶化的一个重要原因。①

（1）潮南区治安管理回应机制很不完善，流于形式，群众安全权益表达效果甚微。治安的好坏，重在当地群众的认可度，大多数村民感觉到当地社会安定、秩序良好，治安才算好。近年来，潮南区社会治安混乱问题已不需冗举赘证，群众一再向当地政府和有关部门反映治安问题，但某些基层领导干部思想麻痹，对群众的安全诉求不予重视。区公安局某负责人在接受广东卫视的记者电话采访时竟说：“但是也不会像下面的群众讲的那样，我觉得还可以。”村民的权益诉求往往不了了之。

（2）预防机制建设滞后。近几年来，潮南区各镇、相关职能部门开始加强当地社会治安监管的预防工作，存在应付任务式的管理，预防效果不大。从调研情况看，潮南区的治安人防、技防机制目前并没达到预期的效果，很多群众反映，政府的人防、技防措施只是形式而已，“全市规模最大的路面视频监控系统”形同虚设，对劫匪的威慑力不强，风头过后，劫匪依旧频频作案。

（3）潮南区基层机关处理治安案件的滞后问题。与劫匪的“快、准、狠”相比，目前潮南区基层机关在处理当地治安案件上，存在“慢、差、弱”的表现。①案件发生后不及时行动、不作为。尤其是对涉枪案件，被抢者报警后，公安机关人员的答复往往令报警者非常不满，像“有没有枪啊？留下电话号码，回去等我们消息”“丢车不能报警，要找附近的派出所”“好了，我们了解清楚了，你回去等我们的消息吧”“你说查，你告诉我怎么查”“你们被抢的财物也不是很贵重，立案的话，也没什么价值，就当作是教训，不要做笔录了”……公安机关人员并没有第一时间赶赴现场，追捕劫匪。多数被抢者反映，警察往往过了大半个小时才到达现场，草率了事。②破案率低。

① 于建嵘．中国的社会泄愤事件与管治困境［J］．当代世界与社会主义，2008（1）：7.

潮南区2004年共立刑事案件1 249宗，侦破576宗，破案率为46.1%；2007年共立刑事案件1 167宗，侦破432宗，破案率为37.0%。从这组数据可以看到，潮南区大部分刑事案件得不到及时侦破，刑事案件处理能力较差。③事态扩大后，“压力型”处理。在治安、刑事案件被曝光后，问题才变得重大起来，此时自上而下的压力机制则发挥作用，基层政府为了应付上级指示和完成上级下达的任务，往往在上级的领导部署下，才采取应对行动，平息事态。

（4）基层维稳问责制不健全。在社会治安监管方面，目前国内有较为严厉的问责制，但这种问责主要是政治性的，“一票否决”实际上就是一种政治追究，还规定了“责任倒查”制度。问题是，各级政府与官员是一种非常稳固的政绩共同体，这就决定了许多问题最终都是大事化小、小事化了[①]，相关基层领导在维稳方面几乎没有受到问责处理。

3. *偏爱运动式治理*

运动式治理作为资源缺乏条件下纠正市场和社会秩序失效的一种权宜之计，常是政府治理的工具。[②] 如今，在应对和解决社会公共问题上，中国的公共管理对政策工具的选择与使用依然表现出了偏爱“运动式治理”的特点。[③] 20世纪80年代以来，我国分别于1983年、1996年、2001年展开3次大规模的“严打”斗争，同时各地火热掀起“严打”之风。

从调查情况看，潮南区基层政府在应对当地治安问题时所采取的一个重要行动也是运动式的“严打”专项斗争。2003—2009年，从扫黄到抓赌，从打假到治抢，潮南区大约开展了30次“严打”行动。不过，其中针对涉枪的“严打”行动仅有10次。可见，潮南区常常“严打”，但对于涉枪案件的严查力度尚显不够。

从本质上讲，“严打”作为一种政府管理手段，只是一时的治标之策，不是长远治本之计，虽在短期内能取得较好效果，但风头过后治安问题故态重萌，长此以往导致基层政府的威慑力不断弱化。

政府的运动式管理偏好滋生于特定的组织环境。在相当程度上，政府采取运动式的管理模式，是回应环境变化的无奈之举。在社会转型中，政府需要解决的问题越来越多且越来越复杂，但是政府的资源是有限的。因此，并非所有的问题都能进入政府的议程，对于需要用运动式管理方式进行解决的

---

① 于建嵘．中国的社会泄愤事件与管治困境［J］．当代世界与社会主义，2008（1）：7.

② 唐贤兴，余亚梅．运动式执法与中国治理的困境［J］．新疆大学学报，2009（2）：46.

③ 唐贤兴．政策工具的选择与政府的社会动员能力——对“运动式治理”的一个解释［J］．学习与探索，2009（3）：59.

问题，可能以往政府主观上不予重视，在特定的决策时间内排不上政府的议程，当这些问题日益严重、产生了影响重大的事件、政府面临的公众压力越来越大时，这些问题才被提上政府的议程，按约翰·金登的说法，就是解决问题的“政策之窗”打开了。[①]

不可否认，政府在解决公共问题上带有行为偏好。时宽时严的打击行动反映了基层相关职能部门尚未建立起正常的监管模式，而常常陷入一个无法跳出的行动“轮回”：震惊社会的重大恶性事件发生→领导作出重要指示，政府有关部门召开紧急会议→出台打击违法行为的专项整治文件，部署专项整治行动→执法部门掀起声势浩大的检查、处罚行动→总结表彰，宣布专项整治取得丰硕成果。[②] 最终，这种运动式治理还是难以达到完满解决问题的效果。

（二）地方政府治安管理的困境分析

1. 地方政府的组织目标冲突：维稳与发展

发展是目的，稳定是前提。政府作为一种组织，其本身具有明确的目标，从理论上讲，从上到下各级政府都必须为其共同的目标履行自身职责。改革开放后，社会管理与经济发展成为政府的两大重要职能，同时非常强调经济的基础作用，通过以 GDP 为主导的政绩考核体系对各级政府加以激励。长期以来，经济发展是地方各级政府目标任务的重中之重，潮南区地方政府亦不例外。

近年来，在各种因素的影响下，汕头地区的经济发展滞后，由经济特区降为欠发达地区，经济发展任重而道远。虽然近几年潮南区民营企业兴起，区域经济总量持续增长，是汕头市的重要工业基地与财政收入较多的几个区之一，但相比珠三角城市，其经济总量还是比较低的。潮南区设区不久，小型私营企业多，但大、中型企业少，经济基础薄弱，区内各级政府组织背负着沉重的经济目标责任，在城镇化发展的驱动下必须大力发展地区经济。尤其是 1999—2002 年间经历了六合彩的疯狂扫荡，当地经济跌入低谷，GDP 出现严重的负增长，经济迫切需要得到好转。市连年下达经济责任指标，市领导多次向潮南区各级政府指令：“要千方百计拉动潮南经济增长。”

---

① ［美］约翰·W. 金登. 议程、备选方案与公共政策［M］. 丁煌，方兴译. 北京：中国人民大学出版社，2004. 217 ~ 218.

② 朱晓燕，王怀章. 对运动式行政执法的反思——从劣质奶粉事件说起［J］. 青海社会科学，2005（1）：135.

然而，潮南区社会治安较差，社会不稳定因素多，当地政府既要发展经济，也要担负起维稳等社会管理的重任，维护一方安定。这样，潮南区地方政府面临着维护社会稳定与追求经济发展的目标冲突。社会管理需要投入较多资源，而且效果不明显，在多种因素的制约下，当地政府重经济发展、轻社会治安的行为是出于“理性经济人”的选择。

2. 地方政府的内部压力

（1）户外警力不足。

潮南区基层维稳体系的一个显著弱点就是户外警力严重不足，面对当地复杂严峻的治安情形显得软弱无力。目前潮南区每个镇设1个派出所、1个刑警中队。2004年区公安机关仅有500多名警力。[①] 2007年，鉴于当地治安形势的进一步恶化，一些镇（街道）开始增加治安警力。例如，峡山街道在原21名治安联防队员的基础上，面向社会招收80多名大、中专警校专业毕业生和年轻退伍军人，组成一支100多人的治安联防队；陈店镇则从汕头市保安公司招聘50名保安人员组成治安联防队；两英镇从潮南区保安公司聘用64名专业保安员组成联防队；司马浦镇组建一支53人的治安联防队。但相对区内总人口来说，区内户外警力还是相当不足，仅占全区人口的5.4‰，占全市警力的1/10，管理着占全市1/4的人口。[②] 2009年8月井都镇才成立一支16人的镇级治安联防队。近两年，鉴于治安形势的极度严峻和民众的强烈呼吁，各个镇、村（居）开始增加一些治安巡警。据统计，2008年全区有治保人员1 800名，2009年有镇级联防队5支（298人），村治保组织232个（1 886人），各类保安组织227个（2 589人）。而胪岗镇某村两万多人口只配备16名治安人员，其中包括4名治保主任，每天三班轮值，即每班次户外治安巡逻员只有5名，路面见警率相当低。潮南区农村基层维稳机构普遍存在警力不足的问题。

（2）维稳财政紧张。

潮南区成立后，区内各级政府和部门都面临着巨大的资金压力，财力基数很低。2004年全区预算支出3.7亿元，但支配财力仅有2.5亿元，缺口达1/3。2006年之后全区财政总收入有了大幅度的增长，2007年财政总收入增幅达到38.14%，见表5-3。

---

① 董镇涛．为潮南撑起一片朗朗的天空——访汕头市公安局潮南分局局长潘祥亮［J］．潮南，2004（9）．

② 赵令蔚．潮南区编织“天网”营造“平安绿洲”［N］．汕头日报，2007-09-17．

表 5－3　潮南区建区以来年度财政收入状况

年份（年）	2003	2004	2005	2006	2007	2008
财政收入（亿元）	2.298 9	2.839 2	3.688 6	4.809 5	6.643 9	8.623 7
增幅（%）	—	23.50	29.92	30.39	38.14	29.80

然而，近几年潮南区地方政府的财力还是极其薄弱，没有足够的资金投入到社会治安监管中去，公安部门治安经费严重短缺，客观上制约了基层治安整治与防控工作的有效开展。2009 年区人大代表吴辉强的议案①指出：虽然从 2007 年起潮南区实现了财政收支平衡，但这种平衡主要依赖于省、市的大力支持，而且是在从严从紧、千方百计压缩某些支出的情况下达到的“平衡”。经费预算一律实行定额包干、超支不补、结余留用的管理方式，虽然各部门、各单位对项目资金安排的需求强烈，但需要考虑执行上级政策规定，同时还要结合财政的实际承受能力，对上级财政部门明确规定、涉及全区稳定大局的政策性经费以及区党政作出决策并有规范决策依据的“刚性”需求必须作出预算安排，其余非“刚性”项目一律不作安排，目前尚未实现真正意义上的财力与支出责任的基本对等，基层政府整体财政非常紧张。①财政缺口。从新区设立到 2006 年，保工资、保基层政权组织基本运转、保社会稳定的最基本支出造成的财政缺口高达 2 亿元，有些财政缺口遗留至今仍没有得到解决。②镇政府人员超编。有少部分超编是国家政策性安排，如军人退伍转业和大、中专学生毕业分配等，而大部分超编人员是通过各种非正式关系安排进去的，有从上级政府撤退下来的，也有上级要求关照安排的，还有镇政府本身因工作需要临时聘用而后转编的。到 2007 年还有原镇级遗留超编人员 763 人的问题尚未解决。③人员供养问题。2007 年全区直属行政事业单位 58 个，财政供养人数达 2 102 人，2009 年全区财政供养人数约 21 500 人，基本属于“吃饭财政”。④社会事务管理开支问题。实际上潮南区目前很多社会公共事务迫切需要管理，但经费严重短缺，例如，社会治安经费的安排不够，捉襟见肘；联防队人员还没有被纳入政府的管理及业务培训体系，人防、技防设施缺乏经费，主要靠村民集资和乡村精英捐资，很多公共需求因缺乏资金而无法满足，财政总收入增长的绝对额仍然远不能满足最基本的公共需求，收支矛盾突出。

---

① 资料来源于汕头市人大代表吴辉强在 2009 年 4 月汕头市十二届四次会议上提交的议案。

（3）基层行为失范。

政府行为失范是指因政府体制的弊端和政府官员行为失误、违法乱纪造成的不良行为的总和，主要有失误性决策行为、腐败行为、短期行为、片面化行为、地方保护主义行为、有法不依或执法不严与不公行为六个方面。① 从管理角度看，政府作为公共事务管理者，其行为失范可分为决策行为失范、执行行为失范与监管行为失范。② 导致政府行为失范的主要因素是：政府体制和运行机制的不合理、政府官员素质较低、执政理念的偏差、自身利益膨胀等。

潮南区基层政府在治安管理上的行为失范，主要也表现在决策、监管和执行三方面。在2002年群体性事件发生前，当地基层政府存在“搭车乱收费”的决策和执行失误；在事件发生期间，决策不及时导致处理延误，造成事态步步扩大甚至最后失控。据调查，在涉假案件中，当地某些基层干部存在包庇、参与行为。在调研过程中，当地群众曾多次反映存在这些情况。从统计数据看，认为当地干部包庇、参与制假贩假活动情况“较严重”的占了22.8%，“较严重”和“很严重”两项占了41.8%，见表5－4。在“两抢”案件中，基层公安机关、派出所人员往往行动不及时、监管不力，很多群众反映报警没用。统计数据显示，认为“很少报警”和“几乎不报警”的占了69.0%，更有82.1%的受访者认为警察赶到现场的速度“较慢”和“很慢”，见表5－5。从实际案件中看，部分被抢者反映报警后公安人员根本没有到达现场。可以说，长期以来，在当地群众心目中，政府的公共服务与社会管理能力较差，失范与自利行为已司空见惯。

表5－4　当地有些干部包庇、参与制假贩假活动吗

Valid	Frequency	Percent	Valid Percent	Cumulative Percent
很严重	35	19.0	19.0	19.0
较严重	42	22.8	22.8	41.8
有但不多	74	40.2	40.2	82.1
没有	33	18.0	18.0	100.0
Total	184	100.0	100.0	

① 邱耕田．政府行为失范：可持续发展需特别关注的问题［J］．福建论坛（经济社会版），1999（1）：57.

② 刘细良．基于共用资源管理的政府失范行为及其规制研究［J］．湖南大学学报，2009（5）：142.

表5-5 报案后，警察赶到现场的速度

Valid	Frequency	Percent	Valid Percent	Cumulative Percent
很快	1	0.5	0.5	0.5
较快	13	7.1	7.1	7.6
较慢	78	42.4	42.4	50.0
很慢	73	39.7	39.7	89.7
根本不会到现场	19	10.3	10.3	100.0
Total	184	100.0	100.0	

（4）基层权威弱化。

从历史上看，我国传统主流的社会管理体制是高度一元化的体制，具有党政不分、政企不分、国家与社会不分、政治生活与经济生活不分等特征。改革开放之后，随着社会主义市场经济的建立和完善，一元化的社会体制开始发生根本性的变化①，原有的社会结构平衡逐渐被打破了，国家正式权力从农村减缩，县级政府维护乡村社会治安的职能相对削弱，正式组织对农村社会的控制力减弱，部分农村的基层党支部、村委会和治保会名存实亡、形同虚设，不能充分担负起维护农村稳定的职责，同时，农村中非正式组织和宗族组织在这一缝隙中滋生蔓延，家族势力、混混等社会次级群体向农村基层组织渗透，甚至某些农村干部由乡村政治精英向黑恶势力蜕变，成为乡村地区新的不稳定元素。

转型期间滞后的社会控制机制难以适应动态的社会管理。在执法上，存在有法不依、执法不严的现象，还有某些基层干部滥用职权、违法执法、徇私枉法，类似这样的基层政府行为失范问题，造成农村权威结构失衡，导致基层政府权威的弱化，法律控制和组织控制等硬控制层面在基层农村逐渐失去了根基，在一定程度上诱使投机倒把者、机会主义者潜入农村地区，对基层治安管理造成一定的威胁。如2001年仙城群体性事件、2002年潮阳群体性事件，严重弱化了整个潮南区、潮阳区的基层政府的权威，“搭车乱收费”的失范行为、应对群体性事件的失控行为、惯有的“共谋”行为，几乎摧毁了

① 参见俞可平为侯伊莎《激活和谐社会的细胞：“盐田模式”制度研究》一书所写的序言。（侯伊莎．激活和谐社会的细胞：“盐田模式”制度研究［M］．北京：中央编译出版社，2007.）

基层政府的公信力和权威。因为在类似群体性事件中，上级工作组的出现本身已经意味着村民上访的初步胜利，意味着上级对基层干部开始失去了基本的信任。① 软弱无能、不作为、乱作为成了基层治理行为的代名词。在守法上存在非理性的现象，尤其是近年来群体性事件的频发，村民通过非正式诉求途径寻求解决，采用堵路、集体上访、越级上访等方式向政府施压，在“问题化”过程中把事态扩大，制造社会不稳定的状态。另外，农村地区传统的以户籍制度为核心的社会控制机制日益失去了对农村人口的统控能力，市场化、信息化将来自社会各阶层、各行业、各地区的人们编织成复杂的社会关系网络。在这种人口流动日益频繁、人际互动日益复杂的大群体中，呈现着多元化的生活方式和价值取向，而在新旧交替与转换的过程中往往会成为社会控制链条中最为薄弱的环节，甚至会出现社会控制的“真空状态”②，表现为社会控制能力的弱化和社会控制整合功能的下降，难以对社会成员的越轨行为实施有效的控制。

社会控制机制主要体现为总体性组织的组织控制。市场经济体制改变了国家与组织之间“组织同构”的局面，国家对资源的控制领域逐步压缩，只对关乎国计民生的社会资源加以控制，组织对国家的依附性减弱，组织利益独立化、组织责任具体化和内向化，使组织和成员逐渐形成了对外相互独立、内部相互依存的利益共同体。中央对地方、上级对下级的放权让利，使人们的组织观念从国家整体利益和宏观效益至上向组织的集团利益和微观效益至上意识转变。同时，国家的各种行政资源又通过条块分割被分配到不同级别、不同单位，政府部门及各行业组织内部利益化和利益分化，使它们成了各自独立的经济与社会利益主体。承担单一功能的新型组织不断涌现，行政级别不再是组织的必然属性，党群组织也在一些组织系统中出现“真空状态”，组织系统不再呈现为单一的总体性特征，而是多样化地存在着。单一的组织控制失去了现实基础，组织控制由过去的纵向控制变成了纵向和横向交织的网络控制状态。另外，组织控制不仅仅是对社会进行控制，而且也要代表和维护组织成员的利益。因此，组织控制的功效逐渐减弱，作用领域不断缩小，不能再有效地担当起社会控制机制的主导地位。③

---

① 应星，晋军．集体上访中的“问题化”过程——西南一个水电站的移民的故事［A］．清华大学社会学系．清华社会学评论（特辑）［M］．厦门：鹭江出版社，2000. 80.

② 闫志刚．社会转型、社会控制与行为失范型社会问题［J］．社会科学辑刊，1996（3）：32.

③ 毛泽东选集（第5卷）［M］．北京：人民出版社，1977. 86.

（5）基层自利潜存。

农村治安监管是基层政权组织的重要职能之一，随着公共管理理论在国内兴起，政府成为“公共管理主体，为了解决公共问题，实现公共利益，运用公共权力对公共事务施加管理”①。因为管理社会公共事务、提供公共产品是政府的基本职能之一，体现了政府的公利性的本质属性②，按照萨缪尔森的经典定义，“公共产品是指那种不论个人是否愿意购买，都能使整个社会每一成员获益的物品”③。而社会秩序的特征和功能决定了它属于公共产品的范畴，所以社会治安监管也成为公共产品进入政府的公共服务范围。

但是，政府具有复杂的双重属性，公共性是政府的根本属性，自利性是政府的重要属性④，即政权组织本身也是一个利益团体，也会追求单位、部门和个人自身利益的最大化。具体而言，政府官员和公务员会为自身的权力、声誉、荣辱、福利等去办事，含有自利的动机，这就是政府的自利性所带来的影响与结果。⑤ 美国经济学家詹姆斯·布坎南把“经济人”的概念引入了政治领域，形成了公共选择理论，并因此获得诺贝尔经济学奖。他认为，每一个政治家都是“经济人”，都受到追求个人利益最大化原则的左右，“政治过程与市场过程是类似的。在每一个过程中，个人投身于社会，与社会中的人相互作用，以图推进他们自己的目标（不管目标是什么）”，“政治是复杂的交换过程，完全类似市场”，公务员“是以他们自己的权力最大限度地追逐纯财富的人”。⑥ 缪勒也认为“公共选择的显著特征是假设政治舞台上的个人像市场上的个人一样，理性地按照他们自己的自利方式行动”⑦。甚至有学者认为，在行政机构中，人们最有可能恣意追求个人利益最大化，而不管这些个人利益是否符合公共利益。⑧ 在现实中，政府的自利性行为层出不穷，如假公济私、共谋私利、歪曲执行。至今，政府的自利性行为不断出现已经成为

---

① 王乐夫．论公共管理的社会性内涵及其他［J］．政治学研究，2001（3）：78～84.

② 金太军，张劲松．政府的自利性及其控制．［J］江海学刊，2002（2）：106.

③ ［美］保罗．萨缪尔森等．经济学（第16版）［M］．萧琛等译．北京：华夏出版社，1999. 268.

④ 于宁．政府职能重塑与政府自利性的约束机制［J］．中国行政管理，2008（1）：3.

⑤ 谢庆奎．中国大陆政府与政治［M］．台北：五南图书出版股份有限公司，1999. 15～20.

⑥ ［美］詹姆斯·布坎南．自由、市场和国家［M］．吴良健等译．北京：北京经济学院出版社，1988. 88～91.

⑦ ［美］丹尼斯·C. 缪勒．公共选择理论［M］．杨春学等译．北京：中国社会科学出版社，1994. 423.

⑧ ［法］亨利·勒帕日．美国新自由主义经济学［M］．李燕生译．北京：北京大学出版社，1985. 129.

不争的事实，周志忍教授把政权组织这种由公利性滑向自利性的现象称为“公共悖论”。①

改革开放后，我国地方政府的自利性行为相当突出，“上有政策，下有对策”和“阳奉阴违”现象屡禁不止。从为农民减负到煤矿监管，从计划生育到交通车辆管理，从维稳综治到土地管理，一次次演绎着中央和地方基层的利益博弈。潮南区多个镇曾因在学校收学费期间“搭车乱收费”而引发群体性事件，某些基层干部采取少批多放、未批先放和急收钱而慢放地等非法手段批地，司马浦镇华里西村村委书记欧某 6 年内非法大肆侵占土地，吞占大量土地款。2003—2007 年全区共查出 34 宗 62 人村（居）干部的涉土案件，还有部分基层干部非法挪用征地款。有些村、镇、区干部在打假缉私中以权谋私、掩人耳目、入伙共谋，打击路面“两抢”案件在执行时竟演变成重点查扣无牌无证车辆，干部们借此索取车主赎车财款。在基层政府，治安不作为现象突出，透过 2005 年 6 月峡山华南宾馆发生的重大火灾事故，我们发现当地公安、工商、教育等行政执法部门及其相关干部存在严重的失职、渎职、不作为、乱作为的行为。2009 年媒体曝光的毁林造坟事件也查出了一批玩忽职守和不作为的基层干部。上述事件说明潮南区基层政府的自利性行为从来都没消失过。在全区各级基层政权组织面临紧张的财政压力的情势下，常常遇到为公还是为私的矛盾，但最终受损的往往是公共利益，因为基层政府也是“经济人”，也会为了自身利益而作出趋利避害的抉择。霍布斯认为，政权组织的人员“在政治身份方面虽然留意谋求公共福利，但他会同样谋求他自己以及他的家属和亲友的私人利益。在大多数情况下，当公私利益冲突的时候，他就会先顾个人的利益，因为人们感情的力量一般来说比理智更为强大”②。

3. 地方政府的外部挑战

（1）经济基础薄弱。

当前潮南区仍是一个农业人口多、区域经济发展不均衡的农村地区，有很多村（居）目前还处于落后状态。从具体的人口数据看，2008 年潮南区人口为 124.6 万人，其中农业人口达 115.8 万人③，约占全区总人口的 92.94%。从村（居）地域差异看，潮南区涵盖了汕头市大部分的老、边、穷地区，革命老区有村（居）177 个，占全市 57.2%。从村（居）经济差异来看，老、边山村的经济总量少，人均收入低，不仅拉低了潮南区的经济总量，还形成

① 周志忍．公共悖论及其理论阐释［J］．政治学研究，1999（2）：9.

② ［英］霍布斯．利维坦［M］．黎思复，黎廷弼译．北京：商务印书馆，1985. 144.

③ 数据来源于汕头市人大代表吴辉强在 2009 年 4 月汕头市十二届四次会议上提交的议案。

区内经济发展的不均衡格局。据报道，2003 年峡山、陈店等 4 个经济发达的镇与雷岭等 4 个山区镇的经济总量之比竟达 10∶1。据潮南区政协委员、城建和环资委副主任、建设局副局长连家勤介绍，当前峡山、陈店、两英、司马浦 4 个镇的 GDP 占了全区总量的 70%，其他地区还不到 1/3，地区发展不平衡，差距很大。从城镇化水平看，现在潮南区的城镇化水平仍然远远低于全市、全省的平均水平，与城镇化的要求依然相去甚远。

整体上，潮南区的人均 GDP 水平还很低，目前仍处于初步上升阶段。从 2008 年广东省统计局公布的数据来看，2008 年全区人均 GDP 为 11 252 元，全市人均 GDP 为 19 535 元（按 2007 年末常住人口数 500.13 万人计），大约为潮南区的 1.74 倍，全省人均 GDP 为 5 369 美元，大约是潮南区的 1. 92 倍（按当时市场平均汇率折算潮南区为 2 791 美元）。虽然 2008 年潮南区人均 GDP 比 2002 年的 6 000 元增长了近 1 倍，但从横向比较来看，潮南区的经济基础还相当薄弱，经济总量较低，2007 年 GDP 为 119 亿元，仅占全市的 14.0%。

经济的软肋在一定程度上难免牵制潮南区各方面的基础建设，从城乡规划到文化教育，从组织建设到医疗卫生等方面，脏、乱、差的现象随处可见，社会管理工作松散、软弱，存在很多薄弱环节。

（2）人口基数庞大。

潮南区人口基数庞大、超生现象严重已是不争的事实。从人口总量来看，近年来全区人口总额与全市人口总额之比接近 1∶4。据官方公布数据，2003 年全区人口为 118 万人，2008 年达到 124.6 万人。不过这里需要说明的是，实际上潮南区还有很多“黑户”，许多家庭的小孩没入户口，直到孩子上学或者到了办身份证的年龄才入户。在调研过程中，很多受访者也指出，“本地人的超生问题非常严重，家里有三个孩子算是比较少的，有四五个的就相当普遍，有六七个的也不少，甚至还有十个孩子的”。所以，保守一点估算，按照平均每户 6 口人算，2008 年全区 220 429 户，总人口应接近 132.257 4 万人。从人口密度来看，2005 年潮南区人口密度约为 2 000 人/平方千米，近两年达到 2 700 人/平方千米，是全国的 20 倍，是全球的 56 倍。① 从人口自然增长率来看，2005 年潮南区人口自然增长率为 18.26‰，远远超出全市 10.45‰的水平，排全市第一，是全省 7.02‰的 2.6 倍。

---

① 张佳东．以科学发展观为指导 把计生工作推上新台阶［J］．潮南，2004（19）．

（3）文化教育落后。

由于人口基数大、增速快，控制人口增长成为潮南区地方政府的巨大压力，但随之而来的一个更重要的问题是教育问题。政界和学界的共识是：农村犯罪问题增多的一个重要原因是农民素质不高、法制观念淡薄，间接造成农村犯罪率的上升。邓小平同志曾说："法制观念与人们的文化素质有关。现在这么多年轻人犯罪，无法无天，没有顾忌，一个原因是文化素质太低，所以，加强法制重要的是要进行教育，根本问题是教育人。"①

家庭教育的缺乏在潮南区是普遍现象。正如潮南区政协常委、区民盟支部委员、六都中学校长助理胡老师所说，潮南区的很多家庭只顾片面追求经济收入，忽视子女的家庭教育。过多的子女加大了家庭的经济负担，家长必然需要投入更多的时间到赚钱养家上，同时也占用了部分本该用来教儿育女的时间，往往采取粗暴、落后的方式来教育孩子。这样，无论教育实质还是教育方式都比较粗糙落后，长此以往造成子女缺失良好的家庭教育。

学校教育也存在较多问题。具体表现为以下四方面：第一，高中教育的普及率低下。仅从高中阶段的毛入学率来看，2003 年潮南区高中阶段毛入学率为 23.8%，落后于全市 37.51% 的平均水平（含中专、技校），大约是全省 47.86% 的一半。至 2008 年毛入学率提高到 24.25%，但仍然排全市最后一位，远远落后于全市 54.9% 的平均水平，甚至低于粤北山区（韶关市 80%，河源市 62.4%，梅州市 65%，清远市 63.9%），与全省平均水平 64.5% 差距越来越大。② 潮南区教育局教研室郭业铵介绍，潮南区占了汕头人口总量的 1/4，在校高中生仅占汕头高中学生数的 1/10。第二，义务教育阶段学生辍学率居高不下，2003 年潮南区小学阶段在校学生共有 182 960 人，但初中阶段在校学生缩减为42 045人，大约只剩下 23%，除了存在因某些家庭迁移而学生转校的因素外，大部分是由于学生辍学，中、小学生尤其是初中生的辍学率有上升的趋势。③ 大部分出于家庭经济压力，很多中、小学生尤其是女生早早就放弃入学的权利而进入工厂打工，虽然月工资不高，但是很多家长对这种做法表示赞同，也有很多同龄人表示羡慕，是一种典型的急功近利思想，与本地某些"投资少，回报快"的民营企业观念、制假售假灰色经济行为背后的思想如出一辙。第三，教师队伍素质差强人意。据潮南区政协委员、政协提案委副主任、教育局副局长陈东喜介绍，潮南区教师量不足、质不高，

---

① 邓小平文选（第 3 卷）［M］. 北京：人民出版社，1993. 1631.

② 曾漫路. 我市未来 4 年高中阶段需新增学位 16.5 万个 ［N］. 汕头特区晚报，2008 - 06 - 04.

③ 赵令蔚. 潮南区实行助学和减免制度确保困难学生入学 ［N］. 汕头日报，2003 - 08 - 18.

教师学历达标率偏低，目前全区公办教师学历达标率情况为小学教师95.5%，初中教师90.5%，高中教师66.9%，师资队伍的数量、素质和结构与当下教育发展的要求还有很多不相适应的地方，与其他先进地区的师资力量相比仍存在较大差异。政府文件佐证：潮南区教师数量不足，代课教师人数多，教师学历层次与全省相比较仍偏低，教师队伍学段性、区域性、学科性存在一定的结构失衡问题。① 潮南区被列入广东省10个欠发达地区代课教师数量超过1 500人的区（县）。到2007年底，全省四个欠发达市（茂名、汕头、揭阳、湛江）的代课教师数量占了全省代课教师数量近五成，而潮南区2007年底代课教师数量达3 458人。另外，代课教师素质普遍较低，绝大多数只有高中、中专及以下文化水平，并且没有取得教师资格证，90%以上未取得教师资格证。第四，政府对教育投入不足，学校设施设备陈旧，教学手段落后，中、小学学校布局不合理，教师待遇低，全区120多万人只有1所省级高中。

潮南区是以农村和山区为主体的新设区，拥有约九成农业人口，文明环境弱，目前在学校教育上还存在财政投入不足、教师队伍素质低下、教学方式落后等问题，这造成教育基础薄弱，民众受教育程度、整体文化素质偏低，每万人中高中生不到百人。如今汕头市已经沦落成全省基础教育最落后的地区②，而潮南区则远远低于全市的平均水平，70万农村劳动力中55%仅有初中以下文化程度，严重制约着民众的文化素质和道德修养。

由于历史和现实诸多原因，潮南地区民众素有重商轻文的观念和行为倾向，在带动民营经济发展的同时也隐埋了一股急功近利、唯利是图、浮躁冒进的思想，农村基层存在与正义、文明格格不入甚至背道而驰的现象，如制假、私彩、枪抢、村霸、权钱交易、权势共谋、地方庇护、排斥外来文化等，沉渣泛起，风气败坏。

（4）权财勾结庇护。

潮南区基层政权组织中存在着地方庇护主义，如某些领导和部门对治安违法行为姑息将就，查处不严，政权组织职员滥用职权、玩忽职守、疏于管理，某些领导干部在治安专项整治行动中消极应对、敷衍塞责，甚至为某些违法行为包庇隐瞒。

庇护关系体现了一种特定的社会交换的逻辑，是一种非对称的、互利、

---

① 《汕头市人民政府办公室关于印发汕头市教育事业发展“十一五”规划的通知》（汕府办〔2007〕21号）。

② 杨春南，黄玫，詹奕嘉．“人口失衡”困死粤东腾飞步伐［EB/OL］．http：//www.gd.xinhuanet.com/newscenter/2009－11/09/content－18181293.htm，2009－11－09.

公开的交换方式，自古就存在于人们的社会交往中，是人类社会中的一种初级关系。传统农业社会中庇护者与被庇护者属于一种特殊的等级关系，表现为庇护者向被庇护者提供基本的生产资料，而被庇护者以租金、劳务及忠诚等回报庇护者。后来，随着政治社会的兴起和社会边界的扩张，庇护关系延伸到更为广阔的社会和组织领域，存在于政权组织内外的非正式的互动关系中，发展成一种复杂的社会、组织制度安排和重要的秩序模式，构造了资源流动、权力关系、交换关系以及它们在社会中的合法化。

基层干部对某些非法行为的庇护，形成中央和地方“零和博弈”的格局，基层的执行往往与上级的政策目标背道而驰。在潮南农村社会治安管治上，基层行政执法部门执法不严，形式化“走过场”，对群众强烈反映的治安隐患视而不见或敷衍了事，重经济利益而轻治安管理，对抢盗强夺、制假售假等行为，只要不出重大事件或造成严重影响，就默许、纵容、包庇，甚至官商共谋，行政不作为、乱作为，甚至妨碍执法。种种地方庇护主义的行径，造成的最严重后果是制假售假、偷税漏税的泛滥，几乎成了犯罪分子投机行为的“尚方宝剑”，在利益驱动下形成了“疏通关系—基层庇护”的逻辑和现实。从制假来看，最泛滥的时期是20世纪90年代中后期，峡山、胪岗、陇田、陈店等镇内几乎每个村落都隐藏着大大小小的造假窝点，形成“家家参与”的风气，基层干部睁一只眼闭一只眼，对造假采取默认、纵容、包庇的态度，甚至参与造假。市领导某同志曾说过：“要注意村干部、基层执法队伍直接或者间接参与犯罪活动的现象，与农村恶势力勾结在一起加大打击犯罪难度，阻碍打击活动……近期破获的一起大量制造假币的犯罪活动的领头人就是某村干部。”如果我们把潮南区视为一个场域的话，那么从该场域的外部看，偏袒当地企业和居民也成为潮南地区基层政权组织的地方庇护主义的表现。无论是国家机关和部门还是外地企业，只要牵涉到场域内基层组织的利益，尤其是经济利益，很多工作就难以展开，往往会遇到重重障碍，个中不乏当地人的经验主义和小农思想作祟。

（5）宗族、黑恶势力渗透。

原中央农村政策研究室研究员张木生认为，在农村治理中关键要看清三种势力：乡村政权势力、族群势力和黑恶势力。① 潮南区基层政府面临的是农村宗族势力和黑恶势力的挑战。从统计情况来看，认为当地近几年的恶霸势

---

① 张木生．农村地区转型时期的社会治理挑战［EB/OL］．http：//www.bjzmw.cn/viewnews－2132.html，2009－09－29.

力“很多”和“较多”的受访者占总体45.6%，见表5-6。可见，当地的恶霸势力依然偏强。

表5-6 您居住地近几年有地方恶霸势力（有后台、仗势欺人那种）吗

Valid	Frequency	Percent	Valid Percent	Cumulative Percent
很多	35	19.0	19.0	19.0
较多	49	26.6	26.6	45.6
有，不多	78	42.4	42.4	88.0
没有	22	12.0	12.0	100.0
Total	184	100.0	100.0	

潮南区的宗族现象同源于潮汕地区的宗族现象，由来已久。区内各个镇的自然村几乎都是以单种姓氏为主聚族而居的村庄，如胪岗镇的泗黄村、胪溪乡，陈店镇的沟湖村、溪口村，司马浦镇的溪美朱村等。只有极少数村（居）是多姓氏杂居的情况。在同属一个祖宗的大姓氏内部，根据差序格局分解成不同房系，并兴建了很多不同房系的祠堂，有显著的亲疏远近之分，正如费孝通先生所描述的：“乡土社会采取了差序格局，利用亲属的伦常去组合社群，经营各种事业。”① 而小姓氏宗族往往具有很强的凝聚力和团结性，慎防外族的排挤和欺压。这样，同宗族内部关系比较密切，凝聚力、认同感和归宿感比较强，而不同宗族之间的信任度比较弱，排挤心理比较强，渗透着“同宗相依，异族相斥”的交往规则，体现了强烈的宗族意识和家族观念，这也是潮汕人独特而浓重的观念。

浓重的宗族观念在“国家与社会”关系的架构下，形成了“强社会—弱政府”的格局。潮南地区这种以宗族为依附的“强社会”主要体现在行为中以家族、家庭的利益为转移，对公共意义上的社会公共事务则缺乏参与意识，公共意识淡薄。虽然有些宗族精英尤其是“经济能人”在农村治理中发挥了重要的作用，在宗族认同下为本族、本村的基础设施建设、经济发展、社会稳定等方面作出了极大贡献，一定程度上解决了基层政权组织资源不足、能力有限等困境。但不可否认的是，强烈的宗族认同感容易滋生狭隘、封闭的

① 费孝通．乡土中国　生育制度［M］．北京：北京大学出版社，1998.40.

宗法文化心理[①]，滑向家族、家庭本位主义，“复兴”宗族势力，甚至蜕变为地方保护主义。在潮南区，讲“后台”、讲“关系”等风气随处可见，“法理情”变成“情理法”。乡村选举出现了为家庭利益而贿选、控选等现象，某些宗族势力逐渐渗透到基层政权组织内部，对外族的党政干部和群众有着较强的排斥心理。个别地方的宗族组织直接介入地方行政管理事务，树立对立面，设障刁难，挑拨干群关系，将宗族利益凌驾于国家集体利益之上，对抗基层政权。这在计划生育工作、殡葬改革方面体现得相当突出。2009 年 4 月中央电视台《焦点访谈》栏目曝光了仙城镇东浮山冯某毁林造坟和该村支部书记、村委会主任朱某毁林造坟的事件，引发社会热议，揭示了潮南区典型的农村宗族势力与基层政权“合谋”应对式管理和整治的现象。

潮南区宗族群体纠纷时有发生，起因多是建祠堂、争水土、修村路等问题，有单姓的超大乡之间，也有两姓不相伯仲的大乡内部出现纠纷。如 2004 年峡山西沟村和东沟村因修村道发生村民群体性纠纷，两英镇某居委下厝片区与上厝片区因建祠堂而发生群体性纠纷事件。

潮南区宗族观念浓重，有些农民利用宗族势力，转化或组织黑恶团伙。更有甚者，某些地方黑恶势力竟获得基层政权的庇护。陈店镇某村某煤气站倚仗黑恶势力，垄断村内市场，村民们敢怒而不敢言。陈店镇某村原党支书兼村委会主任和村治保会主任陈某滥用权力，大肆非法卖地，招募一些犯有前科的人员到该村治保会充当治保员或治安队员，组成黑恶势力，威霸一方，欺压百姓，横行乡里，影响农村稳定。潮南区的制假售假活动，黑恶势力往往也参与其中，商匪勾结，协助造假分子暴力抗法，时有围打检查、执法人员的事件发生。[②] 这些农村恶霸势力成为影响村民生活安宁和生产发展的不稳定因素。

五、结　语

目前，我国党政表现出一种“强政府”态势，大局维稳能力强。但现实中，某些地区存在“弱政府—弱社会”现象，人民权益还难以在基层得到积极有效的保护，从长远看，需要从制度上改善这种局面。另外，社会治安问

---

① 王沪宁．当代中国村落文化——对中国社会现代化的一项探索［M］．上海：上海人民出版社，1991. 23.

② 黄少焕．广东汕头造假活动不断升级　何以如此猖獗［EB/OL］. http：//www. cnr. cn/news/200311070083. html，2003 -11 -07.

题的管治需要经济支撑，从长计议，当地政府要在维稳的基础上发展并振兴经济，才能有效维持社会稳定，这是一个漫长的过程。改善潮南区目前恶劣的治安情况，迫切需要当地政府加强自身的管理能力，采取适合当地的管理模式、原则和策略，以“强政府”姿态，建立“强政府—强社会”的格局，构建强势的基层政府和良民社会。

第六章

镇街信访运行机制研究

一、概念界定及研究意义

（一）概念界定

1. 镇街

在我国，国家行政机关分为中央政府（国务院）和地方政府，前者统领各级地方政府的工作；地方政府又设有省级、地级、县级、乡镇级四级。乡镇、街道是政府社会管理的末梢，直接与社会居民、组织交往，其管理工作具有直接性和具体性特点，处于国家行政工作的最前沿，直接与群众接触，反映群众意见、要求和建议，并直接接受行政区域内广大群众的监督。

2. 信访

信访有广义和狭义之分。广义的信访是指“社会成员采取写信或走访等方式，向社会管理者表达意愿、寻求帮助的一种活动”①。狭义的信访是指2005年新修订的《信访条例》第二条中所规定的内容：“指公民、法人或者其他组织采用书信、电子邮件、传真、电话、走访等形式，向各级人民政府、县级以上人民政府工作部门反映情况，提出建议、意见或者投诉请求，依法由有关行政机关处理的活动。”本书研究的是狭义的信访。镇街信访是指乡镇政府和街道办及其信访部门所面对的信访活动。信访按信访者采用的形式，可分为来信、来访、来电；按来访时的组织形态，可分为个人访、群体访、组织访；按信访活动的性质，可分为初访、重复访，一般访、越级访，理性访、非理性访（闹访、缠访），等等；按信访的内容，可分为参与类信访、求

---

① 金国华，汤啸天．信访制度改革研究［M］．北京：法律出版社，2007.

决类信访、诉讼类信访。

3. 镇街信访运行机制

“机制”，最早来源于希腊文“mechane”，意指机器的构造和动作原理。《现代汉语词典》中对“机制”有四种解释：一是机器的构造和工作原理；二是机体的构造、功能和相互关系；三是指某些自然现象的物理、化学规律；四是泛指一个工作系统的组织或部分之间相互作用的过程和方式。① 本书在此取第四种解释。

对于“运行机制”的概念，陈锦辉认为，运行机制是指构成组织体制的诸要素之间相互联系、相互推动、相互制约的关系及其运转方式。② 韩延明、曹丞把它定义为：在现行组织管理体制下，组织与外部环境之间以及组织内部各职能机构之间相互联系、相互作用、相互制约，从而推动整个管理系统良性运转的基本形式和联动效应。③ 这些观点看到了运行机制自身的独立性及各组成部分之间的关系及相互关系，但前者把运行机制放在很狭小的封闭空间内去考虑，忽略了外部环境的影响；后者把运行机制视为推动整个系统良性运行的方法，夸大了运行机制的作用。

本文把“运行机制”定义为：一定的机构或者组织内部的各组成要素之间彼此作用、彼此联系、彼此制约，并以此达到一定的功能目标的运行过程和运行方式的总和。这一概念体现了三个方面的要素：①机构或组织的各组成要素之间是以特定的功能目标组合在一起的有机体；②运行机制的各组成要素之间的互动是一个动态过程；③运行机制的变化随着组织结构的变化而变化，同时也与外界环境存在着交互作用。

综合以上概念，笔者把镇街信访运行机制定义为：在镇街社会环境下，为化解镇街信访纠纷，镇街信访运行过程的各组成要素之间相互联系、相互影响、彼此作用、彼此制约，这一运行过程和运行方式的总和即为镇街信访运行机制。

（二）研究意义

镇街是社会矛盾的源头，镇街信访是基层政府社会管理职能的重要内容之一，研究镇街信访运行机制具有重要意义。

---

① 中国社会科学院语言研究所词典编辑室．现代汉语词典（第5版）［Z］．北京：商务印书馆，2005. 628.

② 陈锦辉．论市场经济条件下高等教育的运行机制［J］．云南师范大学学报，2000（1）：72～74.

③ 韩延明，曹丞．我国高校内部管理运行机制［J］．青岛化工学院学报，1999（4）：16～18.

（1）完善镇街信访运行机制是和谐社会构建的必然要求。构建和谐社会是十六届六中全会的主要议题，其中一个重要内容就是以政治沟通为契机，妥善协调各方利益关系，正确处理好人民内部矛盾。信访作为中国一种特有的政治沟通机制由来已久，古时就有击鼓鸣冤、拦轿告状等上访活动。无论是在新中国成立初期，还是在“拨乱反正”时期，或者改革开放时代，信访机制在化解社会纠纷、维护社会稳定方面都发挥了重要作用。在社会生活中，人们之间不可避免地会在各种社会联系中产生各种各样的矛盾。尤其是进入21世纪以来，我国社会主义市场经济不断发展，社会组织形式、就业结构、分配方式都发生了很大变化，这种利益格局的调整，使不同利益群体产生了一些不同意见，新的矛盾不断出现，与和谐社会公平正义、安定有序理念相冲突，2003年以来出现的“信访洪峰”就是突出表现。因此，研究镇街信访运行机制对于和谐社会的构建有着重要的现实意义。

（2）研究镇街信访运行机制具有重要的学术意义。①对镇街信访运行机制进行研究，能够丰富信访研究的主题。目前学界对信访制度的作用、困境及其出路等问题的研究已开展了很多，其中宏观的理论研究和微观的实践经验交流类文献占较大比重。本研究试图从乡镇一级基层信访运行机制入手，从理论上探索镇街信访的工作思路和机制创新，这有助于深化信访问题的研究内容，丰富信访研究的主题。②信访问题是民众利益受到损害的表现，反映到政府工作上来，一定程度上暴露了政策的不全面性。一方面与转型期特殊的社会现状密切相关；另一方面也暗示我们社会矛盾的化解最终要找到其源头，从根本上做到以人为本，维护人民利益。虽然近年来，镇街信访问题成为学界的研究热点，并形成不少有价值的研究成果，这些成果为我们认识和了解中国镇街信访问题治理结构提供了丰富的基础资料和理论方法，但是就现有研究方法和不同领域的关注来看，尚不足以形成对中国基层社会信访问题治理机制的全面、系统、深入的阐释，不少分析仍然是零碎的，系统性不足。因此，本研究试图为学界镇街信访机制研究添砖加瓦。

（3）研究镇街信访运行机制对镇街信访工作实践的开展具有借鉴意义和指导作用。镇街信访工作上连省市、下通乡镇，承上启下，是整个信访工作的基础，其工作的好坏，直接影响到整个信访工作的开展。研究镇街信访运行机制，有助于理清中国乡镇一级基层信访工作现状、特质和运行逻辑，可以更好地理解基层信访维稳政策的实践，为制定和完善基层信访政策提供理论依据，从而建立更具有研究前景和贴近中国现实社会的理论体系，进一步增强有关信访政策的针对性和有效性，为镇街信访工作的开展提供正确的指导。本研究以广东省的镇街为例，研究其信访工作的运作过程，对于了解和认识镇街信访问题治理的差异性，更好地推进当地镇街信访工作实践，具有一定的参考价值；同时，由于这些镇街所处的政治环境和社会环境与全国其他地方非常相似，所以本研究对全国范围内镇街信访工作思路的拓展和信访机制的创新具有一定的借鉴意义。

二、研究现状及简评

（一）研究现状

信访制度是中国特色“草根制度”，“是从中国共产党的群众路线中诞生出来的一项崭新的政治发明”①。信访制度的功能一直是学界讨论的热点之一，这与新中国成立以来各个阶段的社会背景和信访活动有关。信访制度一方面在促进社会稳定方面发挥着举足轻重的作用，另一方面又处于争议的核心，如何在“和谐社会”的大背景下找到信访制度的定位并充分发挥作用，无疑成为学界关心的主要问题。

1. 信访制度功能定位研究

于建嵘教授认为，信访作为一项正式制度具有政治参与和权利救济两方面功能。但是信访只是正常司法救济程序的补充程序，是一种通过行政方式来解决纠纷和实现公民权利救济的方式。当前信访功能发生错位，责重权轻，人治色彩浓厚，过于注重其权利救济功能，民众更多地相信信访救济，并把它作为最后的希望，这不仅导致“信访问题综合征”的出现，而且消解了国家司法机关的权威，从体制上动摇了现代国家的法治理念。② 应星教授认为信访是一种特殊的行政救济，它跟法治是一种亦敌亦友的关系。与司法救济相比，它存在着非程序性的特点，但是这也并不意味着信访运作完全没有规则，是说其运作没有明确的、稳定的、普遍主义的规则，而是另有一套模糊的、变动的、特殊主义的“潜规则”。此外，它自身也存在着司法救济所不及的优势，例如，低成本，或至少让信访者感觉成本较低；更有利于冲破关系网的束缚，增强裁定的相对独立性；救济效力略胜一筹。因此，在目前其他行政救济和司法救济还存在缺陷的情况下，信访的权利救济功能虽不能过分强调，

---

① 应星．作为特殊行政救济的信访救济［J］．法学研究，2004（3）：59.

② 于建嵘．中国信访制度批判［J］．中国改革，2005（2）：27.

但也不能完全否认。[①] 湛中乐教授认为信访制度具有政治性和法律/准法律性双重功能，在法治进程的张力下，两者不可偏废。应将信访的政治功能融合到其纠纷解决的准法律功能中，通过一些功能兼容程序，诸如信访听证、人大集中接访、联席信访等，使信访制度的双重功能得到切实保障。[②] 史嵩宇从社会利益矛盾角度入手，认为群体性利益诉求表达和权益保障是信访制度不同于其他救济方式的特色，其功能应重在解决群体性利益诉求、保障权益、纠正利益失衡及权利失衡。[③]

刘东升博士认为，信访制度在和谐社会建构中起着不可替代的作用，它不仅为大量的社会纠纷提供了疏导渠道，使民愿得到及时的表达，而且有利于相关法规、政策的完善和落实，同时也增强了群众对党的执政地位的认同。他提出完善信访制度的基本途径是发挥信访监督国家机关依法治理的功能，拓宽民众信访渠道。[④] 袁永友教授从城市社区信访建设的角度出发，提出城市社区“和谐信访”建设是和谐社会构建的切入点，由社区居委会、业委会等居民自治组织化解矛盾纠纷是城市社区信访管理的特色，通过各个子系统之间的互相促进，加快信息的传递和信访资源的综合利用，从而提高处理信访问题的效率和质量，把握和谐社会构建的主动权。[⑤] 马晓东教授认为，传统信访职能与市场经济体制下社会的发展不相适应，主要表现为利益矛盾化解往往以单一职能机制取代了系统职能机制、利益群体的目标与政府的目标出现背离、信访机制与利益诉求机制开始分离、行业组织与社会组织不发达等。他指出为了适应和谐社会建设目标，信访职能价值取向必须创新，通过协调组织利益、协调行业调解与政策调解、建立政府责任追究体系等方式实现和谐社会的目标。[⑥] 山西大学陈晋胜教授谈到，中国信访制度与和谐社会构建有着十分密切的关系，其历史演进关系着和谐社会的构建原则，其基本特色彰显着和谐社会的构建思想，其重要原则充实着和谐社会的构建方法，其主要内容丰富着和谐社会的构建制度，它在当代中国发展过程中将继续发挥化解社会矛盾、稳定社会秩序的重要作用。[⑦]

由此可见，作为一项具有中国特色的政治制度，信访制度在不同的历史

---

① 应星．作为特殊行政救济的信访救济［J］．法学研究，2004（3）．

② 湛中乐．论我国信访制度的功能定位［J］．国家行政学院学报，2009（3）．

③ 史嵩宇．社会利益和谐与信访制度功能的完善［J］．理论学刊，2009（2）．

④ 刘东升．和谐社会视阈中的信访制度建设［J］．党政干部学刊，2009（1）．

⑤ 袁永友．城市社区“和谐信访”与和谐社会建设［J］．云南财经大学学报，2009（1）．

⑥ 马晓东．和谐社会视角下信访与社会矛盾纠纷化解研究［J］．青海民族学院学报，2009（3）．

⑦ 陈晋胜．和谐社会构建视野下的中国信访制度分析［J］．法学论坛，2008（3）．

时期一直发挥着不可替代的作用。笔者认为信访不是作为一种权利救济途径出现的，而更多地表现为一种权益诉求的途径。随着转型期国情的改变以及国家各项工作重心的转移，在构建和谐社会的新形势下，信访制度的功能定位应在于疏解民怨、化解纠纷，从源头做起，维护社会稳定。

2. 镇街信访问题研究

总体来看，学界关于镇街信访问题研究的论文成果数量有限。笔者选择“中国期刊全文数据库”、“中国博士学位论文全文数据库”、“中国优秀硕士学位论文全文数据库”以及“中国重要会议论文全文数据库”，以“基层信访”为关键词，模糊搜索1995—2010年的论文，总共搜索到132篇。其中，“中国期刊全文数据库”127篇，“中国博士学位论文全文数据库”0篇，“中国优秀硕士学位论文全文数据库”3篇，“中国重要会议论文全文数据库”2篇；1995—2004年共37篇，2005—2010年共95篇。

（1）1995—2004年讨论的问题。

1982年国务院起草《关于党政机关信访工作的暂行条例》，首次以成文法规的形式规范信访制度，此后，直到1995年国务院才正式颁布《信访条例》。经过简单分类发现，该时间段内检索到的37篇论文中，真正具有学术性的论文只有1篇，仅占2.7%；而非学术类的论文有36篇，占到97.3%。内容上对基层信访问题的研究以工作指导、经验交流、人物访谈等类型的论文为主，研究表现为调研报告和对基层信访实际工作中遇到的问题的针对性解答，如《把问题解决在基层——中国建设银行海南省分行开展基层信访工作情况的调查》《加强基层信访工作的新探索——对江苏东台市推行机关干部下访工作日制度的调查思考》《中央纪委监察部召开基层信访举报工作座谈会》《融激情于基层——一次信访追踪报道的体会》等。

（2）2005—2010年讨论的问题。

随着2005年新《信访条例》的出台，学界对基层信访问题的研究开始多了起来，其研究成果数量超过了前一个阶段。在检索到的95篇论文中，学术性论文13篇，占13.7%，其中硕士学位论文3篇；非学术性论文82篇，占86.3%。从比例数字的变化中可以看出，基层信访问题逐渐引起学界的关注。这一阶段研究的领域主要涉及基层信访处置机制、基层涉诉涉检信访、基层信访困境及出路、基层信访工作经验交流、基层环境信访、信访监察监督等。其中比较有代表性的是西南政法大学“中国基层信访问题研究”课题组撰写的《中国基层信访问题研究报告——以西安市临潼区信访状况为例》。该课题组对临潼区的基层信访制度及其运作状况进行了实证研究，调查了民众何以选择信访、信访制度设计的实效、不同人群和机构如何评价信访制度、信访工作者群体处于何种状态等问题。文章认为，信访制度有其存在的合理性和必要性，法治并不排斥信访，信访也不必然是人治；信访制度的存在利大于弊，其所承担的功能尚未有更好的机制来替代。另外，浙江大学 2010 届优秀硕士学位论文《基层信访工作的困境及突破》，着眼微观，以实践为视角，选择浙江省义乌市为作为案例，以该特定区域的基层信访工作为研究对象，分析了义乌信访的特点及成因，阐述并分析了义乌市信访工作开展的现状、面临的困境以及原因，并提出了破解困境的对策。西南政法大学 2008 届优秀硕士学位论文《基层信访的社会学透析——以重庆 Y 区信访办为研究对象》，以一个真实的基层信访办为研究对象，从信访办公室的地理与内部结构、工作人员、信访干部的人事变动、信访流程入手分析基层信访工作现状，进而以典型案例为切入点，分析基层信访困境的形成，最后对信访救济功能进行了检讨，认为权利救济不是信访制度的功能。

（二）研究现状简评

将信访解决在基层是信访制度设计的大方向，也是新《信访条例》“属地管理、分级负责”的原则要求。原国家信访局局长周占顺在 2003 年 11 月接受新华社《半月谈》采访时曾公开承认：在当前群众信访特别是集体信访反映的问题中，80% 以上是改革和发展过程中的问题；80% 以上是有道理或有一定实际困难、应予以解决的问题；80% 以上是可以通过各党委、政府的努力加以解决的问题；80% 以上是基层应该解决也可以解决的问题。应当说，国家对信访工作非常重视，不断研究和采取各种可能的措施来规范和完善信访制度及其工作机制，但是各地群体访、重复访、越级访、进京访等现象仍然居高不下；信访工作尤其是镇街基层信访工作仍处于被动应付、实际效率不高的境地中。既然 80% 以上是基层应该解决也可以解决的问题，为什么没能解决，反而引起了“信访洪峰”？民众信访的心态是怎样的？非正常访出现的根源何在？镇街基层信访工作面临怎样的困境与局限？镇街信访又该如何面对和适应社会新时期的发展形势？这些问题需要学界去研究和反思。但从现有的研究论文成果看，宏观制度研究比较多，对乡镇或街道一级基层信访机制建设的关注和研究不够，缺乏深度研究关怀，这方面有价值的理论研究成果很少。根据信访的定义，其当事人应该包括信访者和接访机关，但就目前的研究现状来看，从接访机关分析信访制度的研究文献不乏，但是从信访者的角度分析信访活动的却不多，从该角度研究基层信访的就更少。因此，本研究以镇街基层信访运行机制为着眼点，通过对信访主体（镇街信访机构）和信访客体（信访者）在信访活动中的心理、行动选择等因素进行分析，结合镇街基层信访所面临的社会环境，透析各方面存在的问题及其成因，探寻完善镇街信访运行机制的路径。

三、镇街信访运行机制现状分析

随着社会的转型，市场经济的快速发展，以及社会利益格局的重新调整，各种社会问题频繁出现，各种新旧矛盾叠加，人们的利益诉求逐渐增多。而基层是矛盾的多发区，如何从源头上化解纠纷，成为新时期基层社会维稳工作的重点。为此，中央社会治安综合治理委员会发布《关于进一步加强社会治安综合治理基层基础建设的若干意见》，要求加强全国范围内的基层维稳工作。在中央文件精神的指引下，各地基层信访维稳工作正如火如荼地展开，其中一个共同特点就是高效率地开展运行机制建设。如广东省从 2009 年初开始探索建立综治信访维稳中心运作模式，并分别选取经济特区、珠三角地区、粤东地区、粤西地区和北部山区的 5 个县区首先试建。经过 4 个月的试行和总结，至 6 月份基本论证成功，省政府召开电视电话会议，要求在全省范围内创建镇街综治信访维稳中心（以下简称“中心”）。截至 2009 年底，全省 1 584 个镇街和 19 个开发区已经全部建成了综治信访维稳中心，并进一步向县和村（居）延伸，逐步建构起一套完整的综治信访维稳工作网。下面以粤东溪南镇（以下简称 X 镇）综治信访维稳中心为例，对基层信访运行机制现状进行分析。

（一）镇街信访机制的运行方式

1. 组织机构多元化

以 X 镇综治信访维稳中心为例，“中心”由综治办牵头，并与信访办、司法所等部门集中办公，整合公安、法庭、民政、国土、劳动等部门力量，统筹人民调解、行政调解、司法调解三大调解资源，形成了统一受理调处群众信访及矛盾纠纷的有效工作平台。其工作机制大大提高了基层信访工作效率，使乡镇街道由矛盾纠纷案件的“中转站”转变为解决问题的“终点站”。

“中心”以“强综治、创平安、促发展”为目标，其成员单位包括：维稳及综治办、派出所、信访办、司法所、法庭、纪检、武装、社事办、规建办、国土所、计生办、经发办、农业办、工商所、劳力所及宣传、妇联、教育等部门。在镇委、镇政府直接领导下，以综治办牵头，以人民调解、行政调解、司法调解为手段，各职能部门依法履职，既各负其责，又密切配合，通过联调、联防、联勤、联治、联创“五联”工作机制，协助镇党委、政府开展基层社会治安综合治理，把矛盾纠纷解决在基层，把治安问题解决在萌芽状态，共同建造一个维护社会稳定的基层综治组织平台。

为切实提高组织协调能力和工作实效，“中心”大力强化领导力度：由镇委书记兼任镇综治委主任；镇委书记兼镇长、镇委专职副书记、镇委委员等兼任副主任；镇委委员、副镇长任综治信访维稳中心常务副主任；镇维稳及综治办专职副主任任综治信访维稳中心专职副主任；派出所所长、党政办副主任、司法所所长兼任“中心”副主任，以上人员组成领导班子，统一领导指挥和组织协调各职能部门开展工作。以汕头市澄海区X镇为例，该镇目前共有镇级调委会1个，村级调委会21个，村调委会属下的调解小组207个。全镇共有调解员615人，各村（居）配备一名综治信访维稳信息员，由治安主任兼任，统一归“中心”指挥，在“中心”的指导下开展工作。①

“中心”实行统一受理群众来信来访，统一排查矛盾纠纷和分流调处，统一协调矛盾纠纷化解工作，统一督办、统一建立工作台账制度。通过行使分流指派权、协调调度权、检查督办权和责任追究权，实现“五联”工作机制高效运作。“中心”有效整合全镇的综治资源，联合执法，勤政为民，增强基层化解矛盾纠纷和治安防控的整体能力，提高政府行政效能，方便人民群众合理诉求。图6－1所示为“中心”的组织机构网络图。

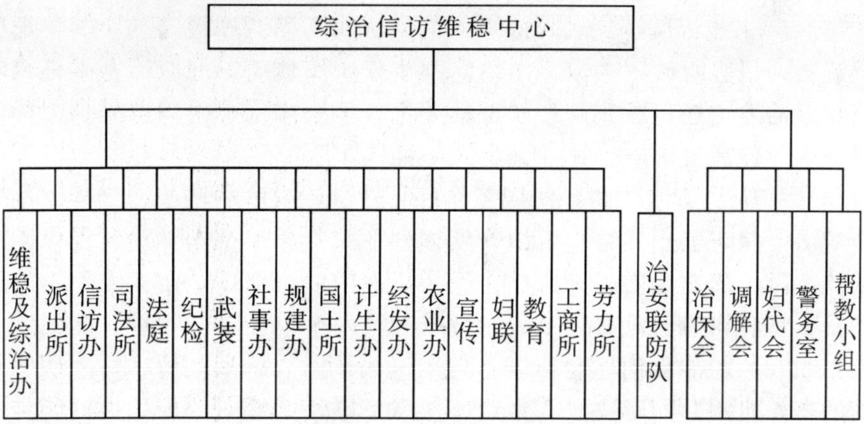

图6－1　综治信访维稳中心组织机构网络

① X镇综治信访维稳中心的X镇创建综治信访维稳中心工作方案（2009年12月20日）。

“中心”成立之前，信访工作由信访办公室负责，信访办设在党政办中，党政办主任即是信访办主任，另有一名专职人员管理信访工作。该专职人员的工作职责包括对信访案件的文书管理、督办，回复相关上访人和单位，接待上访人员等，工作非常繁忙。“中心”成立之后，信访办主要承办上级有关部门批转下来的案件，而辖区内的群众来访大都集中在“中心”，减轻了信访办的工作压力，同时也提高了工作效率。

2. 运行方式一体化

“中心”建立“四个一”的运行方式，即一个窗口服务群众、一个平台受理反馈机制、一个流程调解到底、一个“五联”机制协同工作，以此完善“中心”调处工作的流程，提高“中心”运作管理水平。

（1）一个窗口服务群众。在镇综治信访维稳中心设立综治信访维稳中心受理调处平台，由镇维稳及综治办专职副主任、信访办和司法所负责同志带班，统一受理群众来信来访，逐一登记在册（同时录入电脑），并建立工作台账，做好现场处理和分流办理、督办、结案、归档等工作。同时，设立镇委书记接访日。每月 6 日为书记接访日，分别由镇委书记、副书记到中心平台公开接访。

（2）一个平台受理反馈机制。总台受理群众来信来访的事项后，能当场调解结案的当场调解结案，不能当场调解结案的，视个案性质分流给相关职能部门办理并督办，及时反馈结果，并在案件处理完毕后，与当事人签订协议，做到案结事了。

（3）一个流程调解到底。群众来信来访属人民调解范畴的，由司法所组织调解；如司法所调解未成，由综治办主任组织调解；如综治办主任调解不成，由综治委主任组织调解；如综治委主任调解未成，由当事人提起仲裁请求或诉讼，仲裁机构或法庭组织裁中或诉中调解。

（4）一个“五联”机制协同工作。①社会治安联合防控。建立健全专群结合的治安联防工作网络，组织开展多种形式的治安巡防活动，积极推广科技防范手段，落实治安防控措施。②矛盾纠纷联合调解。定期或不定期组织集中排查矛盾纠纷，对重大矛盾纠纷或涉及两个以上部门管理职能的矛盾纠纷，组织有关职能部门联合行动，运用人民调解、行政调解、司法调解有机衔接的工作机制共同解决。③重点工作联勤联动。统一调配综治信访维稳中心各组成部门开展矛盾排查、值班备勤等工作，一旦发生突发群体性事件，要在党委、政府统一领导下，组织协调有关部门依法及时妥善处理。④出问题联合治理。定期进行治安形势分析，定期组织排查辖区治安混乱地区和突出治安问题，组织开展专项整治。⑤基层平安联合创建。制定平安创建目标，整合各方力量，广泛组织开展平安村（居）、平安企业、平安校园、平安家庭等形式的基层平安创建活动，积小胜为大胜，逐步扩大平安社区的覆盖面。

（二）镇街信访机制的运行过程

1. 运行过程综合化

广东省信访工作的重点在于整合资源，形成合力，从源头上化解纠纷，防止矛盾由小变大引发恶性上访事件。其工作机制上的创新在于将信访工作与人民调解、司法调解等联合起来运作，集中办公，分类、分工进行分别调处，如此可大大提高工作效率。综治信访维稳中心采用矛盾联调“六步工作方法”，即：①现场调解——群众到“中心”诉求，总台值班领导及时进行现场调处；②分流调解——当场调处不成的，进入人民调解或者行政调解程序；③职能部门调解——属行政调解范围的，由主管行政单位组织调解，属人民调解范围的，由司法所组织调解；④综治办主任牵头联合调解——若调解不成，则由综治办主任组织有关职能部门一起会商调处；⑤综治委主任牵头联合调解——由综治委主任组织全镇人员群策群力解决；⑥裁中或诉中调解——当事人提起仲裁请求或诉讼，仲裁机构或法庭再组织裁中或诉中调解。每一环节都力争成功，并限期将结果反馈到受理总台，总台全程跟踪，逐一建立台账，直至当事人签字确认，案结事了，纠纷平息。

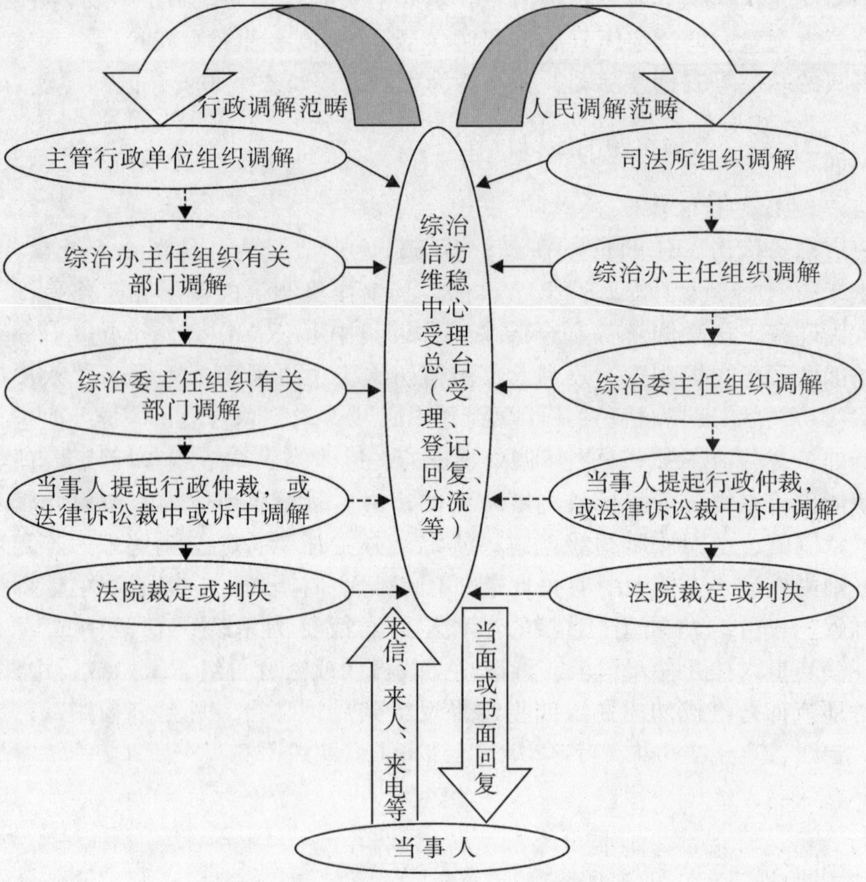

图6－2　综治信访维稳中心调解流程

说明：—→表示调解成功；---→表示调解未成功；-·-→长划点虚线表示反馈销案。

如图6－2所示，当事人通过来信、来人、来电等方式将信访诉求反映到“中心”受理总台，这些诉求在总台经过两步处理：首先，总台工作人员对这些诉求进行受理、登记、回复、交办、转办等，并排查发现的矛盾纠纷；其次，有关部门当场进行调解或者由综治办主任审签分流。这种分流工作最终把案件分成两类：行政调解范畴和人民调解范畴。然后根据性质不同，两类案件分别进入各自处理渠道。在此过程中，调解成功的案件、调解未成功的案件都反馈到“中心”受理总台，再由总台当面或者以书面方式回复给当事人；调解未成而经由法院裁定或判决的案件也要反馈到受理总台，作销案处理。

从以上流程图来看，真正意义上的信访机构是不具备解决纠纷矛盾的权能的，其主要职能是对案件进行准确有效的分流、转送及交办，真正有能力解决问题的是政府相关职能部门或者乡镇、街、村、组等具体单位。

正如“中心”的建设初衷一样，乡镇一级的信访办为解决信访“责重权轻”的问题，采取了“一套班子，多块牌子”的方式，即把综治办、信访办、司法所和人民调解委员会等的职能由一套班子负责调配运用，这在一定程度上使得信访机构也具备了处理问题的能力。

2. 保障机制全面化

为确保工作高效开展，“中心”还建立了矛盾纠纷排查调处制度、信息报告制度、领导包案制度、资料台账制度、督办制度、会议制度、首问责任制度、接访制度等相关配套工作制度，这里列举其中的几项。

（1）矛盾纠纷排查调处制度。“中心”在每个村（居）配备了一名综治信访维稳信息员，由信息员不定时到所在村（居）的每家每户了解情况。首先，村（居）综治信访维稳站进村（居）民小组向信息员了解情况，进行一次矛盾纠纷不稳定因素的摸查，镇驻村（居）干部到村（居）综治信访维稳站与本站人员对摸查的矛盾纠纷不稳定因素情况进行分类：一是可能发生矛盾，纠纷的迹象；二是已经发生但还没激化的矛盾纠纷；三是已经发生并且演变成群体性事件的纠纷；四是已经发生矛盾，可能引发越级上访的矛盾纠纷。村（居）信息汇总后报告镇综治信访维稳中心。其次，镇综治信访维稳中心每十日一次例会，对这些摸查汇总的矛盾纠纷原因、可能产生的后果等进行分析，看是否会引起事端，会激化到哪一步，并商讨应对的办法，研究出应对策略后，实行分类调处。信访涉及哪个部门，就由哪个部门的人员进行协调、调解。同时，听取各成员单位近期工作汇报，分析形势，总结工作，制定相应工作对策，然后研究部署下阶段工作。最后，对于一般的矛盾纠纷，先由村（居）综治信访维稳站调解，确保小事不出村（居），调解不成的再上交镇综治信访维稳中心调解。如果“中心”调解不成，就将矛盾纠纷引入诉讼程序，并给予当事人一定的法律指导，即诉前普遍指导、诉时跟踪指导、诉中个别指导、诉后案例指导。

（2）领导包案制度。对于排查出来的不稳定因素、矛盾纠纷等，经过“中心”讨论，需要由相关领导包案处理的，则逐一填写包案责任情况表，并认真落实；包案领导要针对分配的任务开展调查研究，制订调处方案，及时开展工作。在调处的过程中需要上级协调的，应积极联系，真实反映情况，争取上级支持，同时也要积极配合采取调处行动。包案领导要在限期内解决问题，确实有困难需要延时的，要经镇党政一把手同意，获同意之后要在延期内结办。处理完毕以后，包案领导应将包案办结材料提交“中心”归档销案。

（3）督办制度。“中心”对承办案件的部门有权进行工作督办，并对其以督办通知书的形式限期完成工作，所有的督办通知书会统一编号，列表建档。如果承办部门办案结果不符合要求，或者当事人不满意，“中心”可以要求其重新处理。对于未能在限期内完成工作的，“中心”会向其再次发出督办通知书，而承办单位也需以书面形式告知原因及进展情况。“中心”受理的事项，按情况分为急件和一般件，由“中心”领导进行工作情况督查督办，而对于上级部门的督办事项则按上级规定执行。当遇有影响范围大、涉及多部门的案件时，“中心”可以召集有关部门直接进行调处。

（4）会议制度。开会就是为汇集信息，及时发现问题。“中心”每周召开一次例会，每月召开一次联席会议，特殊情况还要随时召开会议。一般来说，“中心”全部成员都要参会，必要时参会对象可以扩大到村（居）综治信访维稳主任和有关部门的负责人。开会时，重点分析本地区不稳定因素和社会治安形势，研究“中心”反映上来的难点问题和重大问题。

（5）首问责任制度。所谓首问人，就是当事人进入“中心”反映问题时，接访的第一人。对于首问责任人职责范围内能够解决的，就及时办理；对于属于“中心”职责范围的，就为当事人联系有关部门及人员予以办理；而对于不属于“中心”职责范围的，首问责任人应耐心解释，并给予指导和帮助防止当事人情绪激化。首问责任人在接访时，应热情大方、文明礼貌。

3. 防控体系多重化

为及时了解和掌握基层动态，将影响社会稳定的因素消灭在萌芽状态或初始阶段，X镇建立起了完善的维稳工作防控体系，主要包括：

（1）调整充实维稳工作领导机构。X镇结合人员变动情况，及时对镇维稳工作领导小组和综治工作领导小组进行调整充实，每月定期召开综治工作联席会议和维稳工作会议，分析当前的维稳动态，及时发现问题。

（2）健全社会治安防控体系。X镇投资100多万元，建立了四个片区的警务联防室和镇联防队，筹建金鸿公路治安执勤点，形成了比较健全的群防群治管理网络。同时加大对社会黑恶势力的打击力度，严厉打击“两抢一盗”等违法犯罪活动。2007年取缔了3个地方恶势力团伙，破获刑事案件48宗，查处治安案件146宗，调解民事纠纷196宗，抓获各类违法犯罪分子98名。[①]另外，将身强力壮的机关青年组成机关维稳突击队，每逢突发情况、群体性事件等，迅速召集维稳突击队成员进行处理，取得了很好的效果。

(3) 巩固矛盾纠纷调处机制。X镇强化包片驻村责任制，建立驻村组长向片长负责，片长向镇委负责的责任机制，规定驻村人员每月下乡时间不得少于十天，通过深入乡村，了解和掌握第一手情况，排查农村社会矛盾，对排查出来的问题做到即查即收；对影响农村稳定的重大问题，建立镇、村两级“排查调处不稳定因素台账”，落实包案领导和包案人员责任，按照“一村一策、一事一策”原则进行处置，本着“关键是把群众关心的问题解决好”的态度去处理上访事件，及时化解影响社会稳定的突出问题。

(4) 村政管理逐步规范有序。根据当前农村管理的薄弱环节，X镇制定出台了规范村级议事和报告、农村财务管理及土地款使用的三项制度，对村政重大事项议事报告、财务管理、土地款使用管理作出明确规定，同时成立由纪检、组织、党政办、农业办等部门人员组成的检查组，定期对各村落实三项制度的情况进行检查监督，保证村干部依法依规处理各项村政工作。

总的来看，该“中心”结合信访办、司法所以及综治办等职能部门共同办公，形成了一个纠纷处理的平台，为信访部门收集和整理各类信访信息和信访动态提供了便利，有利于信访部门及时、准确获取深层次、内幕性、预警性信息，便于及时分析、研判潜在隐患；同时“中心”的这种集结多个职能部门的优势，可以为重大疑难信访事项的“会诊”争取宝贵的时间，显著提高信访部门的工作效率。信访办与其他职能部门实现联合组建“中心”后，形成了行政资源的共享，实现了多部门协同作战，在一定意义上化解了之前信访机构权责不符的尴尬，真正使信访机构由“案件中转站”变成了“案件终结站”，这是信访工作的一大突破。司法所在“中心”主要负责的是人民调解工作，人民调解是解决基层矛盾纠纷的重要渠道之一，可以在必要的时候为信访者提供法律咨询，对信访者动之以情、晓之以理、释之以法，有利于信访纠纷的处理。在信访工作中引入人民调解机制，在实际运行中取得了很好的效果，是一种成功的尝试，全国其他基层信访工作可以此为鉴。

① X镇维稳工作专题调研材料第2页（2007年3月15日）。

四、镇街信访运行机制的成效及问题

（一）镇街信访运行机制的成效分析：以深圳桃源街道为例

1. 资源整合，调处能力得到加强

信访工作涉及社会生活的方方面面，解决问题不能单靠政府唱独角戏，必须实现行政与众多社会资源的整合，使各种分散的力量集合在一起，形成合力，才能强化解决问题的能力。

以深圳桃源街道为例。桃源街道办成立于2002年6月，下设10个社区（其中农城化社区6个、纯居民社区4个），人口约19万人（其中常住人口4万人，暂住人口15万人）。由于属于后发展地区，又处于城乡结合处，辖区经济社会发展较为落后，基础设施薄弱，工业区多为简易厂房，加工型小企业多，人口素质偏低，法治观念淡薄，各种社会矛盾较为突出，集体上访、越级上访和群体性事件时有发生。自2006年街道办成立至当年底，半年时间内群众上访就达到96宗，涉及600多人次。为有效化解社会矛盾，维护社会稳定，桃源街道创新体制，整合资源，推行“一合二进三调四结合”的新模式，即街道信访办和司法所合署办公，推进信访工作进社区、进企业，综合运用行政调解、司法调解、人民调解，实现人民信访与人民调解相结合、矛盾排查与矛盾化解相结合、信访救济与司法救济相结合、法制教育与法律约束相结合，多管齐下，综合整治，使得镇街信访工作更加规范。2009年6月，桃源街道按照省、市、区的部署，结合自身实际，以“强综治、创平安、促发展”为目标，按照“高起点规划、高标准组建、高效能运作”的要求，通过理顺关系、优化流程、完善机制，初步实现了综治、维稳、信访、司法等部门的资源整合，成立了街道综治信访维稳中心。综治信访维稳中心充分发挥资源集中、力量集合的优势，对社区内存在的问题，有效地做到了联合治理。2009年6月至2010年4月与2008年6月至2009年4月期间相比，社区调处案件率增加3.7%，街道、区、市调处案件率分别下降2.2%、1.2%、0.3%。

2. 重心下移，稳控能力显著提高

信访纠纷多起源于小事，如不能及时合情、合理、合法地维护好当事人的利益，就可能导致事态恶化，从而引发各种非理性上访的发生，对社会稳定构成一定的威胁。广东镇街“中心”成立以来，高度重视重心下移，关口前移，从根本上排除纠纷隐患，提高稳控能力。

信访工作主要是调解矛盾纠纷，为此，“中心”以调解为抓手，实行“点、线、面”结合的工作方法，形成人民调解、行政调解、司法调解三道防线，全方位排查矛盾隐患。“点”就是社区管理队伍（辖区警、社区工作站工作人员、社会工作者、综合协管员）和人民调解员队伍（辖区党员和团员、社工志愿者、物业管理和业委会人员、楼长或栋长），依托“社区法律工作站”、“社工工作室”、“辖区警务室”、“党员工作室”、“和谐企业工作室”开展人民调解，成为纠纷排查的第一道防线。“线”就是街道信访办工作人员及派驻社区、派出所、法庭的专职调解员，依托“街道矛盾纠纷调解中心”、“社区法律工作站”、“派出所人民调解室”、“法庭诉前调解室”开展行政调解，成为纠纷排查的第二道防线。“面”就是以街道司法所、法庭为主开展司法调解，成为纠纷排查的第三道防线。

2009 年 6 月至 2010 年 4 月与 2008 年 6 月至 2010 年 4 月期间相比较，治安案件、刑事案件和总警情案件数量分别下降 17.6%、1.4%、0.62%。“中心”组建后发生的“3·15 越战退伍老兵集会事件”、“塘朗工业区电动门电死人事件”和“南坪快速路二期益力水厂段阻扰施工事件”都得到有效控制和妥善解决。中央、省“两会”期间没有发现非法越级上访事件，街道没有发生重大安全生产事故和社会治安案件。

3. 管理信息化，实现信访有的放矢

信访作为一种政治沟通形式，其信息的收集和储存对于及时发现纠纷隐患、掌握纠纷发展动态至关重要。

桃源街道将受传统条框体制影响的各个分离的信息系统进行了整合，形成了以“一格三员”管理为基础，以“总值班室”为同一平台的信息管理系统，基本实现了各类信息的统一采集、集中汇总、对口上报、资源共享的格局，解决了资源零散、管理低效等问题。

“一格三员”是根据辖区内的居住人口状况、出租屋套数、社区管理工作难易程度等情况，按照权责明确、任务均衡、全面覆盖的原则，将街道 12 个社区共划分为 113 个网格，每个网格配备网格协管员、网格管理员和网格督导员。网格人员深入社区网格开展出租屋、计生、流动人口管理，检查安全生产隐患、劳资纠纷等，对收集到的信息分类上报到“中心”，在“中心”的统筹协调下进行分级处理。这种管理模式推动了粗放式、应急式的管理向精细化、常态化方向发展，逐步建立起信访治理长效机制。

信息化系统主要有两个：①为掌握辖区基础信息而研发的桃源街道综治信访维稳中心基础系统。“中心”基础系统，主要以航拍地图为基点，结合南山区计生 PIS 系统的人口管理信息、出租屋管理系统的编码信息、社会事务管理各层工作人员的信息、电子监控和数字化城管等动态信息，形成了一个完整的基础信息体系。该系统通过地理信息模块可以查看、检索地理信息（包括辖区地图、社区信息、楼栋信息）、人口信息（包括人员信息、户籍信息、家庭信息）和维稳信息（包括社区管理人员、调处可依靠人员、重点关注人群、街道应急队伍）。②为解决排查发现的矛盾纠纷和问题隐患而研发的桃源街道综治信访维稳中心应用系统。“中心”应用系统是一个对矛盾纠纷和问题隐患进行分级、分类处置的自动化系统，它包含接访、记录、转办、跟踪、督办、结案、回复等工作流程，使矛盾纠纷处理过程一体化，极大地强化了工作责任，提高了工作效率，推动了矛盾纠纷的处理和解决。

（二）镇街信访运行机制存在的问题

1. 镇街信访运行协调不畅

信访运行协调不畅主要表现在三方面：①接访领导在对接访问题进行批转处理时，时常出现配案不均的情况，导致有些部门产生抵触意见，工作不积极；②有的问题需要多个职能部门协同处理，协调的过程中存在一定的障碍；③在接访领导的安排上存在一定的分歧。在访谈过程中，X 镇司法所所长认为合署办公性质的“中心”只是一个议事机构，没有起到很好的作用，效能不高，只是将纠纷“批转”到相关部门去，结果不是相关部门一起管，而可能是推诿，他将这种现象形象地比喻为“三球”，即：有利可图的事情大家抢着管——“篮球”；没有利益的事情互相推让——“排球”；可能出现利益损失的事情则是踢得越远越好——“足球”。由此可见，提高部门间的协调能力在整个信访工作过程中显得尤为重要。

2. 镇街信访工作者素质偏低

从镇街信访工作现状来看，镇街信访部门工作队伍普遍存在业务素质偏低、职业化程度较低的问题。镇街信访工作牵涉众多，要求信访工作人员具备的基本素质涉及多个方面，包括：①对法律法规和相关政策的掌握；②调解协调能力、沟通能力、应变能力和心理咨询能力；③对案件处理部门及流程的熟练掌握；④丰富的常识以及良好的文字功底和对案件的分类、归档能力。而就实际来看，镇街信访部门的信访工作人员在学历、专业知识、业务素质等方面都与现实工作的需求存在很大差距，外聘人员、借调人员很多，专职人员匮乏，有相关工作经验的人员更少，大部分在岗人员没有经过专门训练和规范化的选拔。另外，人员的频繁调动、信访工作岗位流动性大等也是导致镇街信访工作稳定性不高的重要原因。

3. 镇街信访工作思想有误区

这些思想误区主要表现为：①重视围堵，轻视疏解。一些地方领导视信访者为不稳定分子，对其采取防范态度，针对上访主要采取“堵”的方式。其工作的一个误区就是不疏解民怨，不解决实际问题往往一味地围堵民意的表达。②重视重复访，轻视初次访。信访工作人员对待初访问题往往不够认真，敷衍了事，导致信访者对问题的处理和解决不满意，易引发重复上访。对于重复访，信访部门往往很重视，能够积极做好矛盾化解工作。③重视上级，轻视下级或当事人。镇街信访机构对于上级批转的信访案件，一般不敢懈怠；而对于来自下级或当事人的信访案件，却往往需要“研究”很久。④息事宁人思想。在处理群众信访问题上，少数部门和人员存在息事宁人的思想，认为只要不违反大原则，对于个别看似简单的问题，或出于同情，或怕缠访，对上访群众提出的一些无理要求也随意迁就，导致其他人见有利可图，也随之上访。

4. 镇街信访工作行为有偏差

镇街信访工作行为偏差主要有：①工作不当。少数镇街干部发现问题不及时处理或处理有瑕疵，甚至不依法办事。对待初访者时，工作方式简单、粗暴，态度生硬，不是以积极的态度想方设法帮其解决问题，而是躲避、推诿、敷衍，导致矛盾升级，范围扩大，简单问题复杂化。②趋易避难。镇街工作中往往更加重视近期发生的、易处理的、案情清晰的案件，而对于时间跨度长、案情复杂、涉及范围较广的历史遗留问题等则懒于处理，采取能推则推的工作态度。③工作失范。近些年来，随着信访维稳工作形势的日益严峻，上级对各乡镇的信访要求也越来越高，下达的信访指标经常是“零上访”。为了实现零上访，各地建立了“应急工作预案”，即在火车站、长途汽车站和每一条外出的交通要道上设卡，及时拦截、劝返赴省或进京信访者。有的地方截访工作甚至做到北京，在北京设立“驻京办”，专门负责拦截带回进京信访者；有的地方政府甚至采取暴力截访的方式。[①] ④力度偏软，对违法上访行为打击还不够。在处理信访问题上，镇街信访部门有点过分强调做好思想政治教育和稳控工作，使得极少数信访者误认为党委、政府软弱，不敢对其采取措施，便经常提出无理条件要挟政府，挑唆、煽动其他信访者越级信访，有的更是借着年老、体弱、多病而故意撒泼、放刁、耍赖，甚至心存讹诈，故意找茬。

---

① 于建嵘．中国信访制度批判［J］．中国改革，2005（2）．

五、镇街信访运行机制问题的原因分析

（一）镇街信访机构的自身因素

1. 镇街信访机构责大权小

权责一致是实现高效政府的重要保证。2005 年的新《信访条例》第六条规定：县级以上人民政府应当设立信访工作机构；县级以上人民政府工作部门及乡、镇人民政府应当按照有利于工作、方便信访人的原则，确定负责信访工作的机构（以下简称信访工作机构）或者人员，具体负责信访工作。县级以上人民政府信访工作机构是本级人民政府负责信访工作的行政机构，履行下列职责：受理、交办、转送信访人提出的信访事项；承办上级和本级人民政府交由处理的信访事项；协调处理重要信访事项；督促检查信访事项的处理；研究、分析信访情况，开展调查研究，及时向本级人民政府提出完善政策和改进工作的建议；对本级人民政府其他工作部门和下级人民政府信访工作机构的信访工作进行指导。该条例重点对县级以上信访机构的职责作了规定，其中也涉及乡镇一级信访机构的职责，即设定“信访机构或者人员，具体负责信访工作”。也就是说，按照县级以上信访机构职责的第一条，乡镇一级信访机构是信访纠纷解决的主要部门，是政府处理群众纠纷的前沿阵地，是矛盾发源地，按照属地负责的原则，“受理”是其主要的责任。另外，也可以发现信访部门最根本的职责是受理、交办、转办信访事项，虽然新《信访条例》赋予各级信访部门督办权，但实际上信访机构依然只是信访案件的“中转站”，没有处理的实权。信访机构的真正职能是整理与协调信访信息，为群众与政府沟通提供渠道。

信访作为一种重要的政治沟通方式，信访机构权力与责任是否匹配直接关系到信访问题处理的效果。权责不对等是导致当前信访形势日趋严峻的一个重要原因。镇街信访机构处于信访工作的最前沿，加之信访工作原则的要求，使得其在实际工作中面临严重的责重权轻的权责不相称问题。一方面，要处理公民对国家机关及其工作人员的批评、建议等；另一方面还要受理公民对侵害自己合法权益行为的控告，可谓集民主监督与权利救济责任于一身。但是，信访机构实际上并未拥有解决实际问题的诸多权力。在这种责重权轻的状态下，表面看上去似乎所有的问题都在信访部门被承接下来，但最后在处理案件纠纷的过程中，信访部门的职能却主要是分流，即把受理的案件按

类型分给相应的职能部门，由其负责解决。从“发现问题—分析问题—解决问题”的分析思路来看，信访部门实际上处于“发现问题”的职能位置上，并没有调动各部门的权力和力量，也就很难直接解决问题。如果有这样的权力，也是基于一定的政府权威，这种权威在某种程度上赋予了信访部门一定的监督权，但却缺乏督促职能部门办理案件的权力，于是就出现了公众所说的“信访部门没实权、踢皮球”的问题。①

2. 镇街信访工作经费无保障

镇街信访工作必须有一定的物质保障才能顺利开展。我们在调研过程中发现，当前“中心”本身是没有编制的，人员从各常设机构抽调。在最初的建设过程中得到了镇财政的支持，其建成后日常办公经费并没有列入预算，与综治办（每年几万元的经费）等办事机构形成反差。以汕头市X镇为例，司法所的同志反映，由于每年都要开展各项工作，如召开各类会议、培训调解人员、跟踪劳教人员等，“中心”成立后本应开展的综治、信访、维稳、反邪教和普法宣传等工作没有落实，也没有制订中心工作的宣传方案，更没有向电视、报纸、网络等媒体提供宣传资料。问及原因，所长坦言由于经费不足，很多工作的开展都力不从心。

3. 镇街信访工作人员缺失

调研过程中发现，无论是乡镇还是街道信访工作部门，都面临人员不足、流动性差、选任缺乏独立性的问题。这个问题首先表现为在办事过程中人手不足，例如，X镇司法所要求编制3人，实际上目前只有所长和另外1个在编人员在工作，缺编1人，人手不足，工作受到了很大影响；其次表现为工作人员素质差，工作效率低；再次表现为人员的上下流动性差，基本是“动不起来”，上面的不愿流动，下面的想要流动，但司法局压着档案，不愿放人，镇街工作人员更无从保障。最后，一些农村地区的信访工作人员往往身兼数职，不仅要负责调解信访纠纷，还要负责治安、维稳、民兵等工作，工作量大，工作时间长，压力大。在人员选拔上，以村（居）一级为例，信访调解员大多由村（居）干部兼任，无独立性。自实行村民自治以来，村（居）干部由村民直接选举产生。与其他村政工作相比，处理纠纷被普遍认为是最容易“得罪人”的事务。在调解过程中，一方当事人往往认为调解员在偏袒另一方当事人，容易对调解员产生不满情绪，从而影响调解员在群众中的威信。

① 中国基层信访问题研究课题组．中国基层信访问题研究报告——以西安市临潼区信访状况为例［J］．云南大学学报，2008（5）．

因此，很多干部不愿担任此职，导致该职位人员空缺。

（二）镇街信访者的信访误区

1. 信访者的畸形信访心理

信访者进行信访活动都抱着一定的期望，这种期望由不同情绪心理牵动，但根本的目的是希望问题得到解决，自身利益得到有效保护。不同的是，一部分信访者的信访心理在信访过程中可能发生转变，产生不符合常理的心理，进而导致诸如群体访、越级访、进京访、缠访等非正常上访的发生。其信访心理可以概括为以下三种：

（1）弱势本位心理。总的来看，信访者在上访过程中为了引起政府、媒体乃至大众的关注和情感上的同情，往往以弱势群体自居，期待社会出于关怀和帮助弱势群体的正义感对其施以援助。其实，在中国传统社会里，上书告状本来就遵从着一种诉苦情节。告状者通常表现得无辜可怜，而被告则被形容成肆无忌惮、横行霸道的不法之徒。① 强不执弱、众不劫寡、富不辱贫、贵不傲贱，是中国传统道德的重要主张，也是现代人文关怀的一个基点。② 这种传统的道德关怀理念给了以弱势群体自居的信访者一种道德上的支撑，同时也使他们在上访过程中具有一种心理优势。当信访者的切身利益被事实上相对剥夺或者把自己的不如意处境归结为被获益群体剥夺时，就可能对剥夺者产生仇视心理，这种仇视的指向也可能进一步扩散。这种事实和精神上的弱势就会引发他们的宣泄情绪，此时，哪怕是一点点的刺激都可能促使他们采取上访等方式来宣泄。

（2）偏执依赖心理。在实际信访过程中，有一类信访者具有多疑、敏感、心胸狭隘、自尊心强、爱面子等特点。他们看问题往往只从个人的角度出发，想法偏执，既成的想法很难改变，认为只有自己是对的，不愿听取别人的意见，这是一些上访专业户的典型心理特点。他们往往只相信自己，而不相信别人，只相信领导，而不相信一般干部，只相信上级政府，而不相信本级政府，等等，这也是引发越级上访的心理因素之一。同时，受几千年"人治"思想和"青天情结"的影响，这类信访者对领导干部，特别是高层的领导干部，有一种与生俱来的信赖，往往对他们寄予厚望。此时，领导在他们心中的地位和作用是高于法律的。现实经验告诉他们，如果问题能得到这些高层

---

① ［日］滋贺秀三．明清时期的民事审判与民间契约［M］．王亚辛，梁治平译．北京：法律出版社，1998. 216.

② 宋希仁．保护弱势群体是德治的应有之义［J］．前线，2001（5）．

领导的亲自批示，问题将很容易得到解决。他们心里也清楚，这样的结果并不容易达到，但又不是没有希望。所以，他们会有一种期望借助外力达到目的的心理。抱有这种心理的信访者往往心里清楚自己的问题通过上访途径是很难解决的，但是他们还是要找一些理由上访，把成功的希望寄托在这些不确定的“偶然”或者“运气”上。通过上访来获得高于国家法律所认同的价值和法院判决所确认的利益，成了信访者一种心照不宣的“潜规则”。①

（3）过激异常心理。依法信访是公民的不争权利，也是党和政府了解民情的重要途径。然而，在如今的一些群体上访中，有一些异常的信访心理常常引发过激行为，严重干扰正常的信访秩序。抱有这种心理的信访者，往往认为人越多越容易形成压力，言辞越激烈越能引起重视，所访官员越大越能解决问题，闹得越大越容易达到目的。在这种心理作用下，一些信访者会多方串联，想方设法聚集更多信访者，其中也不乏被迫、盲从的人员。为了引起信访机关重视，信访者往往会夸大其词，让问题听起来很严重。一些激进的信访者到达信访机关后直冲“一把手”办公室，不找到领导不罢休，有的信访者针对同一信访问题还会分别给各级政府主要领导同时写信反映。为了让案件能迅速引起重视，群体访的信访者们还会采取围堵机关大门、打砸办公设施、谩骂接访人员等过激行为，或者挑选重大节日或国家、地方召开重要会议时上访，目的就是“把动静闹大”，无理也要搅三分。这是实际信访工作中经常遇到的状况，有时一些本不复杂的问题经一些别有用心的人唆使和操纵，就演变成了激进的非正常上访，给社会稳定带来了消极影响。

2. *信访者的异常信访逻辑*

任何事物都有其产生发展的内在法则，信访制度也有其运行的内在逻辑。在中国，政府间等级森严，各级政府都是下管一级、对上负责。这种自下而上的责任机制要求每个下级政府服从上级政府，地方政府服从中央政府，中央政府是最高的，也是唯一的授权单位。在日常的行政实践过程中，各级政府都面临着如何约束下级政府的问题。这个制度逻辑，决定了上一级政府总会鼓励民众提起针对其下级政府的上访，但却不希望民众越过自己到自己的上级政府上访；同时下级政府也不希望信访者越过自己到自己的上级政府信访。针对下级政府的上访使得本级政府可以行使约束下级政府的权力，所以上访有时候会对上级政府“赋权”——赋予它管理下级政府的权力；如果民

---

① 黄颂杰．论社会转型背景下信访制度改革的路径选择［EB/OL］．http：//bbs. chinacourt. org/index. php？ showtopic =390398，2010 -07 -04．

众越级上访，那么就会使本级政府成为上级政府的约束对象——哪怕民众反映的是自己的下级政府，在上级政府看来，本级政府也该对此负责。这就形成了中国信访制度的一个特点：容许逐级上访，直至上访到中央政府，但反对越级上访。

信访者一旦明白了这个道理，就会不惜代价地进行越级上访。信访者会坚信他们所反映的政府与其上级之间必然存在某种包庇关系。如果他们所反映的事实确实存在，那么基于上述逻辑，信访是不会有什么结果的，只有越过他们到更上一级的政府去反映，才有可能脱离这种包庇关系网，至少程度上会小些。比如，如果信访者要反映乡镇政府的问题，那么在他们看来，县级政府是不可相信的，只有地市级及更高级别的政府，由于与乡镇政府之间不存在直接的管辖关系，才可能对其作出公正的处理。

但是，按照新《信访条例》规定的信访原则，上访案件，即使是越级上访，在层层批转之后，最终还是由县政府来处理乡镇政府。信访者也明白这一点，但他们认为，如果能取得高层领导的关注，有了他们的直接批示，县政府在处理问题时才会有所考虑，那么处理的结果也才会接近他们认为的公正。在信访者看来，最没有包庇嫌疑的便是中央政府，所以，为了给地方政府施压，信访者的最高希望就是进京。这也是国家信访局的上访率高于省级以下信访部门，并且逐年攀升的原因之一。

3. 信访者对信访机构的行为博弈

信访过程也是信访者和信访机构之间行为选择的过程。沟通双方的心理和逻辑在其信访行为选择中起着非常大的作用，这种作用充分体现在信访过程中信访者与镇街信访机构及上级信访机关的博弈中，而博弈的规则就是现行的相关法规政策。为了更好地了解在镇街信访这种政治沟通过程中镇街信访者和信访机构的行为选择，这里借用博弈论的思维方式对双方的行为进行分析，以期找到双方面临的压力以及当前镇街信访工作机制的不足。在镇街初次上访中即得到解决的问题和案件，属于正常上访范围，不必分析。这里重点关注越级上访、暴力访、缠访等非正常上访行为。

（1）镇街信访者与镇街信访机构的博弈。

在实际调研过程中也遇到过这样的情况：信访者在上访过程中往往会向镇街信访机构提出一些条件，这可能是出于解决问题的考虑，也可能是为了威胁镇街信访机构，并以此作为不再上访的条件，这就关系到调解协议能否最终达成。该过程可以用图 6－3 简单表示：

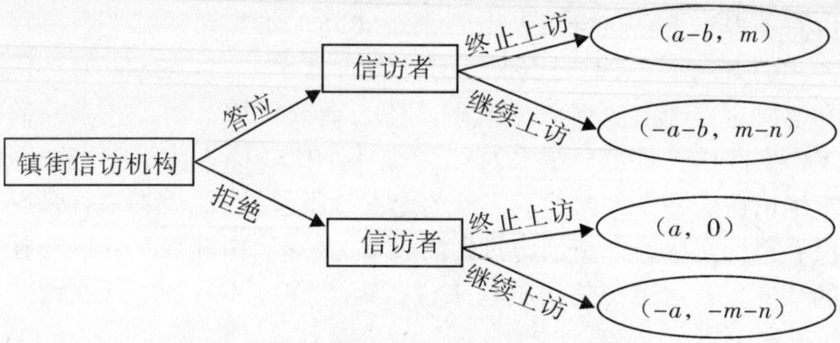

图 6－3　关于调解协议能否达成的博弈

说明：括号中前一数值为镇街信访机构的收益，后一数值为镇街信访者的收益。其中 a 是镇街信访机构平息纠纷获得的收益；b 是镇街信访机构为平息纠纷付出的成本；m 是镇街信访者的收益；n 是镇街信访者的上访成本。

当镇街信访机构想要切实解决实际问题时，无论自身在该问题上是否存在过失，都会答应信访者提出的条件，此时，信访者有一定的收益 m。但信访者可能不满足于此，为了追求更大的利益，信访者就可能继续上访，这是不符合理性的，但由于其中存在着实现自身利益的可能性，似乎也值得一试。信访者如果采取了这样的策略，就会在实现自身部分利益的同时付出一定的上访成本 n。由于上访成本的不确定性（实际上访成本会随着上访时间、次数和上访地点等的变化而不断增大），使得信访者的实际收益 m 可能会小于其为此支付的成本 n，甚至出现负值，即 $m-n<0$。这种情形与信访者上访进而追求自身利益最大化的初衷是相违背的，因而不是信访者理性、最佳的选择。但信访者又企图“赌一把”，即通过继续上访获取最大利益进而抵消上访成本，于是，越级上访、长年上访、缠访等问题也就随之产生了，但其中的利益得失不言而喻。所以理论上说，不上访是信访者的最优选择。

当镇街政府基于自身公权力的权威性，无论自身有无过失都选择拒绝信访者提出的条件时，信访者无论是出于解决问题的初衷还是对镇街信访机构的怨愤，都会选择继续上访。但此时对信访者来说，收益相比前一种情况进一步下降，变为（$-m-n$），不仅无法解决问题，反而要支付继续上访的成本 n，而 n 是不确定的，可以肯定的是，只要问题不解决，只要上访还在继续，成本 n 就会进一步增加。如果选择不上访，则由于政府不答应其条件，其收益变为无获得、无支出状态，即 0，而 $0>-m$。相比之下，在此情况下信访者的最优策略应为不上访。

如果信访者选择了继续上访，镇街信访机构若答应信访者的条件，其付出的代价除了因未平息纠纷而失去的收益 a 外，还要支付在平息过程中所支出的人力和物力成本 b。此时镇街信访机构的总收益为（$-a-b$）。但由于矛盾并没有解决，用于解决矛盾的成本 b 还会继续增加，而且在当前镇街信访机构的工作实践中，这部分成本可能会是一个比较惊人的数字。而当镇街信访机构拒绝信访者的条件时，其支付的成本就不包括 b，但在这种情况下，纠纷依然没有得到解决，镇街信访机构的收益为 $-a$。由此可见，同样在未能解决矛盾的情况下，对镇街信访机构来说，拒绝信访者的条件就成为其最优策略选择。

当信访者把不继续上访作为自己的行为选择时，镇街信访机构同样有两种选择，或者答应或者拒绝信访者的条件。当答应信访者的条件时，基于前述同样的理由，政府需要为此支付条件所要求的成本 b，自身收益为（$a-b$），而且这种损失同样可能因为各种因素的影响而发展成为一个很大的数值。但由于信访者选择的是不继续上访，镇街信访机构还是实现了一定的收益 a。当镇街信访机构拒绝了信访者的条件，其成本 b 就可以避免，此时的收益为 a。所以，从利益博弈的角度看，镇街信访机构会以拒绝信访者的条件作为其上策。

通过以上分析，在信访者与镇街信访机构能否达成调解协议的这场博弈中，基于信访者自身条件的最优选择为：镇街信访机构答应信访者条件—信访者不续上访；而基于镇街信访机构自身考量而形成的最优选择为：拒绝信访者条件—信访者不继续上访。不难发现，这是一对非常紧张的选择形势，对于镇街信访者而言，不继续上访是其最优选择，但在这种状况下，镇街信访机构却有两种选择，即答应或者拒绝信访者的条件，这本身是矛盾的。而根据之前的分析，在信访者采取不继续上访策略时，镇街信访机构的最优选择是“拒绝条件”，所以，最终的均衡格局是这样的：镇街信访机构拒绝信访者条件—信访者继续上访。但现实工作经验告诉我们，这只是一种单纯的理论选择，其中也包含着一些无奈。因为现实中许多信访问题的解决不仅要依赖镇街信访机构的选择，同时也受信访者本身素质的影响。许多信访者在政府答应其条件时，还会进一步提出超乎合理范围的更高要求。在信访者眼里，“大闹大解决，小闹小解决，不闹不解决”是既成的定理，并且由于在实际运用中屡试不爽而备受青睐。信访机构这种无可言状的苦衷又一次得到证实。

在现实工作中不少信访机构面对信访群众的合理诉求时，存在推诿扯皮的现象，但相对于信访机构的这种工作现象，很多信访者自身存在的问题也使信访机构尤其是镇街信访机构很难办，有时候不得不采取一些消极措施。

这实际上是镇街信访机构治理中的恶性循环，它使得群众对基层政府越发不理解、不信任，从而选择继续上访，向上一级信访机构反映同一问题，这也是镇街信访工作的症结所在。

（2）镇街信访者与上级信访机构的博弈。

当信访者已经将问题反映给上级机构时，上级机构有两种选择：立案处理和不予立案；信访者也有两种选择：继续上访和终止上访。下面对这个过程进行分析，大体博弈过程见图6－4。

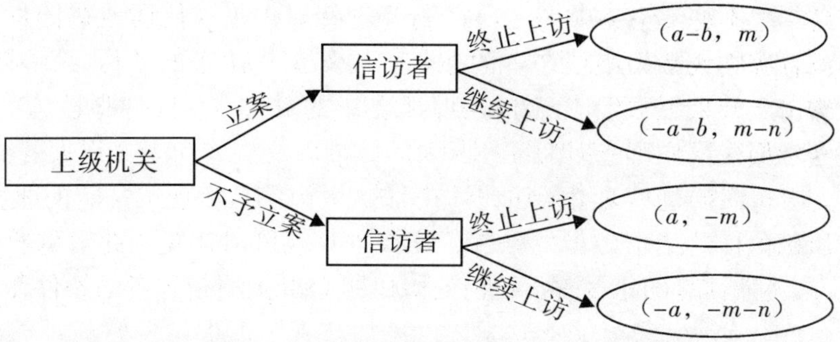

图6－4 关于信访案件是否被立案的博弈

当上级机关选择立案处理时，如果信访者选择继续上访，在实现了立案收益 m 的同时，还要支付一定的上访成本 n，在这种情况下信访者的综合收益就应该等于立案收益减去上访成本（$m-n$）。需要指出的是，所谓的立案收益 m 仅仅是信访者精神上的一种期待，其衡量标准是其利益是否被保护或实现；同样地，上访成本 n 也是不确定的，可能是物质的，也可能是精神、荣誉等方面的，这种成本在实际生活中甚至比物质损失更为严重，也有可能成为信访者选择继续上访和反复上访等行为的重要原因。因此，相对而言，选择终止上访对信访者来说，将只产生立案收益 m 而不产生信访成本，此时，终止信访是其较优选择。

当上级机关选择不予立案时，信访者如果选择继续上访，不仅不能获得立案带来的收益 m，反而还要支付继续上访中不断增加的成本 n，综合收益为（$-m-n$），完全变为负值，所以，此时继续上访对信访者来说就是较差的一种选择。如果信访者选择不再上访，就不必承担继续上访的成本 n，此时的收益为 $-m$，虽然也是负值，但是损失毕竟要小于前一种选择。因此，在个体理性尤其是经济理性支配下，终止上访是其较优选择。

当信访者选择继续上访时，上级机关如果对其进行立案处理，就要承担为其立案的成本以及向下级转交时的成本费用 b，此时上级信访机关的收益为 $(-a-b)$；如果上级机关选择不予立案，那么就不必承担以上成本 b，此时的收益为 $-a$。但是，由于上级机关的博弈目标是平息纠纷，所以在信访者一味地向上级信访以期解决问题时，是否立案已经没有太大意义了。在实际调研中，甚至发现此时的信访者的目的已经不单是解决问题，更多地是为了向各级政府尤其是其上访过的政府部门施压，以实现其提出的过度要求。

当信访者选择终止上访时，上级机关若选择立案处理，就可以实现平息事端的目的，收益为 $(a-b)$，当然对某一级上级机关来说，这种平息只是意味着信访者不再到本级机关上访，但是此时上级机关却要为此承担一定立案处理的成本。若不予立案，则不必承担此成本，此时收益为 a。因此，对上级机关而言，选择不予立案应是其较优选择。

综上所述，在这场博弈中，对信访者的最优形势为：上级机关立案处理—信访者终止上访；对上级机关的最优形势为：上级机关不予立案—上访者终止上访。但是，在这两种情况下，上级机关的选择同样出现了冲突。此时的均衡格局应为：上级机关不立案处理—信访者继续上访，但这对双方都不是最优选择。巨额的上访成本对大多数信访者来说都不是小数目，有的甚至为此倾家荡产，而对于那些进京上访的人来说更是如此，其所支付的成本远大于只到镇街信访机构的上一级政府上访的成本，而且精神支出也是不可估量的。既然成本如此巨大，为何还要知难而上？这是需要我们反思的。

（3）博弈过程小结。

通过这两个博弈过程，可以看出，作为公民权利表达方式的信访，在实际运行过程中，其方式发生了异化。信访是公民的权利，原本是一种正常的权利诉求手段，按常理来说，如果公民严格按照信访法律法规寻求权利救济，其收益肯定要大于以不正常方式行使权利的收益。但现实的情况却是，很多信访者选择了越级访、进京访等极端方式寻求权利救济。这个事实至少说明了一点：当前镇街信访工作机构本身、信访者的信访行为等方面还存在一些问题，使得矛盾纠纷等没能在源头上得到解决。要达到维护镇街社会和谐稳定的目的，完善镇街信访工作机制是不可或缺的环节。

（三）镇街信访的外部挑战

1. 信访案件存量大、增量多，变量难控制

当前镇街信访还有大量尚未处理的积案，存量很大。这些案件涉及的问

题很多，有的是由政策实施问题引起的，有的是利益分配问题引起的，有的是历史遗留问题，时间跨度长、解决难度大，稍有不慎，就会引发群体上访、暴力上访等恶性上访事件，给镇街社会稳定带来不利影响。同时，随着经济和社会的不断发展，社会矛盾呈现出很多新的特点，许多新型的信访案件不断涌现，种类更加复杂，内容更加多样，在处理这些信访案件时，一些旧的机制和方法已经不能应对这些问题，从而给信访工作提出了严峻挑战。以汕头市L镇为例，农村地区面临几类普遍存在的问题，解决难度大，主要有：外嫁女的分田及权利保障问题；农村宅基地流转问题；宅基地建设引发的邻里排水、排污、道路通行纠纷；违章搭建引发的违约纠纷、侵权纠纷；环境污染纠纷。这些问题看似平常，但处理过程往往会出现民间约定俗成与现行法律法规相冲突的情况，这时候，孰是孰非就给信访工作带来很大困难。

2. 信访主体复杂，事件发散快，处理难度大

当前镇街社会矛盾主体的复杂结构决定了信访主体的复杂多样。信访案件纠纷有的涉及部门、集体、个人等多元主体；有的却是“无直接利益冲突”的主体，如近年来出现的“讨薪专业队”、“维权人士”等就属于这一类；有的是群体性事件，这些群体性事件往往由群众自发组织，并存在一些挑头人物，如果最初的矛盾没有得到有效解决，这些群体性事件就可能引发越级访、重复访以及缠访、闹访等非正常上访。在实际信访过程中，甚至有个别别有用心的人千方百计地利用信访人急于解决问题的迫切心理，企图把一般的社会问题、经济问题炒作成政治问题，把非对抗性矛盾炒作成对抗性矛盾，使社会矛盾更趋复杂。此外，一些信访纠纷借助互联网等现代传媒工具，可以快速、大面积地向社会传播扩散。少部分人还会利用互联网和手机短信，散布不实言论，或对矛盾添油加醋，煽风点火，造谣惑众，致使事件发展为社会普遍性矛盾；一些不明真相的人也会出于种种目的推波助澜，妄图挑起事端，为矛盾的解决制造障碍。

3. 信访问题涉及面广，关联性大，对抗性强

首先，从镇街信访部门平时接待咨询来访、受理纠纷情况来看，现在纠纷主要集中在农村土地承包流转、企业拖欠职工工资、债权债务、养老金医疗费发放、征地拆迁安置、村（居）委换届选举、集资收费、环境污染等方面，大都涉及群众的切身经济利益，关系到民生问题，直触老百姓生活最敏感的方面。另外，由于当前社会转型首先表现为政府政策的一系列调整，由此引发的社会矛盾牵涉的往往不是单个的个体，而更多地是社会中的某一群体或行业，“涉众”特征非常突出。

其次，由于一些群体性事件的示范效应以及人们维权意识的增强，一旦发生群体性事件，极易聚合诉求相同和对某些方面不满的不同群体相互之间产生情绪感染，引发连锁反应，关联性增强。

再次，在矛盾激发直至演变为公开的群体性事件过程中，矛盾主体由自发松散型向组织团结型发展，行为方式在很大程度上受挑头者和骨干分子控制。一些参与人数多、持续时间长、行动规模大的群体性事件往往事先经过周密策划，目的明确，行动统一，甚至出现了跨地区、跨行业的串联活动。还有一些社会矛盾主体怀着“不闹不解决，小闹小解决，大闹大解决”的心态，由开始的聚众上访逐步演变为堵塞交通、冲击要害部门甚至打、砸、抢、烧等对抗行为，以期制造负面影响，向党委、政府和有关部门施压。

第七章

食品安全监管制度建设

一、食品安全监管制度规范的紧迫性

随着经济的发展，科学技术的进步，人类开发、利用自然食品和人工合成食品的方式、方法和手段的科技含量越来越高，这使普通民众对食品的鉴别能力受到限制，一些利用科技成果和科技手段制成的食品对人类健康现实的和潜在的危害是一般社会成员难以把握的。为保障人民的生命健康，需要政府加快、加大规范食品领域的各个环节。政府有责任和义务制定法律标准，保证人民获取充足的安全健康的食品，保障人类社会的健康发展。①

（一）食品不安全问题严重，亟待法律规范

1. 食品安全的概念

什么是食品安全（Food Safety），怎样理解食品安全的含义，是食品安全法立法的前提，只有确立了这个前提，才能对症下药。食品安全应该从两方面来考虑：一是食品供给安全问题，就是说国家对社会民众必须有充足的粮食、副食、蔬菜的供给保障；二是食品性能与生态安全问题，就是说食品的“内在成分”能够确保使用者对食品质量、卫生、营养、人种延续性的要求，且不会对人的身心和基因稳定性造成伤害。后一个安全实际上包含了两层含义，即性能安全和生态安全。

根据1974年11月联合国粮农组织在罗马召开的世界粮食大会上的观点，“食物安全最终目标是确保所有的人在任何时候能买到又能买得起所需要的任何食品”。1996年11月在第二次世界粮食首脑会上对食物安全的表述是：

① 杜钢建．关于制定《食品安全法》的若干问题［J］．太平洋学报，2008（2）．

“只有当所有人在任何时候都能够在物质上和经济上获得足够、安全和富有营养的粮食来满足其积极和健康生活的膳食需要及食物喜好时，才实现了粮食安全。”①

从这些表述可以看出，完整的食品安全应包含食品的核心层、有形层和延伸层三个层次的安全。从1974年联合国粮农组织提出食品安全问题，经过30年发展，大凡谈到食品安全，一般主要从三个方面表述：①指食品供给数量的安全，即基本食品的供给，既要使人们买得到，又能使人们买得起。这并非是最低生理需求，而是以不影响社会、经济发展运行为底线，即有效供给保障，主要指粮食安全，同时肉食、蔬菜、水果等供应的数量安全也很重要。②指食品性能的安全，涉及食品质量、卫生、营养、对人类生存和健康的有利性等问题，这是我们当前讨论的“食品安全”问题。③从人类生态安全的角度，要求食品的使用不能影响人类基因的稳定性。主要担心转基因、辐射等新技术应用于食品生产以及对新食品资源的开发而对人类、动植物、生态环境所产生的长期的、不确定性的影响，即要求对人类、动植物和生态环境无害。

近年来，一些人简单地将食品安全理解为“食品卫生+食品质量”，这是不确切的。完整的食品安全除供给、性能、生态三方面内容外，还应该包括食品的销售方式不会危害购买者的身心健康，伴随食品销售的各种服务能确保智力正常的购买者不被误导，更不致上当受骗。从食品安全监管的角度来看，国家食品医药监管部门和《食品安全法》关注的食品安全主要是指性能安全和生态安全方面的含义。食品安全立法解决的食品安全本质上是指食品性能成分与生态安全问题，即食品生产的原料供给、加工、包装、贮存、运输、销售过程等，要能够保障食品成分的必要含量、质量、卫生及人种延续性的要求，能够保障不会对人的身心和基因稳定性造成伤害。

2. 我国食品安全存在的主要问题

（1）“从农田到餐桌”的过程中，各环节出现的不安全问题。

在现实社会中，食品生产加工领域问题比较多，食品产销的各个环节及各环节之间，都有一些因素的可能导致食品的不安全，例如，种植和养殖过程中的源头污染；食品加工过程中产生的不安全因素；食品流通过程中，由于包装、储藏、运输等设施落后和管理不善，造成食品的二次污染；过量使用添加剂，生产程序不卫生；各种故意人为制造的假冒伪劣食品进入市场，

① 世界粮食首脑会议行动计划，http：//www.fao.org/wfs/index_ zh.htm.

等等。这些因素导致的问题食品屡见不鲜——有毒大米，农药残留超标的蔬菜，注水猪肉，掺进了有害物质的腐竹、粉丝等，桩桩件件，触目惊心。有关部门调查发现，一些大众化食品如酱菜、腌制菜等有一半以上不合格，苯甲酸等超标，严重危害人体健康；酱油、食醋也不是用先进工艺发酵而成，而是用化学合成物掺兑成的，不仅品质低劣，而且对人体危害严重。① 从目前统计的数字看，中国每年食物中毒报告案例约为2万~4万人，但这尚不到实际发生数的1/10。近几年来，一方面国内市场上毒米、毒面、毒油事件频发，另一方面，国际市场上针对我国食品安全的事件也没有中断，中国农产品、食品的出口因卫生问题接连被亮起红灯。

（2）食品产业发展不均衡，直接影响食品安全。

中国食品工业总体发展水平低，食用农产品加工率不高，产品结构不合理（工业食品仅占20%，而发达国家的这个比例约为80%），生产技术水平低。

在食品市场中，至少因为三个问题可能使市场机制失灵，从而导致仅靠市场力量很难解决食品安全问题，这三个问题分别是食品安全的外部性问题、食品市场中的信息不对称问题和食品安全信息的公共物品性质。面对这些问题，政府依法介入，通过行政手段调控、规制是非常必要的。

总之，影响食品安全的一般因素主要有环境因素、人为因素、技术因素、管理因素、经济因素、人类的知识欠缺和食品产销方式变革引发的新问题等。

（二）社会呼吁强烈，民意不可忽视

食品安全问题已经引起社会各界的普遍关注，粮食供给是否充足安全，关系到国家和社会的稳定；食品性能是否有利于人类身心健康和人类种族优良延续，关系到人类个体和整体的生存发展。食品安全问题已经不是简单的解决温饱问题了，而是涉及政治、经济和精神健康发展的问题。SARS和禽流感等使人们对食品安全问题产生了恐慌心理，吃出来的毛病会越来越成为一个严重的公共安全问题。2007年“两会”期间，许多代表都对食品安全问题给予了密切的关注。在一些地方的“两会”期间，广大市民和代表对食品安全问题的讨论成为一个热门话题。社会各界都在呼吁加强食品安全的监管，加强食品安全的法制建设和制度保障。食品安全问题成为政府在今后相当一

---

① 在中国使用的杀虫剂中，有机磷农药产量占70%，其中高毒品种的产量占70%。此外，兽药安全性较低，滥用和超标现象严重，饲料中添加违禁药品的现象仍然比较普遍。而且，农业环境的污染也直接造成了食品中重金属含量超标（2004年11月22日新华社报道）。

段时期内需要迫切解决的社会性问题。目前，政府对来自媒体和各界的呼吁已经给予了高度重视。

（三）食品安全监管法律体系亟须完善

1. 食品安全法律体系不健全

当前，我国食品安全保障工作已不是改革开放初期无法可依的情形。改革开放后我国部级以上机关所颁布的有关食品安全方面的法律法规以及各类规范性文件共计832件（包括已失效的40余件在内），但我国还是没有形成系统的、完备的食品安全法律保障体系。虽然有很多法律法规涉及食品安全问题，但都是在食品安全事故的层次上来定性和处理的，还没有上升到公共安全的高度，法律地位较低。涉及食品安全的法律法规条款相对分散，调整范围较窄，有交叉，也有盲点，留下了执法的隐患。有的法律条文规定得比较原则和宽泛，但可操作性差，给执法带来困难。法律规定的执法主体不同，适用法律不同，对违法行为的定性不同，从而同一违法行为出现不同处理结果。由于法律制度不健全，政府在食品安全的监管上处于被动的事后纠正状态，许多食品安全问题，多是危害后果发生后，政府通过行政命令的方式来进行的，而不是在法律层面上进行操作，因而政府行为的合法性受到了质疑，社会效益降低。

我国食品安全法制建设的主要问题是法律体系不健全，目前虽已颁布《食品安全法》，但那些零散在各有关法律法规中的食品安全的监管规范尚未加以清理修正，法出多门，社会威信度较低，执法标准不一致，各执法单位互不沟通，执法依据不同的规范导致食品安全监管有法不依、执法不严的问题，严重弱化了依法规范食品安全的法律监管力度。例如，曾广泛受到社会各界关注的“巨能钙”事件，就是因为审批、市场监管部门之间协调沟通不到位带来的保健食品存在的潜在危害问题。

2003年国家成立食品药品监督管理局，保健食品的审批权于同年9月由卫生部转移到国家食品药品监督管理局，但保健品市场的监管权却依然由卫生部保留。这种监管体制构架显然不利于对保健食品的全流程监管，容易出现监管脱节现象，给不法商人以可乘之机，也增加了监管行动的时间成本和协调成本，导致我国的食品安全审批和监管体制没能形成统一的强势权威。在法律体系方面，目前我国的食品安全法制尚未涵盖“从农田到餐桌”的全过程，法律规定的监管部门职能有交叉，没有形成统一的、完善的食品安全法律体系。此外，监管者的责任规定不到位，有关法律规定不尽一致等问题依然存在。

2. 食品安全技术标准落后

在判定食品安全技术标准方面，法律的规定没有跟上时代发展的步伐，现有的技术标准已经滞后。我国现行食品技术标准始建于20世纪60年代，由于当时没有食品安全的概念，未能制定一套恰当反映食品安全基本含义的技术标准，这使得不少现有标准失去了实际价值，难以引导厂商生产安全的食品。在判定食品安全技术标准方面存在六方面的问题：①制标部门多，存在卫生和质量两个标准，缺乏统一标准；②一些标准与有关法律法规的规定不一致；③企业自己制定的标准与上一级标准相矛盾；④一些食品大量产销却仍无卫生标准；⑤不同标准对同一产品的界限值规定不一致；⑥不少食品标准落后。

（四）《食品卫生法》《产品质量法》等的不足

1. 体系不完整

《食品卫生法》规范的是食品的生产（不包括种植业和养殖业）、采集、收购、加工、贮存、运输、陈列、供应和销售等活动。《产品质量法》规范的是食品（经过加工制作用于销售）的生产、销售活动。从总体上看，目前我国的食品安全法制尚未涵盖“从农田到餐桌”的全过程。种植、养殖等环节的食品安全问题尚无专门的法律予以规范。

由于目前法律体系对食品源头监管的缺位，食品在种植和养殖生产过程中的不规范，生产者缺乏相应标准，以及食品安全知识和意识差造成的现实的、潜在的危害是明显的。从食品的种植和养殖到最终消费者食用，食品产销要经过众多环节，在各个环节，都有一些因素可能导致食品的不安全。从食品的种植和养殖过程中的源头污染看，主要表现在以下三个方面：①

（1）种植和养殖生产过程不规范，大量使用农药、化肥、动植物激素等，导致了蔬菜水果和牲畜产品中化学品残留物过多。同时，小农生产的经营方式，进一步加剧了种植和养殖生产的不规范，如缺乏良好通风条件的养鸡舍造成的病死鸡及禽流感。

（2）生产过程受到来自大气、土壤、水污染而导致的间接污染。近年来，我国的环境状况日益恶化，大气污染、水质污染、土壤污染等直接导致了农

① 此类食品安全问题已经引起国际社会的高度关注。参见日本草思社出版的《中国的危险食品——中国食品安全现状调查》（2007年10月）。

产品和渔牧产品的污染。工业废气、汽车尾气的超标排放，使大气中的酸性物质增加，形成了大量的酸雨区，直接污染了农作物和渔牧产品赖以生存的土壤和水源。同时，工业废水的随意排放、工业垃圾及生活垃圾的乱堆放，造成水源和土壤中的重金属等有毒物质超标。有关单位对我国长江流域某地区的蔬菜基地环境质量状况的检测结果表明，菜地灌溉用水污染严重，土壤中汞的含量临界上限，铅含量更是严重超标，超过了规定限量的十几倍。云南省昆明市东川区板河口一带原是老工业区，几家污染严重的工厂所产生的有毒有害物质对周围上万农民的粮食、蔬菜和水果生产造成严重污染。有关单位的检测结果显示，农民送检的35种粮食、蔬菜、水果样品中所含氟、砷绝大部分超标，其中有的氟超标达23倍，砷超标近60倍。不难想象，人体一旦长期接触高砷环境，摄入过量的砷化合物，就可能导致砷中毒，诱发肺癌等疾病，同时会对膀胱、肝、肾等脏器造成损害。此外，还可致人体皮肤损害，如色素沉着、色素脱失、皮肤角质化，严重者可致皮肤癌，还可能与周围神经损伤、心血管疾病等相关。氟尽管也是人体生长所必需的微量元素，但摄入过量将会导致氟斑牙、骨头硬化等疾病，还可导致驼背。

（3）化学肥料、大棚蔬菜、无土栽培、转基因、人工饲料等新技术的应用，虽提高了产品产量，但降低了产品品质。一些农民为了争抢销售期，大量施用化肥、激素、农药，导致产品超常生长，农药残留超标，产品受到不同程度的污染。同时，由于农民缺少科技知识，滥用和过分依赖化肥，造成土壤中化肥残留量超标，最终导致硝酸盐和亚硝酸盐等致癌物质通过食物链进入人体，危害人体健康。据了解，我国每年使用化肥4 200万吨，平均每公顷土地施用量超过400千克，大大超过美国和欧洲国家每公顷225千克的标准。我国每年有20多万吨、1 000多种农药施用于农作物，有些甚至是剧毒药物。而一些农药中的化学污染物，一旦进入食物链，产生的后果将不堪设想。例如，铅污染会造成儿童发育障碍，鱼被有机汞污染会造成人体肝、肾损伤和胎儿畸形等。若使用不合格的农药、有害饲料添加剂或是操作上的不规范（如农药施用时间不合理），还会导致附加的不安全因素。

农产品在种植和养殖过程中，不同程度地受到农药、化肥、工业“三废”的污染，这无疑会给人体健康带来严重隐患。在种植和养殖过程中，可能出现的各种不安全因素在食品的源头对食品可产生直接危害和间接危害。

在法律体系上，从源头监控食品安全，是保证食品安全的第一步，否则，随后的监管无论如何科学到位，都不能从根本上解决食品安全问题。《食品卫生法》《产品质量法》在这方面还没有相关规定。[1]

2. 内容不全面

近年来为国际社会广泛采用的一些重要的制度，如食品安全风险评估制度、食品安全预警制度、食品安全危机处理制度、食品安全信用制度、不安全食品召回制度等尚未纳入法律范围，食品安全保障制度还存在一些空白。

3. 基本要素有重复

《食品卫生法》和《产品质量法》对食品卫生和食品质量均没有具体明确的定义，但两部法律所规定的内容均是食品安全的最低保障法，均强调了结果安全。《食品卫生法》规定食品安全的最低标准为无毒无害，符合应当有的营养要求等，而《产品质量法》规定的最低标准为不存在危及人身、财产安全的不合理的危险，具备产品应当具备的使用性能等。从两者的具体标准（均包括产品标准、方法标准或过程标准、管理标准等）来看，许多内容是重复的。有专家指出，在生产加工领域，就核心内容来看，卫生监管与质量监管基本上属于重复管理。

4. 职责不清晰

《食品卫生法》规定，国务院卫生行政部门主管全国食品卫生监督管理工作。国务院有关部门在各自的职责范围内负责食品卫生管理工作。但从该法的具体内容来看，并没有规定国务院有关部门相应的职责和实施行政监管可以作为的空间，在立法上出现监管缺位。

5. 法律责任承担不适应社会发展的需要

从打击目前猖獗的食品违法犯罪行为的迫切要求来看，《食品卫生法》《产品质量法》等对食品违法犯罪行为的处罚还缺乏应有的力度，没有彻底剥夺违法犯罪分子再次违法犯罪的条件和能力，法律的威慑力还没有充分发挥出来。犯罪分子的违法成本低，获取利益高，导致犯罪分子不断铤而走险，生产、制造、销售伪劣食品，危害人民群众的生命健康，危害社会公共利益。此外，现行法律对食品安全监管机关以及食品安全服务机构的法律责任没有明确规定，使政府和相关职能部门职责不清、责任不明，在履行职能时拖延、懈怠、推诿、消极不作为，导致对市场监管不力，客观上也为违法犯罪分子提供了犯罪的空间。

近年来发生的重大食品安全事故的原因是多方面的，但主要是食品生产

---

① 刘奇民．完善食品安全体系任重道远——国家行政学院教授杜钢建谈食品监管［N］．中国医药报，2004-02-14.

经营企业有法不依、食品安全监管机关执法不严所造成的。法律法规中罚责较轻，对违法行为大多作出查封、捣毁窝点、停业整顿或罚款等处理，威慑力不够。目前在食品安全方面，违法犯罪实际发生的多，受到法律处罚的少；案件受到行政处罚的多，受到刑事处罚的少；一般违法犯罪分子受到处罚的多，主犯受到处罚的少；判处罚金没有执行的多，已执行的少。这“四多四少”表明，法治的权威与力量还远没有真正地发挥出来。要迅速扭转目前我国的食品安全状况，各食品生产经营企业和各食品安全监管部门必须做到有法必依、执法必严、违法必究。

6. 没有与体制改革及时衔接

目前我国已经对食品安全监管体制进行了改革，形成了具有特色的综合监督与具体监管相结合的食品安全监管体制。而《食品卫生法》《产品质量法》都没有及时调整适用体制改革，表现出滞后性。国家保证食品安全，应当通过立法对综合监督部门和具体监管部门之间的关系进行规范，保障各部门权责明确，依法行政，提高监管效能。

（五）制定《食品安全法》符合国际立法发展趋势

进入 20 世纪 80 年代以来，部分发达国家开始重视食品安全法制建设。2000 年以后，在国际食品法典委员会和欧盟的提醒下，在世界卫生组织的敦促下，一些国家正在思考并不断加强食品安全法的制定和完善工作，单独对食品安全进行立法的趋势已经非常明显，2006 年日本、土耳其和其他一些国家都已经在做，而且这种趋势无论在大陆法系国家，还是英美法系国家都存在。在英美法系国家中，最早是英国开始对食品安全单独立法，英国一立法以后，很快影响到其他的英联邦国家。以德国、日本为代表的大陆法系国家也有这种立法的趋势。总的来说，单独立法符合国际立法趋势。

制定食品安全法和加快完善食品安全法体系，已经成为近年一些国家在食品安全法制建设方面的重要趋势。从长远看，将会有越来越多的国家根据有关国际组织的提醒，制定符合本国实际情况的食品安全法。

1990 年英国颁布了《食品安全法》，该法共四部分：第一部分为序言，第二部分为主要规定（包括食品安全、消费者保护、条例、辩护等），第三部分为管理与执行（包括管理、样本与分析、进入权与妨碍、违法、上诉等），第四部分为其他与补充（包括部长权力、保护规定、财务规定、工具与文件等）。

2003 年日本已制定了《食品卫生法》，同时，又制定了《食品安全基本法》，该法共三章：第一章为总则，第二章为制定实施政策的基本方针，第三章为食品安全委员会。

2003年土库曼斯坦制定了《土库曼斯坦食品质量和安全法》，该法共五章：第一章为总则，第二章为食品质量和安全领域的国家调节，第三章为对食品质量和安全的要求，第四章为劣质和有害生命与健康的食品、材料及制品的认定、有效利用或销毁，第五章为附则。

欧盟于2000年发表了《食品安全白皮书》，包括建立欧盟食品安全机构、完善欧盟食品安全法律、加强食品安全保障措施等内容。

此外，在部分英美法系国家中，有些联邦政府或者州政府也制定了食品法。因法律传统与立法背景的不同，不同国家的食品安全法的主要内容也有所不同。英国的食品安全法侧重于程序，包括执行程序、救济程序等，而日本的食品安全法侧重于实体，包括组织与职责。但两国的食品安全法基本定位于基本法与综合法。

二、欧盟食品安全监管制度建设的实践[①]

（一）食品安全监管法律法规

2009年2月颁布的《食品安全法》为我国食品安全发展提供了依法监管的依据，与此同时，食品安全监管内一些法规和机构设计也需要作相应的改革。在此方面，欧盟的食品安全监管改革可以为我们提供一些借鉴和经验。《欧盟食品安全基本法》的出台是一个三部曲的递进过程，从绿皮书到白皮书再到基本法，从基本目标到具体的机构框架设计，一个不断完善的法律制定过程为欧盟食品安全的监管提供了坚实的法律基础。

在欧盟食品安全监管的历史上，1996年暴发的疯牛病不仅大大削弱了消费者对于欧盟食品安全监管能力的信心[②]，也使得欧盟机构自身意识到了长期以来仅仅把食品安全监管作为内部市场建设的一个附带目标的政策存在着严重的不足。为此，欧盟于1997年出台了《欧盟食品安全绿皮书》[③]，该书出版

---

① 杜钢建，孙娟娟．欧盟食品安全监管的理论和实践［J］．新东方，2008（7）．

② 此处仅仅根据文章的主题涉及欧盟食品安全的监管内容，实际上不仅是欧盟，各个成员国食品安全监管能力的公信力都大大下降，这也是欧盟和各成员国同时进行食品安全监管改革的原因之一，而在这个改革中一方面有欧盟在统一、协调方面的努力，另一方面也有各个根据欧盟要求和自身国情进行的改革。

③《欧盟食品安全绿皮书》［COM（97）176 final：The General Principles of Food Safety in the European Union］。

的目的有三个：①了解立法在多大程度上可以满足消费者、生产商、制造商和贸易商的需求和期待；②考虑采取何种措施可以强化官方控制和检查的独立性、客观性、均衡性和有效性，从而实现保障食品安全和卫生以及消费者利益的基本目标；③开展公众对于食品立法的讨论，使欧委会在需要的时候对于发展有关欧共体的食品立法提出合理的措施建议。[①] 作为欧共体食品安全立法的一个起始点，绿皮书提出了该法需要实现的六个基本目标：①确保较高的公众健康、安全和消费者保护水平；②确保货物在内部市场的自由流通；③确保立法建立在科学证据和风险评估的基础之上；④确保欧洲产业的竞争力并提高该产业的出口前景；⑤让企业、生产者和供应商通过实施危害分析和关键点控制体系（HACCP）承担食品安全的主要责任，并辅之以有效的官方控制和执行；⑥确保立法的一致性、合理性、易于理解性。而要实现上述的目标，就必须确保食品安全的监管覆盖整个生产链，也就是所说的“从农田到餐桌”的监管原则。[②]

根据《欧盟食品安全绿皮书》的内容，欧盟检查了原有的关于食品安全的一些立法，以期在此基础上简化和合理化欧共体的食品立法。然而20世纪90年代后期不断发生的食品安全事件，如1999年的二恶英事件，表明食品安全监管必须有基本的法律保障和独立的机构进行监管。原本从单一市场、共同农业政策中独立出来的有关食品安全的政策如今更是上升到了必须予以优先考虑的重要政策。为此，欧盟在《欧盟食品安全绿皮书》的基础上于2000年出台了《欧盟食品安全白皮书》[③]，其目的就是要实现欧盟最高水平的食品安全标准。《欧盟食品安全白皮书》提出了一项根本性的改革计划，即通过立法改革来完善欧盟“从农田到餐桌”的一系列食品安全保证措施，同时建立新的欧盟食品管理机制。此外，《欧盟食品安全白皮书》中规定了84项内容的行动方案，每一项行动都有相应的时间安排，且必须在白皮书发表后的三年内完成。其中最重要的一项建议就是要在2002年底建立一个独立的欧盟食品管理局，从而保障食品法制定和实施的一致性、连贯性和时效性。

在《欧盟食品安全白皮书》的基础上，欧盟于2002年出台了《欧盟通用

① 《欧盟食品安全绿皮书》[COM (97) 176 final：The General Principles of Food Safety in the European Union]，作者根据原文第5、6页翻译。

② 《欧盟食品安全绿皮书》[COM (97) 176 final：The General Principles of Food Safety in the European Union]，作者根据原文第5、6页翻译。

③ 《欧盟食品安全白皮书》[COM (99) 719 final：White Paper on Food Safety]。

食品法》①，并在2003年进行了修改。作为欧盟食品安全监管的基本法，其内容由五章构成，分别就该法的适用范围与定义、食品法总则、欧洲食品安全管理机构、快速警报系统和风险管理以及有关程序和其他条款作出了规定和描述。其中重点规定了作为独立机构的欧洲食品安全局的职责，从而保障食品安全监管建立在科学的基础上。

在这样层层递进的三部曲之上，欧盟的食品安全监管不仅有了最基本的法律保障，从而使得各有关机构的运行和控制工作可以依法进行，而且基本法的原则性规定也为其他各个具体法、特别法的建立提供了合法基础。可以说，欧盟有关食品安全监管的立法是一个典型的“伞状”结构，基本法的完善起到了坚实的支撑性作用，使得其他法律在此基础上以横向、纵向的方式不断完善食品安全的监管，以实现“从农田到餐桌”的全程式监管和从传统产品到新产品的全覆盖监管。具体而言，横向式的立法就是指覆盖所有食品或是一组食品的某一方面的立法，如标签、添加剂、包装、卫生等；而纵向式立法则是针对某项产品或是适用于某一食品的所有相关的具体标准。例如，对于新产品中的转基因产品就在欧盟层面进行了统一规范，而基于疯牛病的教训，对于牛肉采取的追溯立法以及要求牛肉从饲养到屠宰以及入市都要遵循一系列卫生、标签说明标准等。② 正是这样一种“伞状”的立法体系，为欧盟食品安全监管提供了法律基础和法律保障。

（二）食品安全监管组织机构

1. 委员会管理模式

疯牛病暴发前，欧盟食品安全监管的机构主要是以委员会的形式组成的。在这个领域主要有三个功能性的委员会，即由成员国代表组成的食品常任委员会、由科学专家组成的食品科学委员会和由各利益相关者组成的咨询委员会。可以说除了咨询委员会被束之高阁，并没有起到实质性的咨询作用外，食品常任委员会和食品科学委员会的作用还是得到欧盟和成员国的认可的。当时对于食品安全监管采取的只是头痛医头、脚痛医脚的临时性措施。在疯牛病及其他一些食品安全恐慌的冲击下，充分暴露出这样的机构组织和方式的不足。因此，在疯牛病危机后，欧盟委员会于1997年成立了科学指导筹划委员会以及由它负责管理的8个专业委员会，即食物科学委员会、动物

---

① 《欧盟通用食品法》[（EC）No. 178/2002：General Food Law]，作者采用该翻译。

② Dr. David Jukes. Foodlaw – Reading，http：//www. reading. ac. uk/food law/.

营养科学委员会、动物健康及动物福利科学委员会、与公共健康有关的禽畜措施科学委员会、植物科学委员会、化妆品与非食物产品科学委员会、医疗产品与医疗器材科学委员会，以及毒害、生物毒害与环境科学委员会。此外，为了确保针对疯牛病进行的风险评估的科学可靠性，特别成立了 TSE/BSE（可传播海绵状脑病和疯牛病）特别工作组，从而便于科学筹划指导委员会和这个领域的顶尖科学家直接交流。根据《欧盟食品安全白皮书》的建议，需要在食品安全监管方面成立一个独立的机构，负责有关食品安全监管的科学工作。为此，在 2002 年欧盟食品安全局成立后，原有的与食品相关的委员会都合并到了该局的管辖下，设立了科学委员会（相当于原来的科学指导筹划委员会）和科学专家组（相当于原有的分管委员会）。

2. 欧盟职能机构

欧盟的职能机构称为总司[①]，而涉及食品安全监管方面的总司主要有四个：负责内部市场和服务的第三总司、负责就业和社会事务的第五总司、负责农业的第六总司、负责消费者政策和消费者保护的第二十四总司。其中前三个总司就食品安全监管的职责分别负责食品流通、食源性疾病、兽医和植物卫生问题的内容，而消费者政策和消费者保护总司则是食品安全监管方面最为重要的总司。[②] 然而，在疯牛病危机前该总司在食品安全领域内的作用并不明显，在疯牛病危机的教训后，欧盟委员会于 1997 年对该机构进行了改革。经过改革，所有与食品相关的委员会都置于该总司的管理之下。这样一方面有效防止了将来可能出现的农业、工业中的经济利益与健康保护目标之间的冲突，另一方面也保障了在欧盟方面有更多的资源可以用于食品安全的监管，进而切实保障消费者在食品安全领域内的利益。此外，1997 年同时进行改革的还有隶属于该机构，负责监督保障各项有关食品卫生、兽医和植物卫生法规在欧盟各成员国得到执行的食品和兽医办公室（FVO）。该下属机构设有三个专业部门：哺乳动物性食品部、鸟类动物性食品和植物卫生部以及鱼和非动物性食品部。根据《欧盟食品安全白皮书》，食品和兽医办公室的报告是欧盟委员会作出关于欧盟国家从第三国进口是否采取保护措施决策的主要依据。

除了上述的改革，根据《欧盟通用食品法》的规定，在健康和消费者保护总理事下，还需要把原有的兽医常务委员会、食品常务委员会、动物营养

---

① 欧盟职能机构的表述方式为 Direct or Ate－General，本文采用总司的翻译。

② 该机构后更名为 DGSANCO，此处译为欧盟健康和消费者保护总理事。

常务委员会和植物健康常务委员会进行重组，建立一个新的食物链与动物健康常务委员会，从而更好地作出有关食品安全问题的决策。新的常委会主要协助欧盟委员会发展食品安全措施，任务涵盖整个食品供应链——从农场的动物健康问题到消费者餐桌上的食品，从而提高了该机构管理食品中随时可能出现的有害健康风险的能力。食物链及动物健康常设委员会下设八个部门委员会，处理特定的食品安全与动物健康问题，其涉及的课题分别是食品基本法、食物链的安全性生物学、食物链的安全性毒理学、控制和进口条件、动物营养、转基因食品和环境风险、动物健康和福利、植物西药。该常委会主要由各成员国代表组成，委员会的主席是欧盟委员会代表，主席没有投票权。

与这种改革相似，原有的各咨询委员会也合并成立了新的食物链和动物健康咨询小组，以此作为利益相关者和公众参与有关食品安全风险管理决策过程的平台。通过这样的平台，一方面欧盟委员委会可以咨询更多的利益当事人，如消费者、企业主、农业组织；另一方面各利益相关者也可以有固定的途径表达自己有关食品安全利益的诉求，参与决策。根据小组最初成立时的决定，食物链和动物健康咨询委员会由来自欧盟方面的利益代表组织组成，最大成员数 45 人。选择代表的一般准则是要求这些代表组织的首要任务就是保护食品安全问题中涉及的利益，并最大可能地代表各成员国，且代表在欧盟方面必须是长期性的。只有符合上述要求的组织才会被选为食物链和动物健康咨询小组的成员。现在欧盟委员会已经录选了 36 个欧盟方面的组织，如欧盟消费者组织、欧洲饲料加工商联盟、农业联盟等。其中消费者组织有三个席位，作为一个对策平衡工商业者和农民之间的利益代表。

3. 欧盟食品安全局

欧盟食品安全局是根据《欧盟通用食品法》成立的负责食品安全监管中的风险评估、提供科学证据和科学建议的独立机构，其组织结构主要有管理委员会、执行主任和工作人员、科学委员会和科学专家组、咨询论坛。其中管理委员会成员代表的是公众利益，其成员组成不按国别进行挑选，从而保障了该机构的独立性和其工作的科学性，可以说是从源头上保障了食品安全监管的科学性。前文提到，为了保障科学家的先进性和各项工作的独立性和透明性，有关的科学委员会和科学专家组成员都需要通过公开的方式予以选拔录用。咨询论坛的组建为欧盟食品安全局和各成员国相关机构之间的交流提供了平台，从而保障了风险评估工作在欧盟方面的统一性。当然这其中也不可避免地会因为专家研究背景、采用分析方法的差异而出现分歧，如对于转基因食品的风险鉴定，对此，《欧盟通用食品法》对于有分歧的科学建议的规定是要求异议双方通过合作寻求一致性或通过联合文件将这些有分歧的意见公之于众。①

欧盟食品安全局的具体工作主要是对食品供应链中涉及的风险进行评估，并就评估的结果与其他相关成员进行交流。由于欧盟食品安全局的评估建议是风险管理中制定政策和决策的基础，因此欧盟食品安全局大部分的工作都主要是基于一些具体要求提出科学建议。而这些要求主要来自于欧盟委员会、欧洲议会和欧盟成员国。此外，欧盟食品安全局自己也会主动地进行一些科学工作，其所提出的科学建议往往都有助于风险管理和政策制定工作。这包括制定或修改保证食品和饲料安全的法律，或制定新的监管框架和政策，如有关营养的政策。虽然欧盟食品安全局并没有参与这些工作，但是独立的科学建议保证了这些工作的科学性。通过欧盟食品安全局对于风险的交流工作，可以提高大家对于科学工作的关注，并且可以借此让大众知道科学工作的重要性。成立食品安全管理局的目的就是当发生食品安全问题时，最大可能地向利益相关者和公众传达适当、精确、持续和及时的信息，这些信息都以风险分析和专家建议为前提。对于欧盟食品安全局的工作，欧盟和各个成员国都有相应的机构予以科学研究和技术上的支持。这个方面主要有欧盟委员会的总司联合研究中心、欧盟和各个成员国的基准实验室形成的实验室网络以及 SCOOP 体系。所谓 SCOOP 体系是指 1993 年在成员国之间有关食品问题的科学合作体系。可以说，欧盟食品安全监管的一个特点就是重视科学工作在食品安全监管中的基础性作用，而这也反过来促进和提高了欧盟食品安全的监管水平。

（三）食品安全监管原则和措施

欧盟在食品安全监管中采取的相关原则和措施，不仅需要考虑到食品安全监管随着时代发展而层出不穷的新问题，也需要兼顾欧盟所有成员国之间的差异和各自的利益诉求，从而保证欧盟食品安全监管的协调统一、与时俱进，尤其是符合科学和技术发展的食品安全监管体系。其中对于中国食品安全监管有重要借鉴意义的主要有以下四个方面：

1. “从农田到餐桌”的全程式监管原则

可以说“从农田到餐桌”的食品安全监管原则是这个领域内最为基本的一个原则，而这也是中国食品安全监管要实现的目标。对此，欧盟一方面通

---

① 《欧盟通用食品法》[（EC）No. 178/2002：General Food Law] 第 15 页。

过有效的追溯制度保障了从源头对各种原材料的追溯，如企业一旦发现食品存在问题就要迅速从市场上召回；另一方面也要求企业通过危害分析、关键控制点体系实现自我监管，并且按照要求标注标签内容，以保障消费者的知情权，从而承担保障食品卫生和安全的第一责任。此外，最值得肯定和可供中国借鉴的一点是欧盟对于饲料的监管。经过疯牛病、二恶英事件，饲料对于食品安全的重要性已经得到了欧盟的高度重视，可以说对于动物源性的食物，饲料才是真正的源头；与此同时，欧盟对于动物福利的重视也是其重视饲料安全的一个原因所在。而这两点在我们的食品安全监管中尚未得到重视。

2. 风险评估和风险管理分离的原则

疯牛病危机中暴露出来的科学专家的非独立性使得欧盟委员会把风险评估分析和风险管理相分离作为一个改革的重要原则。风险分析和风险管理加上风险交流是风险分析系统化程序。其中风险评估是指对危害进行科学评价，从而得出在特定环境下危害会出现的可能性。评估是提出科学建议的前提，而科学建议被认为是欧盟委员会就健康和安全问题作出决议和采取措施的可靠基础。风险管理是指对所有可以达到有效保护水平的措施进行评估，这其中包括在对科学评估结论和所预期要达到的保护水平之间进行权衡后得出的多种政策选择的评估。风险交流是指和所有当事人之间进行的信息交流，欧盟委员会认为这个过程越透明越好。为了实现这个原则，欧盟委员会把有关科学的工作都交由专家负责，成立了独立负责该项工作的欧盟食品安全局。然而，虽然欧盟将风险评估和风险管理分离，但在实际的操作中，分离并没有像预期的那样严格区分，因为在两者之间有着一定的“灰色地带”，这使得两者的工作相互交织，比如当风险的评估者预料到风险管理的选择后会不自觉地考虑提供一些会被管理者采纳的建议。另外，科学建议向一些非科学人士转达后如何被采纳，这其中也要考虑其他的一些非科学问题，毕竟风险管理不仅仅是把科学问题变成政策。对于欧盟食品安全局的官员而言，他们的工作就是在科学事实的基础上提出科学建议，但是对于科学家而言，他们未必会考虑到这些科学建议在实践中是否可行。而且，在科学评估的过程中，由于科学家本身研究领域的差异，很难保证科学建议在形成过程中没有偏见。

而为了保证其自身的一致性，食品安全管理局往往只向风险管理者提供一项建议。他们认为这依旧给风险管理者们留有了一定的自由裁量的余地。例如，当食品安全管理局建议采取监控措施时，欧盟委员会的一些官员依旧可以决定通过什么样的手段进行监控或是如何组织具体的监控过程。而事实上，科学建议的提供已经干涉了风险管理的领域，因为即便食品安全局的官员用诸如“必须这么做”之类的术语，科学家提供的一项建议还是会被管理人员采纳。因此，在实际的操作过程中风险分析和风险管理之间还是有一定的模糊地带的。对此，在实践中食品安全局和欧盟委员会之间已经采取了一些交流和合作。为了实现这一目的，欧盟委员会的官员会出席食品安全局科学小组的会议，并要求会议记录要把官员的出席情况记录在案。在会议期间，对于食品安全管理局的战略性和政治性观点，欧盟委员会官员可以给予一定的警示。虽然一直强调在这些会议中欧盟委员会的角色只是一个观察员，不该发表任何意见，但是他们的出席却得到了欧盟食品安全局的肯定，因为他们的出席可以更好地明确相关的授权范围，从而使得欧盟食品安全局在保证建议正确性对其所辖的范围作必要的修改。而且由于这种交流形式的非结构化，给双方都留下了更多交流的余地和机会。同时，欧盟委员会官员对于科学建议形成阶段的参与也可以为后继的管理提前做好准备，这也使得这些官员们明白为什么在食品安全局提交的最后报告中一些因素有被提及而另一些则没有。此外，在参与期间，欧盟委员会官员可以确保科学小组的工作没有涉及管理工作，如果出现过于指定性的建议，就可以作出示意，使得最后的工作报告更为开放，而没有太多指定性的要求。如果在评估阶段需要更多数据支持，欧盟食品安全局就可以通过欧盟委员会要求各成员国提供。对于中国的食品安全监管而言，虽然我们已经意识到了风险评估的重要性，并且此次起草的《食品安全法》中第二章的内容就是关于风险检测和评估的，然而在我们的实际操作中还是不可避免地会遇到欧盟曾经经历并且正在经历的问题：如何保障风险评估中科学家的独立性？如何在风险评估和风险管理分离的基础上根据实际需要开展评估人员和管理人员的交流？对此，欧盟对科学专家和科学工作提出的三个原则（先进性、独立性和透明性）已经通过合作、沟通进行各阶段的交流。这是我们在吸取教训的同时可以借鉴的经验。

3. 善治原则

欧盟在2001年的《欧盟治理白皮书》中提出了若干善治原则①，包括先进性、独立性、透明性、参与性和责任说明性等。从食品安全监管到食品安全善治的转变就需要遵循这些原则。前文我们提到对于科学专家欧盟提出的三个原则是先进性、独立性和透明性。其中对于先进性决议规定，委员会所有的成员都必须是优秀的科学家，而风险评估就由这些专家进行；独立性则指科学家们可以不受利益冲突的影响；透明性则指委员会的活动信息和科学

---

① 《欧盟治理白皮书》［COM（2001）428 final：European Governance：A White Paper］。

家的建议可以很容易地被外界获取，当然在这个过程中要注意保守商业秘密。活动性与参与性又是密切相关的，欧盟为各成员国和利益相关者的参与提供了各种咨询的平台，包括前面提到的咨询论坛及食物链和动物健康咨询小组，此外，还有各种会议、网络渠道。责任说明性之所以重要，是因为在疯牛病事件中欧盟委员会管理失灵的一个主要原因就是责任的模糊性。为此，一方面要强调监管中各角色的责任，如监管和控制责任；另一方面也要把一些责任区分开来，以此明确各自的职责范围，如立法职责和科学建议职责相分离、立法职责和监管职责相分离等。

4. 食品和饲料的快速预警系统

1971年，欧盟对于禽肉在屠宰、储存和运输方面制定了统一的卫生要求，同时对牛、猪和鲜肉的进口也作了相应的健康要求，并且规定对肉类要强制性地进行旋毛线虫的检验。作为有效解决各种问题的一个支持性措施，欧盟于1979年建立了食品和饲料的快速预警系统。这个措施旨在通过食品和饲料危机中有效的信息交流，在成员国中建立责任型的主管部门，同时这也使得各主管部门可以相互交流在本国行之有效的食品安全保障措施。

欧盟于2002年对原有的预警系统作了大幅调整①，实施了欧盟食品和饲料快速预警系统。它是一个连接欧盟委员会、欧洲食品安全局以及各成员国食品与饲料安全主管机构的网络。系统明确要求各成员国相关机构必须将本国有关食品或饲料对人类健康所造成的直接或间接风险以及为限制某种产品出售所采取措施的任何信息，都通报给欧盟快速报警体系。系统将收到的有关信息整理后，按照相应程序上报欧盟委员会，转发欧盟有关部门，通知预警体系内的其他成员。一旦发现来自成员国或者第三方国家的食品与饲料可能会对人体健康产生危害，而该国又没有能力完全控制风险，欧盟委员会将启动紧急控制系统。该系统运转后，发出了大量信息通报，内容不断深化，数量逐年增加，2005年达到了近7 000条信息，较有效地实现了对食品和饲料安全的监测预警。

与此同时，欧盟积极加强与消费者的沟通，建立了及时、快捷的信息发布制度。信息经过认真审核和合理评估，以诚实负责的态度向消费者说明情况，并告之欧盟所采取的与风险规模相适应的措施，提醒消费者注意加强自我保护。信息交流方面积极欢迎非政府组织和普通公众的参与和互动。

在这里，欧盟的食品和饲料预警系统的优越性不仅体现在其覆盖了饲料

---

① 罗海东. 欧盟的食品安全危机［J］. 世界知识，2007（16）.

信息的收集和分析，也体现在该系统对于突发事件和危机采取及时、有效管理的信息支持，尤其是从常态管理进入到危机管理的衔接性。而正是这样一个遍及各成员国、时刻保持信息收集和分析，一旦发现异常就上报欧盟委员会和通报各成员国的信息收集、发布与沟通机制和及时预警、准备的机制，使得欧盟委员会和各成员国在进入突发事件或是危机管理的状态后，可以有足够的信息，从而及时有效地采取预防和控制措施，并且通过充分的信息共享保持消费者的信心，防止事态进一步扩大。此外，对于食品安全的监管，欧盟同时采用了预防性措施，即对于风险，尽管还没有充分的科学证据证明它一定会出现并导致一定程度的危害，管理机构还是有权采取一定的措施防止它的发生。随着食品生产链的日益复杂，从原材料到最终消费食品之间会经历更多的过程和更长的时间段，加之我国食品安全监管过程的不完善，尤其是因为职能交叉而存在的监管盲区，对此，实施有效的信息收集分析、预警系统是实现整个食物链追溯制度、召回制度以及在突发事件和危机发生时能够采取及时有效措施的保障。

三、我国食品安全监管制度建设思考

（一）《食品安全法》的立法思路

1.《食品安全法》的基本定位

《食品安全法》应是食品安全的基本法。有专家提出基本法以外还有综合法，但它不是综合法，在行政管理当中很难找到一部在食品安全领域取代基本法的综合法。基本法强调的是什么呢？全国人大有制定基本法和非基本法的区别，《食品安全法》作为基本法对于食品安全领域的一些基本原则、基本体制、基本制度、基本方针都应有所规定。所有这些规定应当基于一种基本的理念，就是要树立食品安全的基本理念，在过去一系列的立法当中没有这个立法理念。《食品安全法》的定位就是基本法。基本原则包括：食品生产经营企业对食品安全承担首要责任的原则；充分依靠科技不断提高食品安全水平的原则；广泛开展食品安全国际交流与合作的原则；以监督为中心，监、帮、促相结合的原则，等等。基本体制应包括综合监督与具体监督相结合的体制、部门决策与综合执法相结合的体制等。基本制度应包括“从农田到餐桌”全过程的各项重要制度。

另外，从立法思路上来说，我们要关注监管责任。也就是说从总则到后面的具体条款，要突出强调的是食品安全监管机构的监管责任，通过《食品安全法》将监管机构的基本职能法定化。这是我国国家行政立法的一个发展趋势，我们过去行政立法中存在的一个重大问题是监管主体在立法上的定位不明确，甚至职能模糊，这也是各领域行政监管在行政法律法规上存在的相当突出的一个问题。在食品安全监管领域当中，应该解决这个问题。

2. 《食品安全法》的路径选择

立法时要考虑《食品安全法》的路径选择，所谓路径选择就是涉及我们现在如何处理好食品安全法制与食品卫生法制的关系等问题。我们认为应在保留和适当修改《食品卫生法》《产品质量法》等的同时，修定《食品安全法》。将《食品安全法》定位为基本法，可以将食品安全标准、食品安全信息、食品安全风险评估、食品安全监测（检测、评价）、食品安全标识、食品安全信用、食品安全事故处理、食品安全损害赔偿等基本内容纳入其中，也可以将种植、养殖、食品加工、食品包装、食品贮藏、食品运输、食品销售、食品消费纳入基本法，具有较大的选择空间。

3. 突出组织建设

《食品安全法》应当突出组织建设。我们认为《食品安全法》首先要考虑的就是目前的食品安全监管领域的组织法体系不健全，组织机构框架当中缺少了主线，这些问题是非常突出的。因此，应突出强调食品安全监管组织的建设，比如说国务院应该设立食品安全监管委员会，应该有这么一个有权威的机构。目前我国食品安全监管最为集中的问题，是没有形成统一的、职责明确的食品安全监管组织体系，表现为：①部门分割，各自为政；②多个职能部门重复建立食品检测组织；③各个监管部门自上而下的组织体系不尽一致；④市场准入组织体系杂乱。

监管体系的杂乱必然造成执法体系的诸多问题，现行食品执法体系的主要问题表现为：①多个主体（部门）分别执法；②农产品安全监管缺少对农民的事前引导；③食品安全社会信用体系还没有全面建立；④食品安全还缺少对相关主体的全面监督。

联合国粮食及农业组织（FAO）和世界贸易组织（WTO）在《强化食品安全体系导则》中指出，当前各国食品安全监管的模式主要有三种：①“齐抓共管”型，建立一套建立在多个机构联合监管、共同负责食品安全的体系；②部门垄断型和单一机构型，有一个单独的、统一的食品安全管理机构进行管理的体系；③“整合”型，在国家层面上对食品安全管理体系进行协调整合。美国、加拿大、日本三国各代表一种模式，其经验对我国都有一定的借鉴意义。

4. 强调监管机制

强调监管机制的建设，实际上是强调监管机制的合理化。机制主要是指在既定的权力及组织体制之下的组织运作流程与方式组合方面的具体的正式或非正式的规则设置。设置食品安全监管机制是为了有效预防、及时控制和消除食品安全危机的危害，保障公众身体健康与生命安全，维护正常的社会秩序，恢复公众对政府的信任。强化监管机制要求各级政府部门及社会各方依法建立处理食品安全问题的一整套权力配置和组织建构方面的制度体系，以及在既有的管理体制之下各方运作的实际流程和方式如何组合方面的正式或非正式的规则设计。只有这样，才能顺畅建立一个落实监管职能的机制体系。食品安全委员会职能的行使，要通过机构改革和职能调整，与国家食品药品监管局和卫生部等部委的职能分工格局的变化相一致，做到体制配套、协调，才能保障其高效运转。

5. 强化监管责任

《食品安全法》应从总则到具体条款，强调食品安全监管机构的监管责任，通过《食品安全法》实现监管机构基本职能的法定化，强调食品安全监管机构的监管责任，通过《食品安全法》的制定将食品安全监管机构的基本职能法定化，有效地避免了原则性、概括性和抽象性的泛化规定。

（二）《食品安全法》的总则

1. 立法目的

在目的方面，进一步强调《食品安全法》究竟要解决什么问题。通过目的的界定，把《食品卫生法》与《产品质量法》区别开来。制定《食品安全法》的目的主要在于以下七个方面：

（1）综合推进确保食品安全的基本原则和政策方针，国家有责任进一步加快有关政策方针的制定。

（2）推动和促进有利于食品安全领域的科学技术的发展，这种发展对整体社会和人类都应该是良性的。

（3）保证国民的健康问题。我们所说的食品安全不仅仅指食品卫生领域，它还包括大量食品卫生以外的问题，凡是食源性的因素可能对国民健康带来现实和潜在不利影响的，都是我们要关注的。

（4）关注食品安全的国际化进展问题、国际方面的标准问题、国际方面食品安全出现的各种食源性的不安全因素问题。

（5）强调国民的饮食生活环境和生活条件的改善问题。

（6）强调国家、政府、企事业单位在食品安全方面的法律责任、义务问题。

（7）强调消费者在食品安全监管方面应发挥的作用。

总之，《食品安全法》的立法目的，应是一个综合性的立法目的。为了确保食品的安全性，改善国民的饮食生活条件，防止国民健康受到不利的影响，促进有利于食品安全的科学技术发展，关注食品安全的国际化进程，明确国家、政府、企事业单位在食品安全方面的责任，明确消费者在食品安全监管方面的责任，《食品安全法》应依据宪法制定。

2. 食品安全与食品供给过程

食品安全问题除了要严禁有毒有害物质，还需要防止各种食源性因素和其他管理性因素可能对国民健康造成的不良影响。同时还要注意食品安全与食品卫生的异同，要明确两者的根本区别，食品卫生注重食品的技术标准，而食品安全注重食品的法规规制及合格评定。《食品安全法》考虑的食品安全问题主要有三方面因素：

（1）食品供给过程的安全。从种植、养殖开始，到食品的生产、加工、制作、包装、贮藏、运输、销售、消费各个环节，强调所有供给过程的各个阶段、各个环节的安全措施，以及落实相关的责任和义务。

（2）突出强调防止食品对国民健康的不良影响，也就是说食品安全问题，不仅要处理那些涉及有毒有害物质的问题，更重要的是防止各种食源性因素和其他管理性因素可能对国民健康造成的不良影响。

（3）应该考虑与食品安全相关的管理性因素，在国际化视角下，这个问题越来越突出。

总之，前两类因素应该是该法律考虑的有关食品安全的主要因素，后一个因素是关联因素。

3. 法律责任

首先，法律责任要强调国家的责任与义务。国家的责任与义务是国家有责任和义务确保食品安全，应采取措施、制定和实施有关政策。《食品安全法》一旦写入了这一条，就意味着我们的《行政诉讼法》的修改和《行政许可法》的实施；一旦出现了问题，公民可以到法院起诉国家有关部门没有履行该法律所指定的义务。

其次，地方政府的责任与义务。地方政府的责任与义务是指在当地的管辖范围内，根据当地的条件与具体情况，制定和实施有关的政策。目前出现的食品问题很多是地方政府责任没有到位、义务没有履行及履行不到位所造成的。

再次，相关企事业单位的责任，食品企事业单位有责任与义务在食品供给过程的相关环节，根据国家和地方的法律规定采取相关措施确保食品安全，否则要承担违法的法律责任。这是《食品安全法》的总则当中要思考的几个重要问题之一。

最后，在总则当中把食品安全监管工作定为原则，这个原则问题还可以进一步斟酌，包括科学治理、综合治理、统一治理、协作治理、责任治理等原则，整个食品安全监管工作的总体原则应明确提出。

（三）食品领域各环节的规范管理

1. 强调食品安全标准体系的建设

关于食品安全标准的有关规定，重点应强调三个方面：

（1）关于食品安全标准化的问题。我国食品安全标准体系的建设必须尽快与国际标准接轨。要按照世界卫生组织的有关规范要求和国际食品法典委员会的食品安全规范的设计方向，来逐步建立我国的食品安全标准体系。食品安全标准化水平要不断提高，使国家标准与国际标准接轨。这个接轨必然会有一个过程，逐步实现这个标准需要约 15 ~ 20 年的时间，对这个时间必须有一个法定的要求，依法确立实现的时间目标。

（2）强调食品安全标准要以科学分析为基础。现在很多部门颁布的标准缺乏科学和法律依据。一些部门无法解释其颁布的标准的基本依据，这说明在制定标准时缺少对食品问题危险性的分析。建立食品安全标准体系，要求相关部门在制定食品安全标准时，必须对食品问题的危险性进行分析，在制定标准时要以此为根据并运用这些资料。

（3）在食品安全标准方面，要树立一种新理念。食品安全标准要向社会公开，保障社会各方的知情权，使社会各方监督食品安全时有明确具体的参照依据。根据我国的行政规制改革方向，现在的行政管理理念趋向公开透明。《行政许可法》中规定了许可听证程序、行政许可的公开方式等，国家下一步制定的《政府信息公开法》，将致力于保障消费者、企业等各方的知情权等。保障社会成员的知情权与听证权等一系列权利，能够促进食品安全标准体系的建立。

2. 强调食品安全信息的监管

强调食品安全信息的监管是非常必要的。目前我国食品监管部门很多，主管部门公布的食品安全信息的统计数据，使社会上产生了对政府食品安全信息统计能力的严重不信任，这就需要通过《食品安全法》的制定，建立有效的食品安全信息统计系统，保障政府公布的信息的可信性和权威性。现在食品安全领域凸显的信息，可以说已经影响了政府在群众中的形象及群众对政府的信任度，主要表现是政府向社会公布的食品安全方面的信息不准确、信息混乱，对此社会上存在着普遍的不满。比如，2001 年卫生部公布的有关食品安全问题的统计数据有三种版本，一年内卫生部三次公布的数据自相矛盾，根据卫生部卫生统计信息中心公开的《卫生统计提要》，2001 年食物中毒 611 起，中毒人数 19 781 人，死亡 135 人；而该中心发布的《2001 年全国卫生事业发展情况统计公报》则称，据不完全统计，2001 年食物中毒 624 起，中毒人数 20 124 人，死亡 143 人。在卫生部对全国人大常委会的《食品卫生法》执行情况汇报中，这三个数字却又分别为 706 起、22 193人和 184 人。杂乱的统计数据显示了食品安全总体上信息混乱的一面，在显现出来的死亡数字背后，尚存在无法确知的危险。

同一政府部门向社会公布的同一时期的同类信息不一致、杂乱，社会和媒体对此反响非常大。怎样确保政府信息统一是需要考虑的问题，包括如何加强政府信息联合发布办法，如何提高信息合格率通报，如何确定信息通报准确率的指数等，把这些问题和监管的制度化建设结合起来，有利于食品安全信息的监管。

3. 加强食品安全评价制度和其他有关制度的建设

评价内容有两类，即风险评价和健康评价，这两类评价要在对食品实施风险评估、健康评价等基础上对食品安全进行分类治理。在这个评价基础上进行分类管理，是目前我们在食品安全领域当中严重欠缺的。对食品实施风险评估、健康评价应强调对永久性有机污染物当中的农药残留和其他化学物质对国民健康的影响。这个方面的评价强调食源性疾病的检测与食品生产的整个过程的检测相结合的问题，以及各个有关部门和单位在食品安全检测、监测评价方面要如何保证加强协作、资源共享特别是信息共享的问题。

4. 建立和完善食品安全标识制度

食品安全标识问题是社会上普遍关注和不满的问题。食品安全中存在的典型现象有三类：①伪造食品标志；②扩大食品标志展示信息，用虚伪和夸张的方法展示该食品本不具有的功能和成分；③滥用外文食品标识，让公众无法辨认。立法要充分考虑这些问题，通过制定《食品安全法》，建立和完善食品安全标识制度。

5. 建立食品安全紧急状态的应急机制

关于食品安全事故的处理，主要是建立应急机制，强调监管过程当中建立危机发生前、发生中、发生后的应急机制。应急机制包括食品安全危机的计划系统、训练系统、感应系统、指挥中心检测系统和资源管理系统等，这些都是对政府提出的要求。

6. 建立食品安全监管体制

关于食品安全监管体制的问题，重点要突出以下内容：①强调综合监督与具体监督相结合的原则。随着这一轮行政机构改革和职能调整的进行，这个问题现在已经形成了一个格局，这个格局要把它的改革成果通过《食品安全法》巩固下来。②成立食品安全监督委员会，包括专门委员会和其他机构的相应问题。③强调地方政府和相关的各个部门与食品安全监管委员会的关系。整个监管体制应该突出强调以上问题，在立法上应该立足全局。食品安全领域当中监管存在的根本问题是部门分割现象严重。如何立足全局、统筹规划、全面安排、系统建设？就是要避免部门冲突与地区冲突，减少社会治理成本。同时还要强调社会协作，共同应对食品安全危机问题。另外，在整个监管体制当中，还应强调消费者作为社会团体、社会群体以及个人在监管方面的作用。

7. 明确食品安全监管机构的职责

关于食品安全监管机构的职责在法律中要有明确的规定，除传统意义上的监管职责外，还应该包括新职责。监管职责包括办事机构的综合监督，这个职责是综合监督方面的，通过法定化，把食品监管机构的职能逐渐在法律上体现出来，这一点也是非常重要的。此外，要强调一个新的职能，对参与中国食品供给的国内外食品厂商进行完整的登记造册应该放在综合监督部门，而不是具体监督部门，因为综合监督部门履行这一项职能，很多问题就容易落到实处。我们现在缺少的综合监管往往比较空，必须依赖于具体的部门职能来履行综合监管的职能，这种状况就要通过立法予以改变。

8. 推广食品安全教育问题

关于食品安全教育的问题，不仅涉及对社会主体的食品安全意识教育，还涉及学习新知识和其他与食品安全有关的问题。

9. 明确不同社会主体的法律责任

立法要明确各社会主体的法律责任。法律责任是保障食品安全的最后纠正机制，这是非常重要的。法律责任涉及几类主体的责任，如生产经营者的责任、食品安全监管人员的责任和其他方面的责任。对这些主体的责任都要细化，保证在现实社会中的可操作性和可实施性，通过明确法律责任，强化社会各主体的守法意识，保证食品安全监督体系发挥作用。

第八章

美国地方政府的社会治理：特别区的视角

一、美国地方政府中的特别区①

在美国，地方政府的范畴中除了县、市、镇之外，还有一种独特的类别，称为特别区（Special Districts），也称作特别区政府（Special District Governments）或特殊目的政府（Special Purpose Governments）。如果说美国的县、市、镇为其辖区内居民提供的是综合性公共产品和服务的话，特别区则是特殊目的的地方政府，通常只为特定范围内的居民提供单一的、专业化的公共产品和服务，或者是有限的几种产品和服务品种的组合。特别区出现在极其多样化的政策领域中，从教育、卫生、治安、环境保护、住房、交通到消防、水电、煤气、图书馆，都存在着特别区治理的局面。更为重要的是，在过去的半个世纪中，特别区是美国数量增长最快的一类地方政府。在 1952 年到 2002 年间，美国特别区的数量增长了大约 184%，2002 年达到了 35 052 个；相比之下，美国县、市、镇的数量只增加了不到 5%。特别区数量上的持续稳定增长反映出公众对它所提供的专门化服务的旺盛需求。

特别区在美国过去半个世纪中的勃兴标志着一种重要的制度变迁，它反映出公众越来越依赖为数众多的地方政府提供各种单一的公共产品和服务，而不是依靠单一的地方政府提供众多的公共产品和服务。② 然而，作为美国最普遍的地方政府形态，人们对它却持有两种完全不同的看法，有人将其看作社会公共事务治理的典范，有人则视之为碎片化政府最糟糕的形式。鉴于此，

---

① 谭康林．美国的特别区与公共服务提供［J］．甘肃行政学院学报，2011（2）．

② Peter M Detwiler，Elvia Diaz，David Arand，Kimia Mizany，California Legislature senate committee on Local Government. *What's So Special about Special Districts? A Citizen's Guide to Special Distrricts in California Edition*［M］. Sacramento，CA：California State Legislature，Senate Lood Government Committee，2010.

本文将首先梳理美国特别区的历史发展，随后分析特别区公共服务提供中所隐含的若干逻辑，以及这些逻辑所导致的特别区治理体系的主要特征，接着通过公共选择理论与制度改革论之间的争锋来呈现这种公共管理和服务组织方式的利弊，最后提出美国建立特别区提供公共产品和服务的做法对我国的启示。

二、特别区在美国的产生及发展演变

在美国，特别区积极参与公共产品和服务提供已经有两个多世纪的历史了。早在16世纪，英国殖民政府就特许私营和公共企业提供当时地方政府责任范围之外的各种产品和服务，如修建隧道、公路和桥梁，目的是以较低的成本为居民提供更加便捷的交通。这些企业事实上带有“准公共”性质：资金部分来自公共财政，部分由私人筹集，实行理事会治理，企业的股票通常由政府收购，企业对自身运营拥有很高的决定权。

（一）19世纪的特别区

到了19世纪，随着美国城市的扩张，人口居住越来越分散，相应地产生了对区域性公共产品和服务的需求。在此背景下，美国大城市中出现了美国第一种特别区类型，即跨区域特别区。特别区作为当时一种主要的区域整合机制，把美国的大城市中心城区及其周边享有极大政治独立性的郊区地方的公共产品和服务提供联系在一起。最早被用作区域整合机制的特别区出现于1790年，是费城及其周边10个郊区政府联合成立的监狱巡官特别区。在随后的60年间，这些地方政府又先后联手成立了9个新的跨区域特别区，提供济贫、卫生、警察和教育等服务。这些特别区为今日美国的跨区域特别区确立了典范，它们征收税款、制订预算计划、决定服务供应的水平，并且在进行这些活动时不会受到来自其创建者的任何干预。

19世纪的美国还见证了另一种截然相反的特别区形式的出现，即特别税收区（Special Assessment Districts）。如果说跨区域特别区旨在实现公共产品和服务的区域性整合，从而更好地服务于分散定居的人口，特别税收区的目的则是使服务供给更加“地方化”。特别税收区为居民提供道路建设、街灯等各种可收费产品，这种安排所依据的原理是人们享受的公共产品和服务水平应与其付出的费用大致相当。大多数特别税收区规模较小，通常完全处在单个城市的边界以内。由于特别税收区提供的产品和服务大多建立在可量化的服务收益之上（如将居民住房毗邻的新建马路长度作为居民缴纳该道路建设费用的依据），因此这种特别区被普遍认为公正、不易受到腐败侵蚀，并且与党派纷争绝缘。特别税收区的这个特点使今天的学者在谈到特别区的优点时，往往倾向于将其描绘成一种能够保持政治中立、技术官僚型的地方政府形态。①

（二）20 世纪的特别区

步入 20 世纪，美国各州的跨区域特别区和地方性的特别税收区数量继续增加，不过，特别区出现的原因发生了一定的变化。一方面，区域性特别区的增加源于人口就业和定居的不断分散化，原先集中于大城市中心城区的公共产品和服务不得不向郊区扩展，一些中心城市逐渐将其郊区加以兼并，用建立跨区域特别区的方式来为居民提供各种产品和服务；而另一方面，20 世纪早期美国的地方自治运动又使得美国一些由郊区主导的州立法机构对中心城市兼并周边郊区的做法进行严格限制。在此背景下，一些地方性的特别税收区建立了起来，为那些没有被并入中心城市的小型市镇提供产品和服务，从而保障了这些地方的政治自治性，同时又满足了当地居民对公共产品和服务的需求。

到 20 世纪上半叶，美国一些城市在经济危机的影响下债务缠身，公民组织担心地方政府因此提高财产税而游说州立法机构对中心城市的征税水平加以限制。这导致城市既不能违反州所规定的负债上限，又无法任意提高财产税额，与此同时还要维持原有的公共服务水平。在此情况下，美国出现了第三种特别区类型，那就是与中心城市边界重合的特别区。由于特别区可以不受州对县、市财政资金筹集的限制，为城市提供了一条规避负债和税收限制，同时又不需要完全放弃对公共服务控制权的途径，因此特别区便成为城市官员的理想选择。事实上，一直到今天，财政原因仍然是美国地方政府建立与中心城市边界重合的特别区的主要原因。

另外，20 世纪二三十年代，美国进步主义运动蓬勃发展，为美国的第四种特别区类型——公共权威机构的出现创造了良好的政治气候。进步主义改革的一个主要目标就是褫夺政治领导人对公共职能的控制。人们认为，正是政治领导人的治理风格和所制定的公共政策滋生了城市社区中的腐败和低效

① Foster, K. A. *The Political Economy of Special-Purpose Government* [M]. Washington D. C.: Georgetown University Press, 1997. 23.

等大量问题。与之相对照，公共权威机构因其独立性、非党派性和职业化管理，以及不具备征税权而被看作实现“好政府”的关键。美国最早的公共权威机构是成立于1921年的纽约港口机构，这之后的几十年间美国各地又出现了几百个这样的公共实体。

到了20世纪30年代，上述的四种特别区在美国城市事务的治理中都拥有了一席之地。在罗斯福时代，联邦政府规定把成立独立的公共权威机构作为地方获取联邦拨款的先决条件，从而进一步催生了大量新的特别区。在罗斯福担任总统之后的几十年间，获得联邦和州的拨款一直是各地建立特别区的主要动力。特别区这种地方政府形态也逐渐地出现在执法、卫生保健、规划、空气质量控制、资源保护、经济发展、公交、污水处理等形形色色的政策领域中。

从20世纪70年代初开始，美国的大城市逐渐抛弃了“二战”后持续多年的一味追求经济增长的做法，转而重视服务供给和环境保护，并开始对经济增长进行规制。主导城市话语权的房地产开发商们认为拥有相对自主性、与政治纷争隔绝、具有管理灵活性的特别区是公共产品和服务提供的最佳形式。还有一个重要原因是，特别区可以通过发行债券进行负债融资，这对地方上的基础设施建设也是非常有利的。在地产商人的推动下，许多新的小型特别区建立了起来，为社区提供自来水、道路等服务项目。

近些年来，美国公众对庞大的政府开支日益不满，一再要求政府降低赋税，与此同时，公众对公共产品和服务的要求却越来越高，这导致了美国各州政府和县、市、镇地方政府的财政压力越来越大。在此背景下，特别区再次成为一种最优方案，提供各种所在地政府无法供应的资本项目。由于特别区不受地方选举的影响，并且在很大程度上也不受各种来自行政方面的控制，它们能够较快地开展一些造价高昂，甚至当地居民不见得欢迎的发展性项目。在美国，目前有大量的公共权威机构负责大型会展中心、体育馆、工业园等争议性公共项目的融资和运作。

从特别区的历史演变中我们可以看出，特别区在美国产生的原因是多种多样的，归结起来有以下几点：①特别区可为公众提供专门化的公共产品和服务。县、市、镇政府只能为地方上的居民提供多数人所需要的具有普遍性的产品和服务，却无法照顾到人们的差异性需求，而特别区可以为特定社区提供“量身定做”的公共服务项目。②特别区突破了公共服务的地域限制。特别区既可以为单一社区、若干社区、整个城市地区服务，也可以为州际地区服务，特别区边界设定的标准是能否实现公共产品和服务的规模经济效应，而不是囿于既定的政府疆界。绝大多数的特别区是跨越多个市镇，甚至是跨越了两个或多个县的。特别区政府的设置能够使地方社区在问题的疆域范围内，与组织起来解决这些问题的管辖范围之间，获得更密切的配合，从而提供更高效的公共服务。③特别区具有财政上的灵活性。美国大部分州都对综合功能的县、市、镇政府限制其借债数量和财产税额，这导致有时候这些地方政府虽然很愿意提供某种服务，但往往因缺乏资金而无力提供。而特别区不同，它们拥有独立的征税和举债权力，不受州的限制，从而为兴办较大的地方事业提供了充足的财力。④特别区不受党派政治的干扰，具有自主性。许多特别区成立的目的是进行大型的基础设施建设，如自来水供应、排污、运输等，如果由综合功能的地方政府当局来从事这些建设，就必须经过地方议会的审核过程。由于这些项目涉及大量公共资金，可能会在地方政治家之间引起耗时较长的争议。而设置特别区则会避开政治因素的干扰，较快速地开展大型基础设施的建设。

三、特别区的公共服务提供逻辑

仅关注特别区的历史演化是不够的，因为这样一种视角可能会让我们把特别区这种公共服务的组织模式仅看作是美国历史发展的偶然性积累，进而接受美国“百衲被式”地方治理格局的表象。然而，在为数众多的特别区所构成的无序表象背后，隐含的是有序的制度安排。应当说，特别区是在若干公共服务提供逻辑的推动之下出现的。

（一）公民偏好的多样性

公民偏好多样性是特别区存在的第一条逻辑。从理论上说，公民可以有多种途径表达自己对公共服务的偏好，然而这些途径各有各的缺陷。第一种途径是通过投票选举政治候选人来表达偏好和需求。尽管这是民主国家中最常见的偏好表达的方式，但问题在于投票只是一种选举代表的方式，然后再由代表们来决定服务提供的适当水平。既然公共服务是统一提供给社区里的所有人的，那么就不可能使所有的需求都完全得到满足，一定会出现一些个人虽然交了税，却享受不到符合自己偏好的公共服务的情况。对美国选举制度的研究也发现，如果公民的偏好差异很大或者在分布上呈双峰状态，那么就没有任何选举机制可以有效地将公民的偏好转换成提供的服务类型和质量都十分清楚的政策。[①] 第二种途径是直接向官员提出自己的要求，要求他们调整政策来满足自己特殊的偏好和需求。这虽然也是表达偏好的一种重要途径，但是同样存在着很大的缺陷。因为在一个大城市地区，那些利益表达强烈的公民能够得到政策制定者的关注而获得符合他们利益偏好的公共服务，而那些利益表达不强烈的公民的偏好可能就被忽略了，其结果是邻里内部也可能产生服务水平的巨大差异。

公民在显示偏好上的困难使特别区的存在有了合理性，因为这种安排可以使公民个人更加准确地表达自己的偏好，更能针对不同的服务职能来确定恰当的边界范围。在美国，一般家庭会倾向于选择那些邻居们的社会经济地位与自己相似的社区居住，他们对公共服务的需求通常会具有较高的同质性。通过建立特别区，可以使地方上的治理活动更加符合本地较为同质的公民偏好，也会不断地吸引具有同样偏好的新居民定居。研究证明，多元化的政府存在格局要比那种包揽一切的单一政府安排能更好地表达公民的偏好，相反地，单一大城市可能会带来公民利益上的损失。研究发现，多个城区政府合并成一个单一大城区政府的一个结果是：一些社区被迫为不需要的服务付费，而另一些真正需要服务的社区又得不到想要的服务水平，合并造成了公民的福利损失和公共服务提供的无效率。

（二）公共产品和服务的外部性特征

特别区存在的第二个逻辑是公共产品和服务的外部性特征。如果说公民的偏好差异是特别区出现的基本理由，那么公共产品和服务的外部性特征则帮助特别区设定了边界范围。“外部性”指的是生产某种产品或服务的成本或收益不仅由生产者承担，而且可以对第三者产生影响。工厂排放的浓烟是一种生产的负外部性，因为它会危及人们的身体健康；社区图书馆则能带来正外部性，因为不仅本社区的居民获得了知识，整个社会也能从个体知识的增长中受益。在决定一个特别区的规模时，关键之处在于使特别区的边界与潜在受益人相匹配，一方面，如果有人被迫交税却不能享受那些使他受益的公共设施，特别区在未来的治理过程中就会出现内部的争论与冲突；另一方面，如果不是所有的受益人都包括在一个特别区的管辖范围内，就意味着用该特别区居民所缴纳税收创造的福利会为区域之外的人所用。公共服务或产品的

---

① ［美］文森特·奥斯特罗姆．美国地方政府［M］．井敏等译．北京：北京大学出版社，2004. 93～94.

外部性特征表明，当为一个特别区划定边界时，首要原则是公共服务的受益者应按其受益的比例承担该项服务所花费的成本。

下面的例子很好地说明了产品和服务的外部性在特别区边界设定中的影响。美国加州西部盆地是位于洛杉矶市地区西部边缘的地下水盆地，它提供每年 3 万英亩自然状态水的净产量，周边社区依靠盆地储藏的地下水而发展。经过长期开采，到“二战”结束时，已经引起海水倒流，造成了水危机。1945 年，当地主要的水生产者成立了“西部盆地水协会”，人们认识到只有获得补充水源才能减少对地下水的抽取。1947 年，通过地方居民投票成立了“西部盆地市政水区”，将整个盆地置于一个公共实体管辖之内。通过建立西部盆地市政水区，科罗拉多河的水被分送到了西部盆地。市政水区的建立以及其他一些措施的出台使海水侵蚀的速度减缓了。

然而，市政水区的建立并没有完全消除海水侵蚀的问题。工程师们发现，设立地下淡水屏障阻止海水入侵在技术上是可行的，这件事是由洛杉矶县洪水控制管区进行的，西部盆地水协会的成员起草了一项立法，在洛杉矶县洪水控制管区内形成一个与西部盆地边界大致相等的特殊利益地区，从该地区征收财产税来资助淡水屏障的建设。但是问题没有这么简单，在洪水控制管区的受益地区内征收的税收，不足以支付整个屏障的费用，而这个问题和西部盆地之外的中央盆地有关。西部盆地的个体购买地表水、减少抽水和进行屏障建设，中央盆地的邻居却继续增加其水产量，而两个盆地是相邻的和相互连接的，结果是从中央盆地向西部盆地的正常地下水流入严重下降。现在出现的就是外部性的问题，因为地下水盆地的开发成本承担者和其受益者之间并不对应。因此，人们认为有必要将在一个盆地上进行水资源开发的努力和另外一个盆地的行动协调起来。经过上面提到的三个组织和水产业者的协商，一个新的水区，即中央和西部盆地水补充管区成立了。补充管区有着广泛的权力，为两个盆地维持着有效的管理体系。它的主要收入来源是对两个盆地上的水征收的“抽水机税”和对土地所有者征收的财产税。收入用于购买水以分送于洛杉矶前湾和注入西部盆地屏障中。①

事实上，产品和服务的外部性特征还暗示了当受益者或受损者的规模发生变化时，特别区还需要根据这些新的外部性问题调整自己的边界范围。② 换言之，特别区的边界并不像县、市、镇这些综合功能性政府那样是“地理僵

① 刘海波．美国地方政府中的特区［J］．国家行政学院学报，2004（1）．

② M. Mullin. *Do Special Districts Act Alone? Exploring the Relationship between Flexible Boundaries and Intergovernmental Cooperation*［M］. Detroit：Wayne State University，2007.

化的”（geographically rigid），而是根据需求变化和科技发展而不断调整的，只有这样才能保持特别区对公民偏好的回应。

（三）公共产品生产和供应的可区分性

特别区的背后还有第三条逻辑，那就是公共产品生产和供应的可区分性。这条逻辑使特别区作为公共产品和服务的一种特殊安排更具有可行性。在很长一段时间内，人们认为产品和服务的生产与供应是一体的——政府提供给公众的产品和服务一定也是政府亲自生产的产品和服务。不过，现代政治经济学家明确指出，公共产品和服务的生产与供应能够区分而且有必要区分。原因有三：①区分供应与生产有助于更清楚地界定地方政府的职能；②供应与生产的区分有助于在组织公共服务和产品的过程中引进准市场关系与竞争，从而提高效率；③供应与生产的区分有助于供应单位灵活调整不同的服务和产品的组织规模。[①] 对产品和服务生产与供应的可区分性较早进行系统研究的是奥斯特罗姆、蒂布特和沃伦，他们将服务的供应看作是一系列集体选择行为的总称，是地方政府必须承担的一系列职责和义务，包括：①建立和健全公民利益和需求表达机制，以此来决定需要提供什么样的产品和服务、产品和服务的数量和质量标准、需要筹措的收入数和如何筹措等。②根据不同类型的产品和服务确定利益共同体的边界，即哪些人应当包括在共同体之内，哪些人应该排除在外。这里的主要原则是财政平衡原则，即个人所付税费和收益必须相匹配。③制定和实施一些强制性规则，规制个人的消费和使用模式，确保公共产品和服务在供求均衡的前提下得到合理的使用。④决定公共产品和服务的生产方式，接受投诉，监督公共产品和服务生产的绩效。服务的生产则是指如何将一系列的输入资源转化为产品和服务的技术过程。在地方政府的直接生产方式之外，还存在着合同外包、合作、特许经营、凭单制等非常多样化的生产方式。

对产品和服务生产与供应的区分为特别区以及其他类型的地方政府找到了公共服务提供的替代性方案。特别区不仅可以亲自生产某些产品和服务，还可以通过合同外包等办法使自身不去承担任何生产方面的任务，也就是说可以让自己成为一个纯粹的供应者。实践表明，合同外包是美国地方政府公共服务实践中一种非常普遍的形式。到 20 世纪 80 年代，美国有 90% 的自治

---

① ［美］文森特·奥斯特罗姆等．美国地方政府［M］．井敏等译，北京：北京大学出版社，2004. 6 ~7.

市通过签约生产一种或多种公共服务，大约一半的美国城市把它们公共服务职责的15%签约外包，另一半则签约更多。

四、特别区的治理体系

作为一种特殊的公共服务组织安排，美国的特别区已经逐渐发展形成一套复杂而独特的治理体系，下面从特别区的功能、性质、类型、运作方式等方面对它进行详细讨论。

（一）特别区的功能

从功能上来说，特别区提供的是专门化的公共产品和服务。有统计表明，美国绝大多数的特别区是单一功能的，它们主要出现在教育、社会服务、环境保护、住房、交通、公共事业以及消防等领域中。不过从理论上讲，单一功能特别区可以出现在任何政策领域，因为人们的需求和偏好在不断地发展和变化，这为新特别区的出现提供了前提。单一功能的特别区有时能逐渐发展出新的、关联性的服务职能，如一个港口特别区在港口服务之外可能会发展出相应的公交、机场和经济发展服务等功能。除了单一功能特别区之外，美国还有不少多功能特别区，为地方居民提供两种甚至更多种公共服务。

（二）特别区的性质

从性质上来说，特别区和美国的县、市、镇一样，是一种地方政府。根据美国普查统计局所设定的标准，一个实体是否可被看作是“政府”应从是否是组织化的实体、是否具有政府特征以及是否有实质性的自主权三方面加以判断。[①] 是否是组织化的实体要看有没有证据表明该实体拥有法人权限（如进入合同关系的权力）、其制度特征如何（如有由选举产生的官员）以及实体的具体活动是什么（如获取收入、定期召开理事会会议）。政府特征指的是一个实体是否有民选官员和任命官员、是否有征税权并且能够负债，以及是否担负提供公共服务的责任。实质性的自主权包括财政自主权和管理自主权两方面。财政自主权意味着一个实体有权自行决定预算的使用、确定税率、为所提供的服务定价，并能在不受其他政府指导和审查的情况下发行债券。管

① U. S. Census Bureau. Census of Governments, Government Organization [R]. 2002 (1): 12.

理自主权则可能有两种情况：①实体拥有经公民选举产生的治理机构；②如果治理机构成员不是民选产生而是经任命产生的，则治理机构所履行的职能能够与创建该实体的政府的职能相区别。

特别区具备上述三个特征。和美国的县、市、镇政府一样，特别区也可以进入合同关系中，可以起诉他人或被他人起诉，可以雇用员工、获取不动产、向用户收取费用、发行债券来筹资，甚至有的还有权征收财产税。和县、市、镇政府一样，特别区也必须遵守所在州关于选举、公共健康和安全、举债、会计核算等方面的法律法规。特别区还享有许多作为公共部门组织的权利，如它们可以免于缴纳财产税或所得税。此外，尽管有些特别区的治理理事会成员是任命的，但是理事会所履行的职能能够区别于所在地政府的职能，即便在有些情况下，特别区理事会承担的职能和所在地政府相似，但是它们不会受到来自所在地政府的监控。

不过，特别区缺少了县、市、镇这些综合功能型政府所具有的一些基本权力，表现在三方面：①特别区一般不拥有管制权（policing）。管制权泛指规范私人行为以实现公共目标的权力。政府制定并实施规则时所运用的就是管制权，例如，给城市分区、要求店家出具营业执照、设定车速限制，等等。尽管很少有特别区会拥有管制权，但当涉及对特别区财产的具体使用时，特别区也会相应地拥有一些这方面的权力，如一个城市公园特别区会禁止在其管理的公园内的饮酒行为。②在决定所承担的功能方面，特别区的公共权力也受到了限制。综合功能的地方政府通常拥有宪法和法令所规定的各种功能，而特别区在增加服务项目或改变其功能组合之前则必须获得州立法机构的批准。③特别区还不具备综合功能的地方政府在筹资方面的一些重要权力，例如，它们没有资格申请某些联邦和州的补助项目，也不能像综合功能的地方政府那样征收煤气税、执照税和旅馆税等。不过近些年来，这种限制在一些州被放宽了，使特别区也获得了传统上它们所不具备的一些税收和资金筹集上的授权。

（三）特别区的类型

从类型上来说，目前美国的特别区大致可分为两类，征税型特别区（Taxing Districts）和公共权威机构（Public Authorities）。征税型特别区拥有征收特别税种的权力。美国几乎所有的征税型特别区都拥有居民选举产生的独立治理理事会，这符合了“没有代表权就没有征税权”这一基本的民主原则。[①] 在有些情况下，特别区中的财产所有者（而不是所有的居民）有选举理事会成员的权利。不过这种情况在过去已经在美国的若干州中引发了法律纷争。征税型特别区又被称为非企业型特别区，因为它们几乎完全依靠征收财产税来获取运营费用，而不需要从收费服务中汲取财源。这是因为征税型特别区所提供的各种公共服务，如消防、消灭蚊虫、图书馆管理、社会治安等所惠及的不是某些个体居民，而是整个社区，而在这些服务中却又不存在直接的成本和收益关系，因此就不能征收服务费用。

公共权威机构则是不具备财产税征收权的自治机构，它们的大多数资金来源于用户付费、政府的拨款以及发放债券。作为无征税权的实体，公共权威机构的治理理事会通常是任命的，大多数理事会成员是设立该特别区的地方政府（城市、县甚至是州）中的官员。公共权威机构又被称为“企业型特别区”，原因就在于它们提供的通常是可分割和可收费的公共服务，以及需要大量资本投入的大型公共项目。在美国，几乎所有的自来水、垃圾收集和医院特别区都属于此类。

（四）特别区的运作方式

从运作方式上来讲，尽管特别区是掌握着公权力的公共组织，但是在管理和财务上与私营企业有众多相似之处，特别区这种公私特征兼具的性质使之被称作“准政府”或“混合型组织”。[②] 和私人企业一样，特别区的工作人员不属于文官系统，特别区的采购制度和养老金制度也不同于一般的公共机构。和私人企业一样，特别区在确立自己的人事制度、薪酬安排、管理技术、内部工作程序等方面都拥有裁量权。尤为重要的是，特别区在资金筹集方面受到的限制要少于综合功能的地方政府，并且它们可以不受各州对城市财产税收以及借贷的限制的约束。事实上，也正是由于特别区在管理事务和资金使用上的自主权和独立性，才使特别区在美国拥有了巨大的政治和财政影响力。

从特别区的收入来源上来说，特别区的财政收入可以来自多种渠道，不过都必须在成立特别区的法律中予以明确规定。征税型特别区的主要收入来

---

① “没有代表权就没有征税权”是18世纪七八十年代美国为抗议英国殖民政府征收印花税，但是在英国议会中又没有给予美洲居民代表权而提出的口号，后来演变为一项基本的民主原则。

② Koppell, J. G. S.. *The Politics of Quasi-Government: Hybrid Organizations and the Dynamics of Bureaucratic Control* [M]. Cambridge: Cambridge University Press, 2003. 4.

源是财产税，不过也可以从债券、政府补贴、用户付费、租金和一些特别税收中获取收入。非征税型的公共权威机构除了不能征收财产税外，在其他收入来源上拥有和征税型特别区大致相同的选择。非财产税收入为公共权威机构提供了一种获取税金的重要方式。例如，美国许多公交特别区可分得所在地方0.5%～1%的增值税收入，还有一些公交特别区则从燃气税和其他的州税种（如车辆登记费、驾照颁发费，甚至彩票收入）中分得一部分收入。和一般的看法不同的是，特别区并非总能自给自足。超过半数的美国特别区从政府补贴、税收共享以及来自其他政府的补偿中获取部分资金，其中联邦政府的资助尤为重要，其次是来自州政府的资助。此外，尽管来自于州的直接资助并不多，但是间接资助却不少，例如，特别区通常免于缴纳各州的所得税和财产税，在土地使用和环境保护等方面也通常免于地方法律的管制，另外，州政府还会在特别区债务缠身时施以援手。

从特别区的成立方式上来说，虽然美国各州法律不同，但在成立特别区的问题上一般有三种通用的做法：

（1）通过特别立法的形式来成立跨区域的特别区。例如，美国特拉华州的“河流和海湾机构”就是根据新泽西和特拉华两州的法律协议而建立的。

（2）综合功能的地方政府也可以根据州的一般性法律来生成决议，建立特别区。例如，加利福尼亚州诺瓦托市的官员成立了诺瓦托卫生特别区，为该市的居民提供卫生服务。

（3）一个或多个公民也可以通过向立法机构请愿的方式要求成立特别区。例如，得克萨斯州休斯敦的一个发展商就提出倡议，最终使哈瑞斯县公用事业第145号特别区成立，为特定的居民区提供供应自来水、排污等服务。

无论上述哪一种成立方式，通常都需要召开正式的听证会来决定是否有设立特别区的必要，甚至还需要为此进行深入的可行性研究。此外，在某些情况下还需要举行地方投票来判断是否大多数居民（或土地所有者）希望成立特别区并愿意为所得到的服务纳税。值得一提的是，特别区可以征收的税种以及是否可以发行债券来融资都需要得到当地选民的授权。有时候成立特别区的创意会失败，并不是因为居民不赞同特别区的成立，而是在特别区如何融资的问题上无法达成一致。

从对特别区功能、类型及运作方式的简短描述中我们可以看出，特别区治理体系的设计体现出一个基本原则，即地方居民对公共服务的参与。例如，是否设立特别区以及特别区的税收比例都需要得到地方居民的首肯，从一定程度上保障了居民对特别区事务的参与和控制；另外，特别区依靠理事会来治理，无论理事会由居民选举产生，还是由创设特别区的地方政府任命产生，它都可以不受干扰地决定特别区的事务，这种自主性也有利于保障特别区决策的持续性和有效性。总之，特别区的各种制度安排保证了其辖区内居民能够自主地对所面临的公共事务采取行动，而反过来看，特别区的这种自治性也正是美国“人民主权原则的自然结果”①。

五、特别区的利与弊：公共选择与制度改革论的争锋

尽管特别区早已成为美国公共服务提供的中坚力量，但是对特别区治理的争议从未停止过。有人认为特别区代表着高效、竞争与回应性；另一些人则坚持特别区是低效的、反民主的和碎片化的治理模式。而集中体现这些观念分歧的，是公共选择理论和制度改革论的争锋（见下表）。

特别区的利与弊

特别区的优点（公共选择理论）	特别区的缺点（制度改革论）
1. 居民可以“用脚投票”，迫使地方政府相互竞争，提高服务水平 2. 小型特别区可以为地方居民提供符合其偏好的公共产品和服务 3. 大型特别区可以实现特定服务种类的规模经济效应 4. 特别区能够更直观地向公众展示公共服务的成本与收益之间的关系	1. 特别区只关注小范围居民的偏好，社会的整体利益被忽视 2. 特别区不利于公民参与和监督 3. 地方官员通过建立特别区让不受欢迎的公共决策避开公众的关注 4. 碎片化的地方政府格局会加重大都市内部公共服务需求和税收资源不匹配的问题 5. 特别区的存在不利于服务均等化和社会公正

（一）公共选择理论的观点

近年来，公共选择理论为特别区的存在和发展提供了最有力的支持。公

① 托克维尔认为，在社会治理中，每个人都享有同等的权利和基本的平等权。这一原则被扩展到作为一个集体的乡镇，以及它与州政府的关系中。在所有仅仅关系到它自身的事务方面，都是独立的，而在与其他乡镇共有的事务方面，它服从于州。因此托克维尔说，“在美国，市的独立性正是人民主权原则的自然结果”。

共选择理论的一个重要假设是，居民可以“用脚投票”：当居民对所在社区提供的公共产品不满意时，他们便会迁往能提供最符合其偏好的公共服务和税收组合的社区。换言之，这表示社区数目越大，不同社区的差异越大，居民就越能充分地实现自己的偏好。正如消费者进入市场去购买价格既定的产品一样，居民可以被看作是进入社区去购买那些价格（即税收）既定的社会服务。公共选择理论家进而认为，因为居民可以“用脚投票”，那些效率低的地方政府由于担心大量纳税人会迁至效率较高的社区而丧失高额的税收来源，就会想方设法来提高公共产品和服务的供给绩效，这样一来将导致不同地方政府之间的竞争，最终受益的是居住在这些地方的居民。① 相比之下，单一的、涵盖整个都市地区的政府就像一个垄断组织一样，不太可能有效地满足居民的需要。举例来说，假设有小偷闯入了你的房子，根据公共选择理论，你可以打电话给市警察局、其他市警察局、州警察局或者给防治盗窃的安保公司，所有这些预防犯罪的机构都会有重叠的管辖区。如果某个警察部门状况不够良好或者没有回应，那么另一个警察部门将会弥补这一空隙。根据公共选择理论家的观点，这种机构间的竞争与原先单一的政府模式相比，会对人们的需求更有回应性。

公共选择理论还认为，除了提高公共服务的的效率之外，特别区因为提供的是专门化和差异化的公共服务，所以能更好地满足居民对服务的多样化需要。而当一个社区只期望获得有限的服务种类时，如只有消防和污水处理而无其他，特别区的优点就更加明显了，因为建立一个特别区要比建立一个综合功能型的地方政府更能以较低的边际成本来为社区提供这些有限的公共服务。②

如前所述，特别区的边界范围是非常灵活的，它可以为单一社区、若干社区、整个城市地区服务，也可以为州际地区服务。在公共选择理论家看来，如果说小型特别区的存在可以促进竞争、提高服务与公民偏好的匹配度以及提高效率，那么比较大型的跨区域特别区也有其优点，因为当某种产品或服务的技术或成本特征预示着规模经济效应时，大型特别区可以通过为不同地方提供超出单个地方政府提供能力的服务来提高服务或产品的供给效率。

从公共选择理论的观点来看，特别区还有另一个优点，即可以将公共服

---

① 董再平．蒂布特模型及其相关理论的文献述评［J］．云南财经大学学报，2006（4）．

② ［美］尼古拉斯·亨利．公共行政与公共事务（第8版）［M］．张昕等译．北京：中国人民大学出版社，2002. 667.

务的成本与收益之间的关系以更为直接的方式展示给居民。① 综合功能型的地方政府所征收的税款用于多种公共服务的提供上，纳税人通常体会不到他们所接受的服务和所缴纳的税款是直接联系在一起的。而对特别区来说，由于只有那些从特别区服务中受益的居民才需要为此付费，这便使居民的付出和收益间的关联更加明朗。

公共选择理论为我们理解特别区提供了非常有用的视角，它使我们认识到当综合功能的地方政府无法满足公民对公共产品和服务的需求时，公民的理性行为将促进特别区的形成。不过，它对于特别区能够提高公共服务提供效率和回应性的看法却受到了制度改革论的反对。

（二）制度改革论的观点

制度改革论在 20 世纪 70 年代曾是美国城市政治经济学研究中的主导性观点，它对特别区的批评在今天仍有许多拥趸。和公共选择理论恰恰相反，制度改革论认为大量特别区的存在将导致大都市政治的碎片化和公共服务供应的混乱与低效。当一个区域被分割成了若干小型自治实体时，每个实体自主行事会导致区域的整体利益被忽视，结果各实体之间竞争有余而合作不足，分散了行政责任，降低了政府效能，造成“多而低效”。过多的特别区还会导致服务提供的交叉重叠，从而造成公共开支的增加和资源的浪费。② 例如，在纽约大都市区，同样一个交通问题，州和市政府都参与管理：汽车交通归纽约市政府管辖，州政府管辖其他类交通系统；州政府又把这些交通系统地分为纽约交通署（负责地铁）、三区桥梁和隧道署，与这些交通系统有前后承接关系的港务系统却归另一个单独的政府实体纽约港务局管辖。各级各类政府间功能重叠交叉，难以界定责任与义务，当然更难提高管理效率。

除了质疑特别区的公共服务提供效率外，制度改革论还从四个方面对特别区进行了批评：

（1）制度改革论认为特别区不利于公民参与和监督。多样性的地方政府会使公众感到难以理解，不知道特定的公共服务应当由哪个政府或哪个部门来负责，进一步地会丧失参与地方政治的热情。研究表明，特别区的选民投票率通常远远低于市政选举投票率。尽管特别区数量不断增加，可是在有些

---

① Foster, K. A.. *The Political Economy of Special-Purpose Government* ［M］. Washington D. C.: Georgetown University Press, 1997. 30.

② ［美］尼古拉斯·亨利. 公共行政与公共事务（第 8 版）［M］. 张昕等译. 北京：中国人民大学出版社，2002. 670.

情况下，投票选举特别区理事会成员时公民的参选率异常低，经常低于2%～5%。此外，复杂的辖区安排会导致信息和交易成本的提高，从而妨碍公众有效地阐发自身对公共服务的要求，也不利于公众对特别区实施监督。近些年来绩效评估和其他管理工具在美国县、市、镇政府中广为应用，但是特别区却似乎不受用，这也使特别区受到人们的诟病。①

（2）制度改革论的支持者还担心，由于特别区不受选举政治的影响，民选官员就可以通过建立特别区来让不受欢迎的公共决策避开公众的关注，这种做法显然和民主原则背道而驰。

（3）政治上碎片化的地方政府系统会加重大都市内部公共服务需求和税收资源不相匹配的问题。由于很多特别区从事的是昂贵的大型公共项目的建设与管理，而地方居民真正需要的服务项目却可能因为政府缺乏资金而无法得到供应。

（4）对于制度改革论者来说，不同地方的服务均等化是一种可追求的政策目标，而特别区的存在扩大了不同地方之间服务提供水平上的差异，这在道义上是错误的，并且还有引发冲突和社会动荡的危险。②

公共选择理论和制度改革论从不同的视角对特别区进行解读，迄今也有大量的实证研究分别支持这两种理论观点。不过在笔者看来，这两种理论并非不可调和，也不是完全无法相容。公共选择理论关注具体公共服务的提供效率、有效性和回应性，而制度改革论更关注社会的整体利益和公正。如果将特别区看作是公民出于理性选择和自治渴求的必然结果的话，那么关键的问题是，在一个社会中应当采取什么样的方法来对特别区进行协调和控制，使它们的存在能够促进民主治理的效果。

六、特别区治理对中国地方政府管理和服务的启示

用建立特别区的方式为地方居民提供公共服务可以说是美国一种特有的现象，是地方的自治要求、城市化进程、公共服务的日益复杂化以及财务危机所累加的结果。尽管中美两国在地方治理上有着很大的不同，但是美国的特别区治理对我国地方政府管理和服务仍有一些启示。

---

① Special Purpose Districts in Washington State Report［R］. 2003（58）：8.

② Foster，K. A. *The Political Economy of Special-Purpose Government*［M］. Washington D. C.：Georgetown University Press，1997. 32.

（一）促进公民参与地方治理

美国的特别区给我们展示了一种独特的地方治理安排。特别区作为一种正式的政府结构，为地方居民提供专业化的公共服务。然而，仅以这种方式来认识特别区是远远不够的，从本质上来说，特别区展现的是地方居民如何通过地方政府单位将自己组织起来去实现其共同意愿、应付其共同需要，这种较小的政府单位为公民直接参与公共事务的决策提供了大量的机会。从前文中可以看出，从特别区的成立方式，到它的财政来源，再到它的管理方式，地方居民皆有发言权。美国特别区的存在使我们认识到，地方政府的良好运行取决于它们是否能够促进普通公民的参与，以及是否能够保障他们对政府的控制。

（二）建立混合公私部门特征的服务体系

美国的特别区向我们展示了一种融合了公私部门特征的服务提供机制。尽管有这样或那样的争议，但是特别区受到公众和地方官员偏爱的根本原因是这种组织形式兼具了公私部门的优势：一方面它们不受税收和借贷的限制，享有免税地位，提供准垄断性的公共服务；另一方面又拥有政治中立性和类似私人企业的管理灵活性和财务自主性。特别区可以通过多样化的服务安排来为地方居民提供服务，如合同外包、特许经营、公私合作伙伴等。这点也启示我们，建立混合公私部门特征的服务体系可以帮助地方政府在保障对公共服务实现控制的同时，提高服务的提供效率、灵活性和回应性。

（三）构建地方政府间的合作机制

美国的特别区还向我们展示了一种地方政府间的合作机制。集体行动能够更好地实现个人目标，同样地，当对服务的需求跨越了地方政府的辖区边界时，若干不同的地方政府采取集体行动可以更好地解决问题，在实现各自目标的同时也能对整个区域的目标作出贡献。① 当然，地方之间的合作形式有很多，如签订地方政府间的服务协议和结成区域伙伴关系等，然而当存在一些阻碍地方政府之间自发合作的因素时，如地方政府的税收和借贷受到限制，或是某个地方政府违反与其他地方政府签订的服务协议时，建立特别区可能

---

① Feilock, R. C. . Rational Choice and Regional Governance [J] . *Journal of Urban Affairs*, 2007, 29 (1): 47 ~63.

会是一种好的选择，因为一方面特别区可以将地方政府“锁定”到对彼此的承诺中，另一方面这也不会损害到地方政府的独立性。我国正处于各类生产要素跨界流动和重组的阶段，怎样实现各类资源的跨界整合，构建均等化、区域化的大公共服务体系是当前我国全面推动经济社会转型的必然趋势和重要手段。而美国的特别区为我们提供了解决地方政府之间横向合作问题的有益启示。

第九章

强化社会和谐构建中地方政府社会管理职能的对策

为有效应对和化解地方政府在和谐社会构建中所面临的诸多社会管理问题，如城乡社会规划管理、环境管理、社会保障、文教事业发展、计划生育管理、社会治安管理、信访、城市社会管理问题等，构建与社会和谐相适应的社会管理体制机制，我们认为必须从两方面入手：一是着眼长远，明晰思路；二是立足当前，探寻路径。

一、强化地方政府社会管理职能，促进社会和谐的总体思路

总体思路是指遵循“系统化、法制化、市场化、社会化、科学化”原则，加快实现社会管理从碎片化管理向一体化管理，从应急式管理向常态化管理，从粗放式管理向精细化管理，从传统方式向使用现代科技的方式，从运用行政手段为主向运用法制手段、经济手段、教育引导等相结合，从政府包办一切向政府主导下的市场化、社会化运作这六个转变，破除束缚，大胆探索，勇于创新，开拓进取。

（一）坚持“整体性政府”的理念，发挥政府整体效能

为解决目前社会管理中存在的部门各自为政的碎片化管理问题，有必要引入“协同政府”即“整体性政府”的理念。“整体性政府”是一种通过横向和纵向协调的思想与行动以实现预期目标的政府治理模式。它强调四个方面的内容：排除相互破坏与腐蚀的政策情境；更好地联合使用稀缺资源；促使某一政策领域中的不同利益主体团结协作；为公民提供无缝隙而非分离的

服务。[①] 整体性政府注重回应公共问题和公共服务的复杂性和内在关联性，主张用“整合”化的组织形式，通过交互的、协作的和一体化的管理方式与技术，实现对资源的有效利用、对公共问题的协商解决及对公共服务的综合供给。[②]

（二）注重“管制与服务”相结合的理念，构建和谐社会管理格局

管制是地方政府及其管理部门运用公共权力，通过制定一定的规则，对个人和组织的行为进行规范、引导和限制，其所起的作用就是使社会的各种活动在规范的框架中进行。管制是社会管理必不可少的管理方式，它以强制性权力为后盾，一般采用强制与命令手段。服务则是地方政府及其管理部门为社会成员的生活和工作提供便利，其所起的作用是满足人民群众的正当合理需求。为民服务是服务型政府的宗旨和责任，它以法律法规为依据，一般采用互动的方式来进行。在社会管理工作中，管制与服务缺一不可，相辅相成。和谐社会管理的构建，离不开社会管理服务的法规政策的完善。享有行政立法权的地方政府应充分运用行政立法权，对现行的社会管理法律法规进行修订和完善，使社会管理服务做到有法可依、有章可循。

（三）确立“经营城乡”理念，广泛利用社会资金，改造完善城乡公共设施

经营城乡也称城乡经营，是地方政府运用市场机制对城乡可经营性公共资源进行市场化运作，以降低可经营性公共产品的供给成本，提高城乡公共产品和公共服务的供给能力，提高城乡环境质量和综合实力，实现城乡可持续发展的管理方式。城乡经营的对象是可经营性的公共资源，如土地、基础设施、生态环境、文物古迹和旅游资源等有形资产，以及依附其上的名称、形象、知名度和城乡特色等无形资产，通过对其使用权、经营权、冠名权等相关权益的市场运作，最大限度地盘活存量，引进增量，利用社会资金进行城乡公共设施建设，实现城乡资源配置的最优化和效益最大化。[③] 城乡经营的基本手段是引进市场机制，根本目标不是为了获取利润，而是从城乡公共利益和长远利益出发，致力于改善城乡经济发展和人民群众居住环境，提高城

---

① 曾维和．整体政府论［J］．国外社会科学，2009（2）：108.

② 王佃利，吕俊平．整体性政府与大部门体制：行政改革的理念辨析［J］．中国行政管理，2010（1）.

③ 杨宏山．市政管理学［M］．北京：中国人民大学出版社，2009. 345.

乡公共服务水平。因此，城乡经营不同于一般的企业行为，它更注重促进社会效益和社会公平。

（四）引入“治理”与“善治”理念，多元治理社会管理问题

“治理”与“善治”理论是针对20世纪90年代以来许多社会问题出现不可治理性导致政府失灵或市场失灵而兴起的一种理论。该理论重视发挥公民社会在公共事务管理中的作用。其内涵可用四个关键词加以概括——多元、互动、协调、合作，即“治理”与“善治”是指具有共同目标的多元主体之间为了实现其目标而进行的不具强制力的上下互动、协调合作的过程。

按照“治理”与“善治”的理念，社会管理问题的治理需要遵循多中心治理及合作原则，即社会管理问题的治理不仅仅依靠政府这一核心主体，还应充分发挥社会组织、群众组织和城乡居民等主体的作用，使他们以主人翁的姿态参与到社会管理问题治理中来。地方政府要与这些主体通过协商、建立伙伴关系、确立认同和共同的目标等方式实施对社会公共事务的管理。

（五）树立“公共服务提供者与生产者相互分开”的理念，实行管作分离，稳步推进公共服务市场化

公共服务提供者（也称服务安排者）是指安排生产者给消费者，指派消费者给生产者，或选择服务生产者的人。公共服务提供者通常是政府；公共服务的生产者是指直接从事生产，或者直接向消费者提供服务的部门，它可能是政府、私营企业和非营利部门等。① 长期以来，政府公共服务管理忽视服务提供和服务生产之间的区别，进而错误地认为如果政府放弃了服务生产者的功能，它自然就放弃了服务提供者的角色。这种认识导致政府采取垄断性的直接生产模式，集服务提供者与生产者于一身。政府既掌舵，又划桨。实践表明，那些集中精力积极掌舵（提供者）的政府，不仅大幅度提升了政府管理的效率，降低了服务成本，而且改善并提高了公共服务的水平和质量。因此，政府在公共服务职能运作中应担当服务提供者，即掌舵者的角色。② 政府可通过行政决策，确定公共服务的供给数量和质量标准，以市场机制为杠杆，运用多种方式调动私营部门、非营利部门等组织的参与，在竞争中完成

---

① ［美］E. S. 萨瓦斯．民营化与公私部门的伙伴关系［M］．北京：中国人民大学出版社，2002.

② 侯保疆．市场化视角下的政府公共服务职能运作［J］．安徽大学学报（哲学社会科学版），2005（1）.

公共服务的供给。

公共服务市场化运作最常用的方式是委托授权，其特点是政府仍然要承担全部责任，只是把实际生产活动委托给民营部门、私营部门或其他社会组织，具体形式有合同承包、特许经营、补助等。市场化运作模式通常应用在这类项目上，即法律规定属于政府职责范围，同时具有非排他性，又具有选择性和竞争性的项目，如文化教育、环境卫生、社会治安和城乡建设等。对这些公共服务项目，政府可以运用招标、合同的形式，把部分服务项目承包给其他公营或私营部门；也可以用公私合作的方式，即政府通过一定的宣传说明政策优惠手段，鼓励和吸引民间机构对一些公共服务项目进行投资，共同承担服务工作。市场化运作模式不能急于求成，它是一个长期过程，地方政府应该根据自身情况，选择适合当地公共服务项目及实现途径的模式，渐次推进。

（六）运用“精细化、网格化、信息化”的管理理念，创建数字化社会管理新模式

“精细化、网格化、信息化”的管理理念是一个有机的整体，精细化是社会管理现代化的标准和目标；网格化是实现社会管理全过程有效控制的基础和前提；信息化是实现社会管理现代化的手段和保证。“精细化”是社会管理的微观对象，即对人、事、物等个体的时空准确定位。精细化理念即在管理实践中追求最佳、最优、最好，追求高质量。“网格化”是通过网格地图技术的运用将管理空间细化、实现管理对象的精确定位、管理资源的全面整合、管理全过程的有效控制。①“信息化”是充分利用信息时代的科学技术，改善社会管理组织，再造社会管理流程，创新社会管理方法，提高社会管理效率。自2005年以来，全国已有100多个城市建设了数字化城市管理系统，并取得显著管理成效。目前城市管理已经形成精细化、网格化和信息化的大趋势。

二、强化地方政府社会管理职能的现实路径

（一）切实解决地方政府履行社会管理职能的内部问题

1. 按大部门体制调整政府机构设置

地方各级政府的机构设置要按照大部门体制进行调整，就是在政府的部

---

① 陈平．网格化——城市管理新模式［M］．北京：北京大学出版社，2006.

门设置中，将那些职能相近、业务范围趋同的事项相对集中，由一个部门统一管理，最大限度地避免政府职能交叉或多头管理，从而提高行政效率，降低行政成本。从2001年开始，农村税费改革在全国各地陆续展开试点工作，并取得阶段性成果。为适应和巩固农村税费改革的要求和成果，撤乡并镇、精简和规范设置乡镇机构的工作在全国各地陆续展开。从目前各地乡镇机构改革实践看，镇政府的机构设置主要实行综合性办公室制，即镇政府的职能部门由若干个办公室组成。一般设有党政办公室、经济发展办公室、社会事务办公室等其他办公室。党政综合办公室主要承担党委、人大、政府交办的各项日常工作和社会治安综合治理、社会稳定、统计、工青妇及各部门、各方面的综合协调工作，督促检查有关工作的落实。经济发展办公室主要承担工业、农业、林业、水利和第三产业发展规划、招商引资、安全生产、公有资产管理等工作，协调与经济发展相关的其他工作。社会事务办公室主要承担人口与计划生育、交通管理、国土资源管理、村镇规划建设、环保、民政优抚、人事、劳动和社会保障、科教文卫、民族宗教等工作，协调与社会事务相关的其他工作。

与上级政府机关相比，镇政府没有设置那么多的业务部门和机构，在广东，管辖范围和人口规模一般的镇只设有5~8个综合性办事机构，大型镇的机构设置数在10个左右，对辖区内的社会公共事务实行综合管理。为解决基层政府几个综合部门疲于应付“上面千条线”的局面，县级政府部门机构设置应切实按照大部门体制要求进行调整，以使上下机构设置基本相适应。这样可以强化责任落实，行政效率也会得到相应提高，避免形成“上面千条线，下面一根针”的局面。

2. 明晰县（区）镇、镇村之间的权责关系

（1）明晰县（区）镇之间的关系。为了使县（区）镇两级之间的协调配合真正实现高效率，就必须理顺镇一级与县（区）一级的权责分工，对于已经赋予的责任，申请与之相对应的权力，把该履行的职责履行好，做好分内之事。①通过制度化的方式保障县（区）镇之间的职责分工。针对实际工作中遇到的问题，可在不违背现行法律的前提下，制定相应的制度规章，对县（区）镇之间的职权问题作出详细规定，形成上下配套、结构合理的制度体系，为各个部门更好地开展工作提供制度保障。②积极探索委托执法、联合执法。现行法律法规明确赋予镇政府行政执法的职责，涉及三个领域：公共安全监管领域，主要是企业安全生产管理、销售与燃放烟花爆竹、交通运输安全、机械使用安全等；市场秩序监管领域，主要是食品卫生、药品监管等；

人口资源监管领域，主要是村镇规划建设管理、殡葬管理、人口和计划生育管理、环境保护、检疫监管等。在执法过程中，可以申请赋予镇政府相关部门受委托的执法职权，实现权责对等，同时也要对镇级受托行政执法主体的执法范围、执法权限以及执法方式进行严格的规范限定。由于镇一级是受托执法主体，其执法职权只限定于行政检查权、违法行为制止权、部分行政处罚权（指行政警告权和小额的行政罚款权）。此外，还必须规范受托执法责任，受托镇政府超越委托权限和范围行使行政执法权而产生的法律后果，由镇政府承担。

（2）明晰镇村之间的关系。①加强制度建设。《村民委员会组织法》规定镇政府有权指导村委会的工作，但未对镇政府的这一职能权限的范围和内容作出明确具体的法律规定，致使目前各地镇政府与村委会的关系不是指导关系，而是领导关系。这种状况既影响镇政府社会管理职能作用的发挥，也使村委会不能充分发挥自治的作用。因此，有必要对《村民委员会组织法》中的这一规定进行细化，制定详细而缜密的实施细则。②对村民委员会的组织结构进行创新。从法律规定上看，村民委员会是村民会议或代表会议的执行机构，因此，村民委员会的组织结构是单纯执行性结构。这种单纯执行性的组织结构承担着法理上的双重功能，即自治功能和行政功能。从现实看，村民委员会的单纯执行性结构无法解决自治功能与行政功能相冲突的问题。为实现村民委员会的自治功能，有必要对村民委员会的组织结构进行创新，即建立“议事分设”的决策层和执行层分开的组织体制。村民委员会的议事决策层体现村民委员会对村务的民主自治，而村民委员会的执行层体现政府与村民委员会的关系即村民委员会对政务的落实。③构造村民委员会和基层政府的合作契约关系，通过双方民主协商签订有关社区公共事务管理的契约合同，双方按照契约合同行事，从而改变基层政府职能的实现方式。

3. 理顺政府部门间的关系

指挥统一是行政管理的基本原则。它要求行政机构的结构要完整严谨，合理分配职责，把同类业务、同类性质的行政活动划归到同一部门中去。如果同类性质的行政活动由几个部门分管，势必出现职权分割、职责混乱、事权冲突、互相推诿等弊端。理顺行政机构中横向部门之间关系的路径有：①明确分工，职能定位，使其各司其职。②建章立制，规范行为，使各部门有章可循，依章管理。③完善协调机制，以便及时处理职责交叉问题。具体的协调模式有：会议协调、设立委员会协调、牵头部门协调。④精简与调整机构设置。

4. 充实基层管理人员

针对乡镇干部反映的人手不足问题，在现行严格控编的情况下，乡镇政府可以因地制宜，根据本地区本部门的实际，招聘具有一定专业技能的人员，在保证人人有事做的同时，做到工作效率最优。同时，应鼓励和引导社会公众以多种形式参与社会管理和服务，大力倡导志愿者参与公益事业和社区服务，探索通过一些正式组织（如共青团组织等），把企业、社会志愿组织等组织起来，形成一个服务网络。此外，乡镇政府还可探索转变政府的管理与服务方式，通过委托、政府购买、业务外包等方式，更加有效地开展社会管理工作。最后，可以选聘高校毕业生到基层任职，这也是国家的重要政策之一。

5. 建立经费保障机制

①将财政预算与产出结果挂钩。即政府应讲究工作的实际效果，以结果为本，对政府各部门业绩的衡量重在结果而非投入项目的多少。为有效进行业绩测量，政府有必要实行按业绩付酬、按业绩进行管理、按效果作预算的制度和方法。逐步将社会管理和公共服务按人头拨付经费，转变为按业绩、工作效果和质量拨付经费。②明确界定地方各级政府之间的社会管理事权与财权，做到权责一致，财权与事权相匹配。③优化财政支出结构，将更多的财政资金投向社会管理和公共服务领域，为社会管理和公共服务建立可持续的财政支持体系。④建立规范化、法制化的财政转移支付制度，提高基层政府社会管理的财力保障水平。在政府采购方面，制定出台相关的规章办法，促进政府采购工作的规范化管理。

（二）探寻地方政府有效治理社会管理问题的路径

1. 统筹编制城乡规划，推动城乡协调发展

地方各级政府应严格按照《城乡规划法》的规定和要求统筹编制城乡规划，并严格落实，维护规划的权威性。①遵循制定和实施城乡规划的原则，即应遵循城乡统筹、合理布局、节约土地、集约发展和先规划后建设的原则，改善生态环境，促进资源、能源节约和综合利用，保护耕地等自然资源和历史文化遗产，保持地方特色、民族特色和传统风貌，防止污染和其他公害，并符合区域人口发展、国防建设、防灾减灾和公共卫生、公共安全的需要。②注重城市规划与乡村规划相互衔接。城市规划应当与周边乡村发展相协调，体现城市建设对农村的辐射和带动作用。乡村规划应当从乡村实际出发，尊重村民意愿，体现地方特色，同时应当与城市的建设和发展相衔接。③科学组织实施城乡规划。地方各级政府应根据当地经济社会发展水平，量力而行，

尊重群众意愿，有计划、分步骤地组织实施城乡规划。④定期开展评估。组织有关部门和专家定期对规划实施情况进行评估，并采取论证会、听证会或者其他方式征求公众意见。⑤建立健全规划监管机制，如规划行政层级监督制度、规划公众参与制度、规划管理行政追究制度和行政纠错制度等。

2. 加大环境综合治理力度，促进人与自然和谐相处

（1）加强规模化畜禽养殖、生活污水和生活垃圾等污染治理。2010 年公布的全国第一次污染源普查数据显示，2007 年，我国规模化畜禽养殖场（小区、专业户）的畜禽粪便产生量为 2.43 亿吨，尿液产生量为 1.63 亿吨，已居农业污染源之首，且已成为部分水体水质恶化的重要污染源，严重影响村镇人居环境和人体健康。因此，应积极探索畜禽生态与健康养殖的路子，努力转变畜禽养殖业发展方式。在继续引导推广“养殖—沼气—种植”生态模式的同时，应进一步加强“高位床—液泡粪—环境控制”健康养殖模式的研究及推广应用。近年来，汕头市在这方面作了积极探索。据报道，以德兴种养实业有限公司为代表的生猪规模化养殖企业利用国家项目扶持资金和企业自筹资金，以该模式进行改造，新建猪舍，总面积超过 5 万平方米。通过设计建造现代化猪舍，采用智能电子感应温控系统控制猪舍温度和空气质量，配套大型沼气工程，实现排放物减量化、无害化、资源化处理以及提升猪群健康水平和生产水平效能，取得显著的经济、社会和生态效益。[①]

（2）加大持久性有机物、危险废物、危险化学品污染防治力度，开展受污染场地、土壤、水体等污染治理与修复试点示范。

（3）加强环境监管。①健全环保政策制度保证体系。如着手开展《畜禽养殖业污染防治条例》和《土壤环境保护法》两部法律法规的立法工作；完善环保政策，如完善“以奖促治”、“以创促治”、“以减促治”和“以考促治”的政策规定。②加大环境执法力度。实行严格的环保准入，依法开展环境影响评价，强化城镇向农村产业转移承接的环境监管。③建立和落实环保责任制。严格落实环保目标责任制，强化总量控制指标考核，健全重大环境事件和污染事故责任追究制度。

（4）积极探索农村环保新道路。①建立农村环境保护机构。对于经济较发达、工业企业较集中、人口较多、环境监管任务较重的乡镇单独设立环境保护机构；对于中西部偏僻山区的乡镇以及小流域范围乡镇分片设立环境保

① 魏盼生．我市推行“高位床—液泡粪—环境控制”养猪模式 面积超5万平方米［N］．汕头日报，2011-03-22.

护机构，对地理空间相连的几个乡镇进行统一的环境管理。②增加人事编制，加大建立农村环境保护机构的调研和支持力度。结合政府机构改革，研究出台农村基层环境保护机构建设的指导性意见，对全国乡镇环境机构建设作出规划和部署。③充分发挥村民自治组织的作用，动员村民参与乡村环境保护。④构建多元资金保障体系。加大农村环境治理的财政投入，鼓励村镇自筹资金，实行市场化运作，引入社会资金。

3. 完善社会保障体系，保障人人共享基本生活权利

一个社会必须有健全、完善的社会保障体系，以保证其成员都能享受到最基本的生活权利。建立和健全社会保障体系是地方政府的基本职责之一。地方政府要面对人口老龄化、乡村城镇化、劳动力就业方式多样化的现实，逐步建立与社会保险、社会救助、社会福利、慈善事业相衔接的覆盖城乡居民的社会保障体系。①筹集资金，加强监管。多渠道筹集社会保障基金，确保社会保险基金保值增值。②建立和完善各类保障制度。主要是养老、失业、工伤、医疗、生育保险制度，农村最低生活保障制度，适应农民工特点的社会保障制度，医疗救助制度，涉及城市低保、农村“五保户”供养、特困户救助、灾民救助、城市生活无着的流浪乞讨人员救助等制度，新型农村合作医疗制度，被征地农民基本养老保障制度，住房保障制度等。③发展社会福利事业。发展以扶老、助残、救孤、济困为重点的社会福利。发展老龄事业，开展多种形式的老龄服务，形成以城镇敬老院为核心、村（居）老年人服务活动中心为补充的设施网络。④完善优抚安置政策，做好对残疾军人、烈士家属、现役军人家属的优抚安置工作。⑤发展慈善事业，完善社会捐赠免税减税政策，增强全社会的慈善意识。

4. 全面持续发展文教事业

（1）地方政府领导要转变观念。长期以来，一些地方政府领导“重经济，轻文化教育”的思想比较严重，把解决“三农”问题简化为“抓票票”，把“经济中心”变成了“唯一”，变成了“全部”，这是导致农村文化教育发展相对缓慢的主要原因之一。因此，要全面持续地发展农村文化教育，首先要转变地方政府领导的思想观念，由轻文化教育向重文化教育转变，由无所为向有所为转变。

（2）制定和落实文化教育投入政策，制定鼓励社会办文化教育、多方位增加农村文化教育投入的政策，形成以政府为主、以社会为辅的多元投资体系。

（3）加强文教基础设施建设管理。一方面要加强农村公共文化教育基础

设施建设，完善“硬件”设施，如影剧院、图书馆、博物馆、文化广场（中心）、农家书屋、校舍和教学辅助设施等，不断满足大众求乐、求知和求健康的需求；另一方面要经营管理好公共文化教育基础设施，使这些设施得到有效利用和切实保护，坚决制止破坏和损害农村公共文化教育设施的行为，通过强化管理使农村文化教育设施进入制度化、规范化管理的轨道。

（4）着力抓好队伍建设。将有志于农村、热爱农村文化教育事业、有文化教育技能的青年人充实到农村文化教育队伍中来。积极推进文化教育用人管理体制改革，改革人员分配方式，实行合同聘用制。乡镇文化站、文化馆应充分发挥自身职能，加大对村级文化室人员的辅导和培训，尽快培养一批农村文化骨干队伍。通过培训和交流提高农村教师队伍的整体素质。

5. 创新信访工作机制，妥善处理社会矛盾

（1）健全和落实信访工作责任制和责任追究制。①落实初次信访的“首问责任制”、“首办责任制”。在群众信访问题产生的初始阶段解决好信访问题，避免造成群众越级信访或重复信访，控制信访变量。②鼓励群众网上信访，实行好领导接待日和领导下访制度，畅通反映问题与解决问题的“双向渠道”，使群众的信访问题在刚产生时就能得到就地、就近、及时的解决，提高初次信访的办结率和群众满意率。③强化领导包案和责任追究，着力解决疑难信访问题，减少信访存量。经常性地对本地区存在的疑难信访问题进行专项排查调处制，对重复赴省进京上访及缠访、闹访不息的重大疑难信访问题实行领导包案调处，按照“包协调、包督办、包落实、包稳控”的要求，抓好疑难信访问题的处理，克服包案不办案、“挂帅不出征”等现象。对因严重失职、渎职损害群众利益，因处理不及时、措施不得力、方法不妥当或重大信访问题失察，致使矛盾激化导致恶性事件发生，造成重大政治影响等的责任人，信访部门要及时向政府报告，对其要进行严肃的责任追究。

（2）完善矛盾纠纷排查机制。排查是通过调查、检查等方式，掌握各种社会矛盾纠纷的活动，其目的是获取社会矛盾纠纷的情报信息。基层信访部门矛盾纠纷的排查范围是本地区、各单位各种可能影响社会稳定的社会矛盾纠纷，应做到乡（镇）、社区（街道、村）层层把关，视角尽可能细微，以发现问题隐患，这一点可以借鉴深圳市南山区桃源街道的做法。[1] 为了在短时间内在尽可能低的层面上和尽可能小的范围内发现矛盾，桃源街道利用自身的数字化、信息化优势，设置了数字化“一格三员”和“三室一站”管理机

① 本课题组成员于2010年5月在深圳市南山区桃源街道办调研获得的材料。

制。“一格三员”机制是指桃源街道将辖区划分为113个网格，网格与网格之间实行无缝隙对接，每一网格配备2名社区工作站的工作人员和1个办事处的责任科室（执法队、办、站），即1名社区工作站在编人员、1名综合协管员、1个办事处挂点科室（执法队、办、站），分别担任网格管理员、网格协管员、网格督导员。网格三员根据任务分工，对网格内的各种信息和事件进行排查登记、隐患上报、调解整治和追踪落实。网格人员在排查各类纠纷隐患时，要做到发现一宗解决一宗，并通过南山区社区综合业务管理系统上报，同时做好前期稳控工作，确保矛盾不升级，问题不扩大。在“一格三员”基础上，桃源街道又创建了社区“三室一站”工作平台。“三室一站”（即社区值班室、人民调解室、信访接待室、法律工作站）矛盾纠纷调处平台，在民意收集方面起到了显著作用。

（3）推行信访代理机制。针对弱势群体或信访者自我保护意识不强、不熟悉国家有关政策、不善于拿起法律武器维护自身合法权益的情况，各群众团体组织、村（居）委会、律师等可以接受当事人委托，代表当事人到有关单位联系、落实信访事项，做信访者的代理人。北京市崇文区的“信访代理”模式就是这项信访机制推行过程中的典范。崇文区信访代理机制分为区领导代理，街道、委办局代理，社区代理三个层级。区领导重点解决疑难矛盾纠纷，委办局、街道专门解决突发事件，社区及时解决身边小事，全区86个社区全部设立信访代理站，群众信访不出社区，让“群众动嘴，干部跑腿”。该项工作实施以来，崇文区86个社区信访代理站代理办结信访事项3 348件，2009年全区各单位共代理信访事项1 579件，办结率达87%，来访件次同比下降58%，成效显著。[①] 信访代理机制与矛盾纠纷排查机制的不同就在于，前者是从上至下的排纷机制，后者是从下至上的诉求机制，两者在畅通信访渠道方面起到了上下呼应的作用，协同化解基层纠纷。

（4）建立健全矛盾纠纷联调机制。信访案件所反映的问题涉及社会生活的诸多方面，接访人不可能单一地按照行政处理方式去解决，必须综合考虑，按分级负责、归口调处的要求分类解决。针对基层信访部门“责重权轻”的问题，可以探索实行“一套班子，多块牌子”的工作模式，实现多部门联合办公“会诊”，即信访办、综治办、司法所和人民调解委员会等职能由一套人员班子承担，建立综治信访维稳中心，赋予其任务分流指派权、指挥调度权、工作进展检查督办权、责任倒查问责权和“一票否决”建议权。推行信息化

① 祁梦竹．“信访代理”经验交流会召开［N］．北京日报，2010－03－02.

管理，横向与职能部门数据交换、资源共享，纵向上下延伸到村（居）、县、市和省，形成“一个中心、五级平台、上下互动、联网互通”的格局①。综治信访维稳中心由各职能部门派驻人员当值，实现集中办公，这实际上使得信访办具备了处理问题的能力。对群众来访，实行统一受理、统一分流、统一协调、统一督办、统一归档，综合运用人民调解、行政调解、司法调解等方法进行疏导化解，努力把各种矛盾纠纷化解在基层、化解在内部、化解在萌芽状态。另外，汕头市澄海区溪南镇司法所“围绕一个中心，通过两项延伸，注重三个结合，加强四项措施，聘请‘五老’参与”的做法②，对推动基层民主与法制建设、维护社会稳定很有借鉴意义。

（5）完善律师参与信访工作机制。法治化进程是渐进的，信访制度的改革和完善也必将伴随着法制的本土化前行。信访工作机制的不断完善与诉讼机制、人民调解以及社会治理改革等方面息息相关。为此，基层信访部门可以邀请司法部门派律师设点办公，聘其担任信访法律顾问，并参与涉法信访案件的处理；对符合法律援助条件的涉法信访案件及时提供法律援助；对重大疑难涉法信访案件提出司法建议，以利于有关部门及时解决。

6. 扎实开展计生工作，实现人口与资源环境协调发展

（1）强化计生宣传，转变人们的传宗接代和养儿防老观念。传宗接代和养儿防老观念一直深刻影响着人们的生育观念，在农村这种观念影响更强。在宗族观念较为浓厚的潮汕地区，生男孩、生更多的男孩，不仅是一个思想观念问题，更多地表现为现实的选择。按他们的话说，就是不能绝后，要保持香火的延续，否则就会被街坊邻居看不起，骂作“绝户头”。在民间流传的一些活动仪式，更是强化了这种观念。如潮汕一些地方流行的“赛大猪”活动（“赛大猪”的主要内容可以概括为六个字：“出丁头、摆大猪”，即互相攀比谁家人丁兴旺、身体好）无形中又在一定程度上更加强化和固化了人们要生男孩、生更多男孩的信念，因而超生情况屡禁不止，要想改变几千年延续下来的传统生育观着实不易。正因为如此，就必须坚持不懈地以农民喜闻乐见的方式向农民群众宣传新的生育观念、新的生育文化，使之形成新的生育理念。与此同时，政府部门还要向他们展示实行计划生育给他们带来荣誉、补偿、优惠等切实的利益，使他们有所得、有所乐、有所依；让他们对政府的服务性管理的一面有所认识，从而理解、配合政府部门的管理。

---

① 梁伟发．建设镇街综治信访维稳中心　创新基层社会矛盾化解机制［J］．求是，2010（1）.

② 本课题组成员于2010年1月在汕头市澄海区溪南镇调研所得的材料。

（2）逐步解决农民的养老之忧。地方政府对镇、村的敬老院、养老院，要从设施、人员和基金等方面予以配套、完善和加强，充分发挥敬老院、养老院的社会养老和服务功能，吸引更多的老年人进入“两院”安度晚年。与此同时，还要逐步建立农民社会养老保障制度，从经济上、制度上保证养老制度的实施。

（3）建立和完善利益导向机制。①建立健全对农村计划生育家庭激励扶助制度。要实施“少生快富”工程，把奖、优、补等优惠政策落到实处，如对计划生育模范户、独生子女户、双女户的医疗费减免、子女学杂费减免及贷款优先、扶贫优先等。②完善保障机制。政府应尽快建立起计划生育公益金，对实施计划生育模范户、独生子女户、双女户及其子女提供医疗保险、养老保险，真正使他们在经济上有优惠、政治上有地位、生活上有保障，这样才能使计划生育变为广大群众的自觉行动，并乐于参与计划生育自治工作。①

（4）加强流动人口计生工作服务管理。把流动人口计生服务管理工作列为“两无”活动的重中之重，思想上提高认识，行动上加强力度。着力建立起长效的管理机制，加大清理清查力度，开展经常性的管理工作。重点抓好居住半年以上出生人群的排查监控，抓好流动人口育龄妇女查环查孕和长效节育措施的落实工作。

7. 强化社会治安管理，维护社会和谐稳定

（1）强化地方政府治安管理行为。

①转变治安管理模式。实践表明，被动的应急式治安管理模式效果有限，建构雷厉风行的治安管理模式势在必行。针对突出的“两抢”案件，地方政府要以地区稳定为宗旨，以预防和打击为手段，以严厉而快速的打击为原则，以地方公安局110指挥中心为核心指挥力量，常态化地从“点—线—面”上布控户外警力，构建快速“接警—联络—集结—围捕”的治安管理模式。

②强化管理原则。一是“积极主动”原则。地方各级政府的治安管理职能部门，要改变以往消极被动的治安管理作风，对于事前预防、事中出击以及事后侦查等治安管理工作都应积极展开，恪守职责，切切实实维护地方稳定。二是“高效快捷”原则。对群众反映强烈的案件要快速予以查处解决，对群众的报警要迅速回应、积极行动，提高破案率。简化“两抢”案件的立

---

① 张淑芳．欠发达地区农村计划生育问题的思考［J］．中共山西省直机关党校学报，2008（1）．

案程序，降低立案标准，做到从报警到出警整个过程的方便快捷，为及时围捕犯罪分子、侦破案件赢得时间，切实维护群众的生命和财产安全。三是"严防严打"的原则。坚持以防范、管理、服务为主，积极排查治安隐患，充分发挥治安防控体系，积极鼓励群防群治。坚持严厉打击的原则，对重犯、恶犯从重惩处。

③提升管理策略。一是技术上应以人防为主、技防为辅，人防与技防相结合。人防方面应做到：增强户外巡警；增加农村公安派出所数量；加强派出所基础建设；加强乡村治保会的建设；加强村（居）调解组织的建设；建设农村社区，建设农村社区警务；建立农村治安情报信息网络，积极对治安情报信息进行研判，将群体性事件等乡村矛盾纠纷及时消除在萌芽状态，防止矛盾激化和事态的扩大。技防方面应做到：充分发挥科技防控的作用，以区内交通要道出入口、市际交界处、镇际交界处、村际交界处为重点，布控治安监控系统。同时在各个村（居）设置适量的电子报警器，应该特派专员负责实时监控工作，才能真正收到技防工程建设的实效。二是时空上应讲究重点和针对性。即有重点地进行打防，有针对性地开展治安管理与整治活动，时间上考虑重点时段，空间上考虑重点地域。

（2）缓解基层政府组织压力。

①调整组织目标。基层政府应以维护农村社会稳定为首要目标，把经济发展放在第二位，提高基层维稳意识，深刻认识治安管理工作对地区发展的长远作用。政府和执政党是公共秩序构建的主导力量①，基层政府作为国家政权体系的底端，有职责维护好地方安定。尤其是基层公安机关应当发挥农村维稳的主力军作用，从思想上高度重视农村治安管理工作，把治安工作当作首要责任来抓，扎扎实实开展农村治安的防范和整治工作。

②增强组织财力。以粤东潮南区为例。一是动员海内外乡亲筹集公益资金。发挥侨乡独特的优势和乡村族群关系优势，培植财源，筹集公益资金，保障治安经费。二是加强维稳资金管理，确保维稳资金专款专用，做到维稳财政的公开化、透明化管理，使维稳资金不被贪污挪用，让群众捐得放心、积极。三是兼顾发展地方经济。

③重塑组织威信。一是打造责任型基层政府。建构责任型政府是对国内外一系列复杂环境的应对，也是加强政府自身建设、提高政府管理能力和水

---

① 唐皇凤．社会转型与组织化调控——中国社会治安综合治理组织网络研究［M］．武汉：武汉大学出版社，2008. 198.

平的必然要求。[①] 现阶段，我国处于社会矛盾凸显期，发展结构失衡，经济发展和社会发展脱节，引发了一系列的社会不和谐：人民内部的利益矛盾错综复杂，人口、就业、社会治安问题突出，诸多的社会不和谐现象的发生在很大程度上与基层政府的责任缺失有关。因此，基层政府应切实负起社会管理的责任，不能将其简单地推给市场与社会，切实负起维护公平正义、调解利益冲突、实施社会管理、维护社会稳定的责任，同时对其公共政策和行政行为的后果负责。二是打造服务型基层政府。服务型政府是在公民本位、社会本位理念指导下，在整个社会民主秩序的框架下，通过法定程序，按照公民意志组建起来的以“为公民服务”为宗旨并承担服务责任的政府[②]，是21世纪中国政府改革的目标选择。三是打造回应型基层政府。美国学者格罗弗·斯塔林认为，回应是指一个组织对公众提出的政策变化这一要求作出的迅速反应。[③] 对政府而言，是对公众所提要求作出超出一般反应的行为，而且更强调主动积极地回应，而不仅是消极被动地回应。其本质在于对社会需求与公民诉求的回应，对经济发展和制度环境变迁中出现的不协调因素加以协调与整合，主动提出解决问题的方案，主要目的在于维护公共利益、促进社会公正。四是打造高效型基层政府。高效的基层政府，应该是“高效率+高效益”的高效能基层政府。

（3）提升组织文化。

就粤东潮南区来看，潮南区地方政府必须提升自身的文化环境质量，还要与村民一起努力提升当地的人文环境质量。

①提升组织内部的文化环境质量。一是提高基层干部的文化水平。为了地区长远发展，当地政府应当秉承公开公正原则，面向社会公开招录文化素质优秀的人才到当地基层任职。二是提高基层干部的道德素养。基层干部的道德素养是执政的基石，潮南区地方政府应吸取当地优秀的文化精神，提高自身的道德素养；同时进一步发扬基层政府严格、公正、文明的工作作风。三是提高基层干部的专业素养。潮南区地方政府应该提高干部队伍的专业素养，从理论到实践，加强职业培训，提高责任感和使命感。

②提升组织外部的人文环境质量。广大人民群众要提高自身的文化水平和思想道德素质，严格控制计划生育，坚持少生、优生、优育，改变以往

---

① 孙彩红．责任政府：当代中国政府改革的目标选择［J］．中国行政管理，2004（11）：80.

② 刘熙瑞．服务型政府——经济全球化背景下中国行政改革的目标选择［J］．中国行政管理，2002（7）：5.

③ ［美］格罗弗·斯塔林．公共部门管理［M］．陈宪等译．上海：上海译文出版社，2003. 123.

“多子兴隆”的落后观念；剔除排外思想，坚决走正道致富之路；积极提高自身法制意识。

8. 不断提升城市社会管理水平，促进城市和谐

（1）管住出租屋，管好流动人口，确保社会稳定和谐。管住出租屋，管好流动人口，事关社会稳定和谐。广州市的一项数据表明：85%的刑事案件是流动人员所为，这些犯罪嫌疑人落网前，80%以上曾在出租屋落脚，流动人口聚居区是各类案件的高发地带。① 因此，管理流动人口与管理出租屋密不可分，可以说，管理流动人口的关键在于管好出租屋。根据一些城镇的做法，一是设立管理服务机构，如在城镇、街道成立出租屋管理服务中心，在村（居）设立出租屋管理服务站，按一定标准配备出租屋管理员。服务中心和服务站除了做好辖区内出租及租住人员的管理、监督、检查工作外，还要接受公安部门、房管部门、地税部门、计生部门和消防部门的委托，开展全方位的综合管理。二是发动群众参与出租屋管理，实施旅业式管理，让房东承担起相应的管理责任。三是制定房屋租赁管理规定，明确房屋不得出租的情形和房屋租赁当事人应当履行的义务和遵守的规定。四是定期开展整治工作，主要整治出租屋消防安全隐患、出租屋结构安全隐患、出租屋产权关系、违法建设出租屋行为及违法租赁行为。实践表明，对出租屋实施综合管理很有成效，值得推广。

（2）强力推进安全生产管理工作，确保社会平安。安全生产关系到人民群众的生命财产安全，关系到社会的和谐安定大局。因此，需要努力构建“政府统一领导、部门依法监管、村（居）属地管理、企业全面负责、群众监督参与、社会广泛支持”的安全生产管理工作格局。具体来说，要做好四个方面的工作：①强化大众安全意识。通过多种形式的宣传和经常化、制度化的安全教育培训，倡导和建立“以人为本、安全第一”的大众安全文化。②强化安全生产监管系统自身建设。搞好安全生产监管队伍建设，提高安全监管人员的业务水平和执法水平；改善安监部门执法装备；建立健全安全生产信息化管理体系，增强安全生产监控和事故处理能力。③开展专项整治，消除事故隐患，减少或避免事故多发领域重、特大事故的发生。④建立健全应急救援预案。指导和督促生产经营单位建立健全应急救援预案，落实安全生产责任制。

---

① 赵令蔚. 管住出租屋 管好流动人口——广州市出租屋管理的启示（上）[N]. 汕头日报，2005-12-03.

（3）完善城市危机管理体系，有效应对各种风险。①建立城市危机管理指挥系统。在整个应急管理体系中，指挥系统处于“神经中枢”地位，它是一个常设机构，是使应急管理体系得以正常运作的领导、组织和管理机构。它主要由市长、应急管理委员会、应急指挥中心和各职能部门组成。②构建城市应急信息管理系统。城市应急信息管理系统，是指在现代化网络通信技术基础上，通过建立统一的、法定的技术规范、数据标准、数据交换格式，制定相应的制度和管理办法，实现国内外、政府间、政府各部门之间的信息共享。其任务在于适时、适度地发布警情和公示，让居民获取有益、可信、清晰、及时、有权威和具有安定效力的信息。③建立城市应急管理法律体系。我国已有《防洪法》《防震减灾法》《传染病防治法》《消防法》《气象法》等单体法律，但还没有专门的城市应急管理法律。因此，加强对城市应急管理的立法，进而形成城市应急管理法律体系应是当务之急。必须通过制定专门法律来规范和明示政府、社会团体、企事业单位、新闻媒体、市民在危机应对过程中应承担的责任和义务，形成具有法律约束力的责任共担机制。①

（4）创新城市社会管理模式，实施网格化管理。网格化管理是指在构建“和谐社会”的管理理念下，在以政府为核心的多元化的城市管理主体的参与下，建立在数字技术基础上的，借用网格概念，将管理空间细化，实现管理对象的精确定位、管理资源的全面整合、管理全过程的有效控制的一种管理手段。近年来，城市社会管理已经形成网格化和精细化的大趋势。从部分城市的实践操作来看，网格化管理模式有三个基本的要素：①要依托信息技术，有一个科学设置的管理网格，也就是能够把一定的管理区域划分为若干个管理单元，把单元内的公共部件、社会事务等统一编码，建成数据库，构建清晰而全面的管理基础；②要有一个灵敏、高效的指挥中心，能负责信息的收集、传递，问题的处理、反馈；③要建立一个保障、监管、协调机制，把相关的职能部门或服务资源有效地组织起来，使其职能充分发挥出来。下面以深圳市南山区桃源街道办的探索为例加以说明。②

经过多年探索，桃源街道创建了如下社会管理系统：该系统以街道党工委为组织核心，以数字化“一格三员”为布局基础，以总值班室为指挥中枢，共由八个子系统组成。这八个子系统分别是：作为构成元素的人口与地理信息子系统；和谐社区建设子系统；和谐企业建设子系统；重点进行社会管理

---

① 王茂涛．构筑现代城市危机管理体系［J］．党政论坛，2005（6）．

② 本课题组成员于2010年5月在深圳市南山区桃源街道办调研获得的材料。

正面工作的社会服务子系统；安全生产子系统；重点进行负面问题处理工作的综合执法子系统；应急处理子系统；综治信访维稳子系统。这八个子系统之间构成社会管理严密的内在逻辑，紧密地结合起来，形成桃源街道社会管理系统总体框架。桃源街道社会管理系统的具体职能分工如下：

街道党工委：它是街道社会管理的组织核心，通过政治领导、思想领导和组织领导，全面引领街道社会管理工作的创新。

数字化“一格三员”：它是街道社会管理系统的布局基础，即根据辖区内的居住人口状况、出租屋（间）套数、社区管理工作难易程度等情况，按照权责明确、任务均衡、全面覆盖的原则，将辖区划分为若干网格管理区，每个网格配备 3 名人员（网格管理员、网格协管员、网格督导员），其中网格管理员为网格负责人。街道办分别指定分管领导挂点各个社区，负责“一格三员”反映的问题。所有分管领导由街道办主任统一指挥。每个网格内 3 名工作人员的工作内容具有综合性，包括：采集各类基础信息（如出租屋、计生、安全生产、综治维稳、劳动保障等信息），排查各类矛盾纠纷和问题隐患（如涉及劳动关系、房屋租赁、房地产、物业管理、城市建设等方面的纠纷，涉及治安、安全生产、食品药品安全、城管、生态环境、城市“六乱”、综合执法等方面的问题），协助街道职能科室（执法队、办、站）化解各类不和谐因素。

总值班室：它是街道社会管理系统的指挥中枢，主要负责实施各类信息、指令的上传下达、跟踪掌握事件处理情况、及时向街道领导和上级相关部门提供事件进展情况等信息。它既是街道各类信息（如人口与地理、社区与企业、安全生产、综合执法、应急处理、综治维稳等信息）的汇集处，又是各种信息、命令的发布处，它把各个科室的工作衔接起来，实现资源整合，进而实行整体性治理。总值班室实行值班制，设置值班领导、值班科长、值班室主任和 8 名值班员，24 小时值班。街道党工委赋予总值班室代表党工委指挥调度街道一切行政资源的权力，街道所属任何单位、个人必须无条件服从，保证总值班室的高效运作。

人口与地理信息子系统：该系统收集人口信息与地理信息，实现对社区人口信息管理的整合。通过地理信息模块可以查看、检索地理信息（包括辖区地图、社区信息、楼栋信息）、人口信息（包括人员信息、户籍信息、家庭信息）、维稳信息（包括社区管理人员、调处可依靠人员、重点关注人群、街道应急队伍），为指挥中心提供数字决策参考。

和谐社区建设子系统：桃源街道在各社区成立“三室一站”，进行矛盾纠纷调处平台建设。社区值班室主要负责日常值班工作，协助社区工作站和街道领导处理突发事件、重大事故；人民调解室主要依照国家法律法规和政策，及时调解民间纠纷，把纠纷解决在萌芽状态；信访接待室主要接待社区群众来访、政策咨询，按反映问题的内容批转相关人员处理；法律工作站主要围绕街道司法所工作重点，履行人民调解、法律保障、法律服务和法律教育等工作。

和谐企业建设子系统：桃源街道针对辖区企业多的现实情况，专门设立和谐企业工作室，负责排查劳动关系隐患、调解劳资纠纷、宣传法律法规、保障工人的正当利益和促进和谐企业的建设工作。

社会服务子系统：社会服务是做好社会管理工作的基础和前提，为此，街道办制定了明确的社会服务工作内容、工作规范，并公示服务承诺。推出了“五老爱心社”、“阳光心语”驿站等具有桃源特色的社会服务项目，其服务包括劳动就业、社会保障、民政、人口和计划生育、司法行政、科教文卫体等方面的服务。

安全生产子系统：设置安全生产委员会，负责对有关部门和辖区范围内的安全生产工作进行巡查督促，落实各级领导关于安全生产的方针政策和部署，解决安全生产工作中存在的重大问题，制定辖区的安全应急工作预案，组织、实施、协调安全事故的救援工作，组织开展安全生产大检查和专项整治工作。

综合执法子系统：设置桃源街道执法队一支，全队分为案件审理科、两个执法中队和土地监察队，具体负责辖区安全；查处乱摆卖、乱搭建、无证经营等违法现象，保证辖区环境的整洁、有序；处理投诉案件并进行复查；管理辖区范围内的土地，抓查流动人口的计划生育等。

应急处理子系统：街道办利用信息化手段，建立实用高效、反应灵敏的应急处理子系统，建立由街道办主任担任总指挥，社区工作站、执法队、企业和武装部、工会、妇联、团委、派出所、武警等部门联动的应急处理机制，主要负责排查纠纷和不稳定因素，制定多种类别的应急预案，专门应对工人罢工，聚集堵塞工厂大门、公路或赴市区上访，业委会纠纷，森林大火和一些自然灾害等紧急事件。

综治信访维稳子系统：设置综治信访维稳中心，利用数字化的手段，将总值班室、综治办、维稳办、信访办、司法所和租赁所整合起来，完善数字化信息平台，排查辖区内的不稳定因素、矛盾纠纷，并组织人员进行排解。

桃源街道办通过整合管理资源（主要是机构整合、人员整合、信息整合、流程整合），充分利用数字化管理手段，构建“一格三员”与“三室一站”

的基础结构，创建城市基层社会管理系统的实践工作已取得显著成效。一是辖区经济发展实现明显好转；二是社会治安案件数量出现较大降幅；三是社区调处矛盾纠纷的能力得到加强；四是应急处理能力显著提高。

事实证明，深圳市南山区桃源街道办创建的数字化社会管理的“桃源模式”值得全国其他相似地区的城市学习借鉴。

参考文献

[1] 风笑天等．社会管理学概论［M］．武汉：华中科技大学出版社，1999.

[2] 窦玉沛．社会管理与社会和谐［M］．北京：中国社会出版社，2005.

[3] 黄舜．中国社会管理研究［M］．北京：民主与建设出版社，2007.

[4] 周小华，付平．社会组织发展与建设和谐社会［M］．北京：中国社会出版社，2009.

[5] 李培林等．中国社会和谐稳定报告［M］．北京：社会科学文献出版社，2008.

[6] 高志仁，朱波．城乡统筹发展与建设和谐社会［M］．北京：中国社会出版社，2009.

[7] 王和平，汪彩云．政府转型与建设和谐社会［M］．北京：中国社会出版社，2009.

[8] 何增科．社会管理与社会体制［M］．北京：中国社会出版社，2008.

[9] 侯保疆．中国乡镇管理研究［M］．北京：中国社会科学出版社，2006.

[10] 徐勇，高秉雄．地方政府学［M］．北京：高等教育出版社，2005.

[11] 王阳．转型时期地方政府定位［M］．北京：人民出版社，2005.

[12] 毛寿龙，李竹田．省政府管理［M］．北京：中国广播电视出版社，1998.

[13] 汤大华，毛寿龙．市政府管理［M］．北京：中国广播电视出版社，1998.

[14] 徐勇．乡村治理与中国政治［M］．北京：中国社会科学出版社，2003.

［15］金太军，施从美．乡村关系与村民自治［M］．广州：广东人民出版社，2002.

［16］周平，当代中国地方政府［M］．北京：人民出版社，2007.

［17］陈瑞莲．破解城乡二元结构：基于广东的实证分析［M］．北京：社会科学文献出版社，2008.

［18］张紧跟．当代中国政府间关系导论［M］．北京：社会科学文献出版社，2009.

［19］张志红．当代中国政府间纵向关系研究［M］．天津：天津人民出版社，2005.

［20］张建伟．政府环境责任论［M］．北京：中国环境科学出版社，2008.

［21］俞可平．和谐社会与政府创新［M］．北京：社会科学文献出版社，2008.

［22］金国华，汤啸天．信访制度改革研究［M］．北京：法律出版社，2007.

［23］陈信勇，孙云．社会矛盾多元解决机制理论与实践［M］．北京：知识产权出版社，2009.

［24］梁川，中国行政管理学会信访分会．信访学概论［M］．北京：中国方正出版社，2005.

［25］李宏勃．法制现代化进程中的人民信访［M］．北京：清华大学出版社，2007.

［26］李培林．社会冲突与阶级意识：当代中国社会矛盾问题研究［M］．北京：社会科学文献出版社，2005.

［27］李琼．政府管理与边界冲突：社会冲突中的群体、组织和制度分析［M］．北京：新华出版社，2007.

［28］孙立平．博弈：断裂社会的利益冲突与和谐［M］．北京：社会科学文献出版社，2006.

［29］俞可平．治理与善治［M］．北京：社会科学文献出版社，2000.

［30］［美］尼古拉斯·亨利．公共行政与公共事务（第8版）［M］．张昕等译．北京：中国人民大学出版社，2002.

［31］［美］文森特·奥斯特罗姆等．美国地方政府［M］．井敏等译．北京：北京大学出版社，2004.

［32］［美］约翰·W，金登．议程、备选方案与公共政策［M］．丁煌，

方兴译. 北京：中国人民大学出版社，2004.

［33］［美］詹姆斯·布坎南. 自由、市场和国家［M］. 北京：经济学院出版社，1988.

［34］［美］丹尼斯·C. 缪勒. 公共选择理论［M］. 北京：中国社会科学出版社，1994.

［35］［美］E. S. 萨瓦斯. 民营化与公私部门的伙伴关系［M］. 北京：中国人民大学出版社，2002.

［36］陈天荣. 地方政府加强社会管理体系建设的思考［J］. 社会科学战线，2009（4）.

［37］潘小娟. 中国地方政府社会管理创新的理论思考［J］. 政治学研究，2009（2）.

［38］姜国洲. 城市政府社会管理和公共服务体制改革思路研究［J］. 中国行政管理，2008（10）.

［39］李金龙，李旭. 强化我国地方政府社会管理职能的路径依赖［J］. 求索，2008（8）.

［40］朱仁显，陈楚亮. 西方政府社会公共事业管理职能的嬗变［J］. 云南行政学院学报，2008（1）.

［41］张泽恩. 论构建和谐社会中政府社会管理的客体向度［J］. 湖北社会科学，2008（4）.

［42］陈振明等. 外来人口社会管理与公共服务供给机制的创新［J］. 东南学术，2007（6）.

［43］李勋华，刘永华，张杨. 论和谐社会背景下城市社区管理体制创新［J］. 云南行政学院学报，2007（5）.

［44］王勇. 近年来我国社会管理问题研究综述［J］. 云南社会科学，2007（5）.

［45］李军鹏. 论中国政府社会管理的成就、问题与对策［J］. 湖北行政学院学报，2005（1）.

［46］陈福今. 大力推进社会管理创新　努力构建和谐社会［J］. 国家行政学院学报，2005（6）.

［47］唐铁汉. 强化政府社会管理职能的思路与对策［J］. 国家行政学院学报，2005（6）.

［48］周敏凯. 新时期我国政府社会管理若干问题理论思考［J］. 学习与探索，2006（5）.

[49] 谢庆奎，谢梦醒．和谐社会与社会管理体制改革［J］．北京行政学院学报，2006（2）．

[50] 郑杭生．社会学视野中的社会建设与社会管理［J］．中国人民大学学报，2006（2）．

[51] 中国行政管理学会课题组．加快我国社会管理和公共服务改革的研究报告［J］．中国行政管理，2005（2）．

[52] 中国行政管理学会课题组．强化政府社会管理职能　提高政府社会治理能力［J］．中国行政管理，2005（3）．

[53] 刘海波．美国地方政府中的特区［J］．国家行政学院学报，2004（1）．

[54] 刘东升．和谐社会视阈中的信访制度建设［J］．党政干部学刊，2009（1）．

[55] 李俊．我国信访制度的成本收益分析［J］．南京社会科学，2005（5）．